Hummer / Schweitzer
Österreich und die EWG

Hummer / Schweitzer

Österreich und die EWG

Neutralitätsrechtliche Beurteilung
der Möglichkeiten der Dynamisierung
des Verhältnisses zur EWG

SIGNUM VERLAG

INHALTSVERZEICHNIS

Vorwort 13

Zur Entstehung dieser Studie 15

Abkürzungsverzeichnis 17

§ 1 Untersuchungsbereich — Einleitung, Eingrenzung 23

§ 2 Völkerrechtliche Pflichten und Rechte eines
    dauernd neutralen Staates 26

  A) Definitionen 26
      I. Temporäre (gewöhnliche) Neutralität 26
      II. Dauernde Neutralität 26
      III. Krieg 27
      IV. Einteilungsschema 28

  B) Pflichten und Rechte eines temporär (gewöhnlich)
    Neutralen 29
      I. Unterlassungs- und Enthaltungspflichten
        (status negativus) 29
        1) Abstinenzpflichten 29
        2) Paritätspflichten 31
      II. Verhinderungspflichten (status activus) 33
      III. Duldungspflichten (status passivus) 35
      IV. Aktive Handlungsrechte (status positivus) 36

  C) Pflichten und Rechte eines dauernd Neutralen 37
      I. Unterlassungs- und Enthaltungspflichten
        (status negativus) 37
        1) Abstinenzpflichten 37
        2) Paritätspflichten 40
      II. Verhinderungspflichten (status activus) 40
      III. Duldungspflichten (status passivus) 41
      IV. Aktive Handlungsrechte (status positivus) 41

§ 3 Die Entwicklung der EWG seit 1957 42
A) Entwicklung im institutionellen Bereich 42
    I. Allgemeines 42
        1) Europäische Politische Union 42
        2) Europäische Politische Zusammenarbeit 45
        3) Fusionierung der Gemeinschaften 47
    II. Rechtsquellen 47
        1) Primäres Gemeinschaftsrecht 48
        2) Sekundäres Gemeinschaftsrecht 48
        3) Ungeschriebenes Gemeinschaftsrecht 48
            a) Gewohnheitsrecht 49
            b) Allgemeine Rechtsgrundsätze 49
    III. Organe 52
        1) Rat 52
            a) Europäischer Rat 52
            b) Ausschuß der Ständigen Vertreter 53
            c) Die im Rat vereinigten Vertreter der
               Regierungen der Mitgliedstaaten 54
            d) Beschlußfassung 55
            e) Verfahren der Rechtsetzung 55
        2) Kommission 57
            a) Kompetenzen 57
            b) Verwaltungs- und Regelungsausschüsse 58
        3) Europäisches Parlament 58
            a) Direktwahl 58
            b) Kompetenzen 59
        4) Gerichtshof 59
    IV. Haushalt 60
        1) Aufbringung der Mittel 60
        2) Haushaltsfeststellung 60
        3) Rechnungshof 63
    V. Außenbeziehungen 63
        1) Assoziierung gemäß Art. 238 EWGV 64
        2) Freihandelsabkommen gemäß Art. 113 EWGV . 65
        3) Handelsverträge gemäß Art. 113 EWGV 65
        4) Sonstige Verträge 66

B) Entwicklung im materiellen Bereich 67
   I. Freier Warenverkehr 67
       1) Zollunion 67
           a) Ein- und Ausfuhrzölle 67
           b) Der gemeinsame Zolltarif 69
       2) Nichttarifäre Handelshemmnisse 69
           a) Mengenmäßige Beschränkungen 69
           b) Maßnahmen gleicher Wirkung 69
       3) Staatliche Handelsmonopole 72
  II. Landwirtschaft 72
       1) Gemeinsame Organisation der Agrarmärkte 73
           a) Markteinheit 74
           b) Gemeinschaftspräferenz 75
           c) Gemeinsame Finanzierung 75
       2) Förderungsmaßnahmen 76
       3) Wettbewerbskontrolle 76
 III. Freiheit des Personen- und Kapitalverkehrs 77
       1) Freizügigkeit der Arbeitnehmer 77
       2) Niederlassungsfreiheit 79
       3) Dienstleistungsfreiheit 81
       4) Freiheit des Kapitalverkehrs 82
  IV. Verkehr 84
       1) Allgemeine Vorschriften 85
       2) Eisenbahnverkehr 86
       3) Straßenverkehr 86
       4) Binnenschiffsverkehr 87
   V. Wettbewerb 87
       1) Kartell- und Monopolrecht 88
       2) Öffentliche Unternehmen 89
       3) Staatliche Beihilfen 89
  VI. Steuer 90
       1) Ausgleichsmaßnahmen im
          grenzüberschreitenden Verkehr 90
       2) Harmonisierung der indirekten Steuern 91

VII.	Rechtsangleichung	92
VIII.	Sozialpolitik	93
IX.	Wirtschaftspolitik	94
	1) Konjunkturpolitik	95
	2) Zahlungsbilanzpolitik	96
	3) Handelspolitik	97
	a) Autonome Handelspolitik	98
	b) Vertragliche Handelspolitik	99
X.	Begleitende Politiken	100

§ 4 Weißbuch der Kommission an den Rat: Vollendung des Binnenmarktes — Neutralitätsrechtliche Beurteilung ... 105

A) Allgemeines Programm		106
I.	Beseitigung der materiellen Schranken	106
	1) Warenkontrolle	106
	a) Handels- und Wirtschaftspolitik	106
	b) Gesundheit	108
	c) Verkehr	108
	d) Statistik	109
	2) Personenkontrolle	110
II.	Beseitigung der technischen Schranken	111
	1) Freier Warenverkehr	112
	2) Öffentliches Auftragswesen	114
	3) Freizügigkeit der Arbeitnehmer und der Selbständigen	115
	4) Dienstleistungen	115
	a) Traditionelle Dienstleistungen	115
	b) Finanzdienste	116
	c) Verkehr	117
	d) Neue Technologien und diesbezügliche Dienstleistungen	117
	5) Kapitalverkehr	119
	6) Industrielle Zusammenarbeit	120
	7) Anwendung des Gemeinschaftsrechts	121

III.	Beseitigung der Steuerschranken	122
	1) Mehrwertsteuer	122
	2) Verbrauchssteuer	123

B) Konkrete Vorschläge 123
    I. Beseitigung der materiellen Schranken 124
        1) Warenkontrolle 124
        2) Personenkontrolle 132
    II. Beseitigung der technischen Schranken 133
        1) Freier Warenverkehr 133
        2) Öffentliches Auftragswesen 144
        3) Freizügigkeit der Arbeitnehmer und der Selbständigen 144
        4) Dienstleistungen 147
        5) Kapitalverkehr 152
        6) Industrielle Zusammenarbeit 152
    III. Beseitigung der Steuerschranken 156
        1) Mehrwertsteuer 156
        2) Verbrauchssteuer 159

§ 5 Freihandelsabkommen Österreich — EWG 161

A) Gegenwärtige Pflichten — Neutralitätsrechtliche Beurteilung 161
    I. Allgemeine Neutralitätsverträglichkeit des Freihandelsabkommens 161
    II. Freihandelsabkommen und Staatsvertrag 164
    III. Prüfungsgegenstand 165
    IV. Freier Warenverkehr 166
        1) Errichtung einer Freihandelszone 166
        2) Abschaffung mengenmäßiger Beschränkungen und Maßnahmen gleicher Wirkung 168
    V. Wettbewerbsrecht 168
    VI. Ursprungsregeln 173
    VII. Landwirtschaftliche Verarbeitungsprodukte 176
    VIII. Gemeinsames Versandverfahren 178
    IX. Schutzklauseln 181
    X. Allgemeine Suspendierungsklausel 183
    XI. Gemischter Ausschuß 184

B) Dynamisierungsmöglichkeiten des Freihandelsabkommens
— Neutralitätsrechtliche Beurteilung 190
    I. Freier Warenverkehr 193
        1) Mengenmäßige Ausfuhrbeschränkungen 193
        2) Umwandlung der Freihandelszone in
           eine Zollunion 193
        3) Agrarprodukte 194
   II. Wettbewerbsrecht 195
  III. Ursprungsregeln 197
  IV. Landwirtschaftliche Verarbeitungsprodukte 197
    V. Freizügigkeit 198
C) Luxemburger Erklärung —
Neutralitätsrechtliche Beurteilung 198
    I. Abbau des Protektionismus 200
        1) Normen und technische Hemmnisse 201
        2) Grenzabfertigung 203
        3) Ursprungsregeln 204
        4) Unlautere Handelspraktiken 205
        5) Staatliche Beihilfen 206
        6) Öffentliche Aufträge 207
   II. Ausbau der Zusammenarbeit 208
        1) Forschung, Entwicklung und Technologie 210
           a) Forschung, Entwicklung und Technologie als
              begleitende Politiken 210
           b) Gemeinschaftsprojekte 216
           c) Drittprojekte 225
           d) Forschungszusammenarbeit
              EG-EFTA-Staaten 227
           e) Das Rahmenabkommen über wissenschaftlich-
              technische Zusammenarbeit zwischen der EG
              und Österreich 237
           f) Neutralitätsrechtliche Beurteilung 241
        2) Verkehr 244
        3) Europäisches Währungssystem 249

D) Globale Kooperationsalternativen
zwischen EFTA und EWG 251

  I. Mögliche außenhandelspolitische Strategien
     der EFTA 252

  II. Umwandlung der EFTA in eine Zollunion 253

  III. Schaffung einer Zollunion EFTA-EWG 254

§ 6 Assoziation gemäß Art. 238 EWG-Vertrag — Neutralitätsrechtliche Beurteilung 257

A) Entwicklung und gegenwärtiger Stand der
   Assoziationsidee in Österreich 257

B) Vom „autonomen Nachvollzug" zur
   „präinstitutionellen Zusammenarbeit" 262

C) Assoziation gemäß Art. 238 EWG-Vertrag 268

D) Mitbeteiligung an den Durchführungsmaßnahmen der
   Kommission im Wege von Ausschußverfahren 269

E) Exkurs 278

  I. Mitarbeit in der EPZ 279

  II. Beobachterstatus bei den Organen der EG 281

§ 7 Beitritt zur EWG — Neutralitätsrechtliche Beurteilung 284

A) Institutioneller Bereich 284

  I. Integrationsdynamik 284

  II. Mehrheitsbeschlüsse 285

  III. Supranationalität 288

  IV. Schutzklauseln 290

  V. Gerichtsbarkeit 293

  VI. Kündigungs- und Suspensionsklauseln 293

  VII. Isolierter EWG-Beitritt 294

B) Materiellrechtlicher Bereich 295
 VIII. Zollunion 295
 IX. Liberalisierung des Warenverkehrs 296
 X. Landwirtschaft 297
 XI. Verkehr 298
 XII. Gemeinsame Handelspolitik 299
 XIII. Europäische Investitionsbank 301
C) Politischer Bereich 301
 XIV. Neutralitätspolitik 301
 XV. Neutralitätsvorbehalt 304

Literaturverzeichnis 307

Vorwort

Für die österreichische Industrie bedeutet die künftige Gestaltung der Beziehungen zu den Europäischen Gemeinschaften eine Frage von vitalem Interesse. Die Vereinigung Österreichischer Industrieller hat daher dem Thema „Europäische Integration" hohe Priorität eingeräumt und es zu einem Schwerpunkt der Arbeit ihrer Abteilung für Handels- und internationale Währungspolitik gemacht.

Dies kommt u.a. durch die Schaffung einer eigenen Arbeitsgruppe EUROPA im Rahmen des AUSSCHUSSES FÜR PROBLEME DES AUSSENHANDELS zum Ausdruck, die in sehr intensiver Arbeit die einzelnen Probleme der Beziehungen zu den EG untersucht und eine Position der VÖI zur weiteren Gestaltung dieser Beziehung vorbereitet. Weiters arbeitet die Vereinigung sehr aktiv in den Gremien des Dachverbandes der Europäischen Industrieverbände UNICE in Brüssel mit, wodurch sie über ein hohes Maß an Information verfügt und die Möglichkeit hat, am Zustandekommen der an die Organe der EG gerichteten Stellungnahmen der europäischen Industrie mitzuwirken.

In allen Überlegungen über die Verdichtung der Beziehungen Österreichs zu den EG spielen völkerrechtliche Fragen, insbesondere neutralitätsrechtliche Beurteilungen, eine sehr wichtige Rolle. Die Vereinigung hat daher zwei namhafte Völkerrechtler, Universitätsprofessor DDDr. Waldemar Hummer, Vorstand des Instituts für Völkerrecht und internationale Beziehungen an der Leopold Franzens Universität Innsbruck, sowie Universitätsprofessor Dr. Michael Schweitzer, Inhaber des Lehrstuhls für Staats- und Verwaltungsrecht, Völkerrecht und Europarecht an der Universität Passau, gebeten, ein Gutachten über die neutralitätsrechtlichen Aspekte der Verdichtung der Beziehungen Österreichs zu den EG auszuarbeiten.

Die Erstellung eines solchen Gutachtens schien uns vor allem aus zwei Gründen erforderlich. Erstens ist es notwendig, in die Diskussion über die neutralitätsrechtlichen Aspekte der Integration Klarheit zu bringen. Die

Aussagen der letzten Zeit waren z. T. durch eine sehr oberflächliche Argumentation gekennzeichnet. Zweitens sollte untersucht werden, ob und in welchem Ausmaß sich die Voraussetzungen für Beziehungen mit den EG seit Abschluß des Freihandelsabkommens von 1972 geändert haben. Viele auch heute noch verwendete Aussagen über die Anforderungen der österreichischen Neutralität an unser Verhältnis zu den EG beruhen noch auf Grundlagen, die vom Ende der 50er- und Anfang der 60er-Jahre stammen.

Die Autoren haben beiden Zielsetzungen entsprochen, indem sie einerseits eine sehr präzise und ins Detail gehende Bestandsaufnahme des gegenwärtigen Standes der Beziehungen Österreichs zu den EG durchführten; andererseits, indem sie die faktischen, rechtlichen und institutionellen Veränderungen innerhalb des Integrationsgebildes EG herausgearbeitet haben.

Wir freuen uns daher, diese Arbeit nunmehr der Öffentlichkeit vorlegen zu können. Die Veröffentlichung scheint uns auch im richtigen Zeitpunkt zu kommen, da die österreichische Bundesregierung die weitestgehende Annäherung Österreichs an die EG zu einem der Schwerpunkte der Regierungsarbeit gemacht hat. Den Professoren Hummer und Schweitzer gebührt besonderer Dank dafür, daß ihre Studie diese Aufgabe erleichtert, indem sie in vielen Fragen eine endgültige Klärung von Problemen bringt, in anderen Punkten die künftige Diskussion auf ein sehr hohes fachliches Niveau zu führen vermag. Hiezu tragen auch der nüchterne Stil, den die Autoren für die Abfassung ihres Gutachtens gewählt haben, sowie die große Übersichtlichkeit und Komplettheit der erfaßten Materie bei. Die Vereinigung hofft, daß die vorliegende Studie die österreichischen Bemühungen um eine Teilnahme am großen europäischen Wirtschaftsraum erleichtert und beschleunigt.

Dr. Christian Beurle
Präsident

Prof. Herbert Krejci
Generalsekretär

Zur Entstehung dieser Studie

Nach dem Abschluß des Freihandelsvertrages zwischen Österreich und der EG im Jahre 1972 hat das Thema „Europäische Integration" — wenn man vom Kreis der Fachleute absieht, die sich berufsmäßig mit diesem Sachbereich zu befassen hatten — nur relativ geringes Interesse in Kreisen von Politik und Wirtschaft ausgelöst. Der im Freihandelsabkommen vorgesehene Abbau von Zöllen und sonstigen Handelshemmnissen brachte erhebliche Impulse für die Intensivierung der Wirtschaftsbeziehungen mit den Ländern der EG mit sich, so daß weitergehende Überlegungen nicht von besonderer Dringlichkeit erschienen. Seit nunmehr etwa einem Jahr rückte die Europa-Thematik wieder sehr stark in das Zentrum öffentlichen Interesses. Dies ist im wesentlichen auf drei Gründe zurückzuführen:

1. Der Integrationsprozeß geht weiter und hat gerade in letzter Zeit an Dynamik erheblich gewonnen. Es sei in diesem Zusammenhang auf die Erweiterung der EG durch Spanien und Portugal, auf das EG-Binnenmarktkonzept sowie auf die Initiativen der EG auf dem Gebiet von Forschung und Entwicklung verwiesen.

2. EG und EFTA haben beginnend mit der Konferenz von Luxemburg im April 1984 wiederholt ihren politischen Willen zu einer engeren Zusammenarbeit auch auf Bereichen, die über die Freihandelsabkommen hinausgehen, manifestiert. Tatsächlich finden im Rahmen des sog. "Follow-up von Luxemburg" auf einer ganzen Reihe von Gebieten Verhandlungen zwischen den EG und den EFTA-Staaten statt, die bereits erste Ergebnisse gezeigt haben. Auch im Bereich Forschung und Entwicklung konnte die Zusammenarbeit bereits in der Praxis intensiviert und konkretisiert werden.

3. Die Unternehmungen müssen feststellen, daß — nachdem nunmehr Zölle und mengenmäßige Beschränkungen im Handel mit den EG beseitigt sind — nichttarifarische, vor allem technische Handelshemmnis-

se die Wirtschaftsbeziehungen in zunehmendem Maße erschweren. In diesem Zusammenhang sind Gebiete wie technische Normen und Prüfzertifikate, Ursprungsregeln, öffentliche Aufträge zu erwähnen. Darüber hinaus ist es der österreichischen Industrie bewußt, daß eine Abkoppelung vom Binnenmarkt, wie er nach den Vorstellungen der EG bis 1992 verwirklicht sein soll, für unsere Unternehmungen zu erheblichen Nachteilen führen würde.

Die Vereinigung Österreichischer Industrieller hat diese Entwicklung sehr frühzeitig erkannt und begonnen, sich intensiv mit dem Thema „Europäische Integration" zu befassen. Im Rahmen dieser Aktivitäten hat sie auch die vorliegende Studie in Auftrag gegeben, um über eine fundierte Basis für die Beurteilung der völker- und neutralitätsrechtlichen Aspekte der Verdichtung der Beziehungen Österreichs zu den EG zu verfügen.

Dr. Gerhard Weber

Abkürzungsverzeichnis

ABl.	Amtsblatt der Europäischen Gemeinschaften
AF	Annuaire Français de Droit International
AKP	Afrika, Karibik, Pazifik
APOLLO	Article procurement with local on line ordering
APS	Allgemeines Präferenzsystem
ArchVR	Archiv des Völkerrechts
Art.	Artikel
ASEAN	Association of South East Asian Nations
Aufl.	Auflage
Außpol.	Außenpolitik
Az.	Aktenzeichen
Bd.	Band
Bde.	Bände
BGBl.	Bundesgesetzblatt
BICEPS	Bio-Informatics Collaborative European Programme and Strategy
BRD	Bundesrepublik Deutschland
BRITE	Basic research in industrial technologies in Europe
BullEG	Bulletin der Europäischen Gemeinschaften
BV-G	Bundesverfassungsgesetz
bzw.	beziehungsweise
CADDIA	Cooperation in automation of data and documentation for imports, exports and management of the agricultural market
C.D.	Koordinierte Entwicklung von automatisierten Verwaltungsverfahren
CEN	Comité Européen de Normalisation
CENELEC	Comité Européen de Normalisation Electronique
CEPT	Conférence européenne des administrations des postes et des télécommunications
CERD	Comité Européen de la Recherche et du Devéloppement

CERN	Centre Européen pour la Recherche Nucléaire
CES	Comité Economique et Social
cif	cost, insurance, freight
CODEST	Comité de développement européen de la science et de la technologie
COMETT	Community Programme for Education and Training for Technologies
COSINE	Committee on Computer Science in Electrical Engineering Education
COST	Coopération Scientifique et Technique
CREST	Comité de la Recherche Scientifique et Technique
D.	Dokumententeil
Diss.	Dissertation
Dok.	Dokument(e)
EA	Europa-Archiv
EAG	Europäische Atomgemeinschaft
ECS	European Communications Satellite
ECU	European Currency Unit
EDV	Elektronische Datenverarbeitung
EFTA	European Free Trade Association
EG	Europäische Gemeinschaft(en)
EGKS	Europäische Gemeinschaft für Kohle und Stahl
ELDO	European Organization for the Development and Construction of Space Vehicle Launchers
endg.	endgültig
EP	Europäisches Parlament
EPZ	Europäische Politische Zusammenarbeit
ESA	European Space Agency
ESPRIT	Europäisches Strategieprogramm für Forschung und Entwicklung
ESRO	European Space Research Organization
etc.	et cetera
ETH	Eidgenössische Technische Hochschule
EuGH	Gerichtshof der Europäischen Gemeinschaften
EUMETSAT	Europäische Wettersatellitensysteme

EuR	Europarecht
EURAM	European Research on Advanced Materials
EURATOM	Europäische Atomgemeinschaft
EUREKA	European Research Coordination Agency
EURONET-DIANE	Direct information access network for Europe
EUROSTAT	Statistisches Amt der Europäischen Gemeinschaften
EUROTRA	Machine translation system of advanced design
EUROTRAC	European Experiment on Transport and Transformation of Environmentally Relevant Trace Constituents in the Troposphere over Europe
EUTELSAT	European Telecommunications Satellite
EVG	Europäische Verteidigungsgemeinschaft
EWG	Europäische Wirtschaftsgemeinschaft
EWGV	Vertrag zur Gründung der Europäischen Wirtschaftsgemeinschaft
EWIV	Europäische Wirtschaftliche Interessenvereinigung
EWS	Europäisches Währungssystem
F & E	Forschung und Entwicklung
f., ff.	folgend(e)
FAP	Forschungsaktionsprogramm
FAST	Forecasting and assessment in the field of science and technology
Fn.	Fußnote
FW	Die Friedenswarte
GATT	General Agreement on Tariffs and Trade
GB	Gesamtbericht über die Tätigkeit der Europäischen Gemeinschaften
Ges.m.b.H.	Gesellschaft mit beschränkter Haftung
GP	Gesetzgebungsperiode
Hrsg.	Herausgeber

IDA	International Development Association
IEA	International Energy Agency
INSIS	Interinstitutional integrated services information system
i.V.m.	in Verbindung mit
IWF	Internationaler Währungsfonds
JBl.	Juristische Blätter
JET	Joint European Torus
Jhd.	Jahrhundert
JIR	Jahrbuch für Internationales Recht
Kap.	Kapitel
KOM	Dokumente der Kommission der Europäischen Gemeinschaften
MW	Megawatt
MwSt.	Mehrwertsteuer
NASA	National Aeronautic and Space Administration
NERSA	Société Centrale Nucléaire Neutrons Rapides SA
Nr.	Nummer
o.	oben
ÖBGBl.	Österreichisches Bundesgesetzblatt
OECD	Organization for Economic Co-operation and Development
OEEC	Organization for European Economic Co-operation
OGAW	Organismen für gemeinsame Anlagen in Wertpapieren
OGH	Oberster Gerichtshof
ÖIAG	Österreichische Industrieholding-Aktiengesellschaft
o.J.	ohne Jahr
ÖstZAußpol	Österreichische Zeitschrift für Außenpolitik
PCB	Polychlorierte Biphenyle
PCIJ	Permanent Court of International Justice
PCT	Polychlorierte Terphenyle

RACE	Research and development in advanced communication technologies for Europe
RDI (Genf)	Revue de Droit International, de Sciences Diplomatiques et Politiques (Genf)
Rdnr.	Randnummer
RILEM	Réunion Internationale de Laboratoires d'Essais et de Recherches sur les Matériaux de Construction
Rs.	Rechtssache
Rspr.	Sammlung der Rechtssprechung des Gerichtshofes der Europäischen Gemeinschaften
S.	Seite
s.	siehe
SA	Societé Anonyme
SAD	Single Administrative Document
SDI	Strategic Defense Initiative
sog.	sogenannte(r)
SPACELAB	Space Laboratory
SPRINT	Strategic Programme for Innovation and Technology Transfer
t	Tonne(n)
TED	Tender Electronic Daily
u.	unten
u.a.	und andere, unter anderem
UEATC	Union Européenne pour l'Agrément Technique dans la Construction
UNCTAD	United Nations Conference on Trade and Development
UNICE	Union der Industrien der Europäischen Gemeinschaft
UNO	United Nations Organization
UNRWA	United Nations Relief and Works Agency
Unterabs.	Unterabsatz
USA	United States of America
usw.	und so weiter

verb. Rs.	verbundene Rechtssachen
VEW	Vereinigte Edelstahlwerke
vgl.	vergleiche
VÖI	Vereinigung Österreichischer Industrieller
WMO	World Meteorological Organization
ZaöRV	Zeitschrift für ausländisches öffentliches Recht und Völkerrecht
z.B.	zum Beispiel
ZfRV	Zeitschrift für Rechtsvergleichung
Ziff.	Ziffer
ZSchwRNF	Zeitschrift für schweizerisches Recht. Neue Folge
z.T.	zum Teil

§ 1 Untersuchungsbereich — Einleitung, Eingrenzung

Anlaß für die Erstellung der vorliegenden Untersuchung war die im Gefolge der Luxemburger Erklärung vom 9. April 1984 über die Intensivierung der Zusammenarbeit zwischen der (Rest-) EFTA und den Europäischen Gemeinschaften von mehreren Seiten geforderte Dynamisierung der Beziehungen Österreichs zu den Europäischen Gemeinschaften. Diese Forderung wurde im Nationalrat mehrfach von der Opposition erhoben.

> vgl. Antrag Nr. 120/A der ÖVP vom 19. Oktober 1978 über die Grundlagen und Ziele der österreichischen Außenpolitik (II-4314 der Beilagen zu den Stenographischen Protokollen des Nationalrates); Entschließungsantrag Nr. 175/A der Abg. Dr. Steiner, Dr. Khol, Karas, Dr. Ermacora und Kollegen betreffend die österreichische Europapolitik vom 16. Dezember 1985 (II-3597 der Beilagen zu den Stenographischen Protokollen des Nationalrates).

Sie wurde aber auch von Mitgliedern der Bundesregierung vorgebracht.

> vgl. die Erklärung von Bundeskanzler Dr. Vranitzky vom 8. Juni 1986; Erklärung zur Integrationspolitik von Außenminister Gratz im Nationalrat vom 16. Dezember 1985; Kommentar „Österreich und die Europäische Integration" von Außenminister Dr. Jankowitsch in: Europa-Stimme, November/Dezember 1986, S. 3; vgl. auch § 6, A, 2. Fn.

Ab 1985 begann auch eine rege österreichische Besuchsdiplomatie in Brüssel. Die Furcht, durch ein zu langes Zögern den sich zwischen den (Rest-)EFTA-Staaten und den Europäischen Gemeinschaften anbahnenden Prozeß des Näherrückens nicht zeitgerecht mitvollziehen zu können, ließ die bisherigen Bedenken sowohl neutralitätsrechtlicher als auch -politischer Natur in den Hintergrund treten. Immer deutlicher werden die Forderungen nach einem Beitritt.

> vgl. z.B. die Äußerung des ehemaligen Vizekanzlers Dr. Bock in Genf am 25. September 1986: „... es besteht kein völkerrechtliches Hindernis für eine EG-Mitgliedschaft Österreichs ...", Die Presse vom 26. September 1986, S. 2; vgl. auch § 6, A, (3)

Ebenso wird eine weitere Ausgestaltung der Freihandelsabkommen mit den Europäischen Gemeinschaften gefordert. Dabei wurden zum einen bereits sattsam bekannte Pläne „reaktiviert".

> So gleicht z.B. der ÖVP-Entschließungsantrag vom 16. Dezember 1985 in vielem dem Kreisky'schen „Drei-Stufen-Plan", Text in: ÖstZAußpol 1970, S. 319; vgl. HUMMER (4), S. 42.

Zum anderen wird aber auch innovativ vorgegangen, und es werden teilweise viel weitergehende Zusammenarbeitsmodelle entworfen, als dies in den letzten 20 Jahren der Fall war.

> vgl. zuletzt das Modell der „Assoziation mit Mitbestimmung", das F. NEMSCHAK 1964 in seinem Buch — Zwischenbilanz der Europäischen Integration. Ein Vorschlag für Österreich: „Assoziation mit Mitbestimmung" — vorschlug.

Da sich aber auch die Europäischen Gemeinschaften im Zuge ihrer Dynamisierung durch die sog. **Einheitliche Europäische Akte** vom Februar 1986 umgestalten werden, sind beide Konzepte — das der dauernden Neutralität und das der **Europäischen Gemeinschaften** nach der Einheitlichen Europäischen Akte — **erneut auf ihre Verträglichkeit hin zu überprüfen.** Wenngleich dabei von der Basis der herrschenden Lehre im völkerrechtlichen Neutralitätsrecht ausgegangen werden muß, sind aber **alle** in der Zwischenzeit stattgefundenen Änderungen in der **Gemeinschaftspraxis** und der völkerrechtlichen Doktrin zu berücksichtigen.

In der vorliegenden Arbeit wird nur das Verhältnis Österreich-EWG behandelt. Sie geht von einer **kompletten Zusammenstellung aller neutralitätsrechtlichen Rechte und Pflichten Österreichs** aus und stellt die **Entwicklung der Europäischen Gemeinschaften seit ihrer Gründung im Jahre 1957** dar. Die in absehbarer Zukunft (bis 1992) geplante Verwirklichung der Vollendung des **Binnenmarktes** im Rahmen der EWG bildet anschließend einen der Schwerpunkte der Untersuchung, sind in diesem Konzept doch die wichtigsten inhaltlichen Fortentwicklungen im Integrationskonzept der EWG enthalten, die Punkt für Punkt auf ihre neutralitätsrechtliche Verträglichkeit überprüft werden mußten. Im weiteren erfolgt die neutralitätsrechtliche Beurteilung des gegenwärtigen **Freihandelsabkommens Österreich-EWG** sowie die seiner möglichen weiteren Ausgestaltung, der sich folgerichtig auch die Untersuchung der geplanten Zusammenarbeit EWG-EFTA im Gefolge der Luxemburger Erklärung von 1984 anschließt. Den Abschluß bilden eine Untersuchung **möglicher Ausgestaltungen** eines Assoziationsverhältnisses gemäß Art. **238** EWGV sowie eines **Beitritts** zur EWG gemäß Art. **237** EWGV.

§ 2 Völkerrechtliche Pflichten und Rechte eines dauernd neutralen Staates

A. DEFINITIONEN

Man unterscheidet zwischen temporärer (gewöhnlicher) und dauernder Neutralität. Beide Rechtsinstitute sind ohne den „Krieg" nicht denkbar, unterscheiden sich jedoch wesentlich.

Hat der gewöhnlich Neutrale bestimmte Pflichten zu beachten, gilt dasselbe auch für den dauernd Neutralen, doch ist die dauernde Neutralität nicht einfach weiter als die temporäre.

Unterschiede ergeben sich aus der unterschiedlichen Begründung des jeweiligen Status und aus der unterschiedlichen Geltungserstreckung auf die Nichtteilnahme am Krieg anderer Staaten.

s. KÖPFER, S. 55 ff.

I. TEMPORÄRE (GEWÖHNLICHE) NEUTRALITÄT

Unter temporärer (gewöhnlicher) Neutralität versteht man den Rechtsstatus eines Staates, der sich an einem bestimmten, zwischen zwei anderen Staaten ausgebrochenen Krieg nicht beteiligt.

Die temporäre (gewöhnliche) Neutralität beginnt mit dem Eingang der Notifikation über den Kriegsausbruch oder mit der Kenntnis des Kriegsausbruches durch den Neutralen. Die Neutralität wird durch eine „Neutralitätserklärung" mitgeteilt.

Sie endet durch Friedensschluß, Kriegseintritt des Neutralen, durch die vollständige Besetzung des Staatsgebietes des Neutralen oder dadurch, daß dieses zum Kriegsschauplatz wird.

s. NEUHOLD/HUMMER/SCHREUER, S. 426 f.

II. DAUERNDE NEUTRALITÄT

Unter dauernder Neutralität versteht man den Rechtsstatus eines Staates, der zur Neutralität in allen zukünftigen Kriegen verpflichtet ist. Es kommt also im (künftigen) Kriegsfall das Recht der gewöhnlichen Neutralität zwischen dem dauernd Neutralen und den Kriegführenden zur Anwendung.

Die dauernde Neutralität entsteht durch völkerrechtlichen Vertrag, durch aufeinander bezogene einseitige Willenserklärungen oder durch einseitige Proklamation.

> Letzteres ist in der Lehre umstritten, s. dazu SCHWEITZER (1), S. 42 f. mit weiteren Literaturhinweisen. Die österreichische Neutralität ist nicht in dieser Form entstanden.

Der Vorgang, durch den ein Staat den Status der dauernden Neutralität erlangt, wird in der Lehre vielfach — aber nicht einheitlich — als „Neutralisation" bezeichnet.

Die dauernde Neutralität endet entsprechend den Endigungsgründen der jeweiligen völkerrechtlichen Grundlage. Dies kann ausdrücklich oder auch konkludent — durch contrarius actus — geschehen. Auch ein einseitiger Widerruf ist denkbar. Im Gegensatz zur einfachen Neutralität endet die dauernde nicht durch eine derart massive Verletzung wie die vollständige Besetzung des Staatsgebietes des Neutralen.

> s. NEUHOLD/HUMMER/SCHREUER, S. 428 f.

III. KRIEG

Im klassischen Völkerrecht versteht man unter Krieg einen zwischenstaatlichen Gewaltzustand unter Abbruch der friedlichen Beziehungen, wobei die — nicht notwendig militärischen — Rechtseingriffe der Gegner nur mehr durch das Kriegsrecht begrenzt werden.

> s. VERDROSS/SIMMA, S. 902.

Neuere Definitionen versuchen insbesondere den Kriegsbeginn (der auch für den Beginn der Neutralität entscheidend ist) mit zu berücksichtigen und kommen etwa zu folgender Begriffsumschreibung: Krieg ist das aus einer Kriegserklärung oder in Ermangelung einer solchen aus dem Einsatz von grenzüberschreitender, einem Völkerrechtssubjekt zurechenbarer Gewalt resultierende besondere Rechtsverhältnis zwischen Völkerrechtssubjekten.

> s. ROTTER (2), S. 45.

IV. EINTEILUNGSSCHEMA

Die folgende Darstellung der Pflichten und Rechte, die sich aus der temporären (gewöhnlichen) sowie der dauernden Neutralität ergeben, orientiert sich an folgenden Überlegungen:

Die in der Lehre gängige Einteilung nach systematischen Gesichtspunkten bei der temporären (gewöhnlichen) Neutralität wird auf die dauernde Neutralität ausgedehnt, um eine strenge Gliederung zu erreichen.

Bei den einzelnen Pflichten und Rechten wird jeweils die völkerrechtliche Rechtsquelle angegeben, aus der sie abgeleitet werden. In diesem Zusammenhang ergeben sich einige Zweifelsfälle, die in der Lehre umstritten sind. Hier soll das weitestgehende Spektrum von Pflichten und Rechten dargestellt werden.

Folgende völkerrechtliche Verträge kommen dabei zur Anwendung:

1) Abkommen zur friedlichen Erledigung internationaler Streitigkeiten vom 18. Oktober 1907 = I. Haager Abkommen.

2) Abkommen über den Beginn der Feindseligkeiten vom 18. Oktober 1907 = III. Haager Abkommen.

3) Abkommen, betreffend die Rechte und Pflichten der neutralen Mächte und Personen im Falle eines Landkrieges vom 18. Oktober 1907 = V. Haager Abkommen.

4) Abkommen, betreffend die Rechte und Pflichten der Neutralen im Falle eines Seekrieges vom 18. Oktober 1907 = XIII. Haager Abkommen.

5) I. Genfer Abkommen zur Verbesserung des Loses der Verwundeten und Kranken der Streitkräfte im Felde vom 12. August 1949 = I. Genfer Abkommen.

Es wird jeweils getrennt zwischen militärischen und wirtschaftlichen Pflichten und Rechten. Das hat seinen Grund darin, daß der rein militärische Bereich für die späteren Abschnitte der vorliegenden Arbeit keine Bedeutung hat und daher eigentlich ausscheiden könnte. Dennoch soll er bei einer Darstellung der neutralitätsrechtlichen Pflichten und Rechte nicht gänzlich ausgeklammert werden. Da wegen der Komplexität der heutigen Konfliktstrukturen in manchen Fällen keine klare Trennung der militärischen und der wirtschaftlichen Ebene der Neutralität möglich ist, werden diese Fälle dem wirtschaftlichen Bereich zugeordnet, um nicht Zweifelsfälle von der späteren Untersuchung auszuklammern. Daraus ergibt sich eine Einteilung in den wirtschaftlichen bzw. gemischt wirtschaftlich-militärischen Bereich (Spalte A) und den militärischen Bereich (Spalte B).

B. PFLICHTEN UND RECHTE EINES TEMPORÄR (GEWÖHNLICH) NEUTRALEN

I. UNTERLASSUNGS- UND ENTHALTUNGSPFLICHTEN (STATUS NEGATIVUS)

1. Abstinenzpflichten

Die Abstinenzpflichten ergeben sich aus zwei zwingenden völkerrechtlichen Grundsätzen, die ihrerseits auf dem Grundsatz der Nichteinmischung beruhen:

> s. NEUHOLD/HUMMER/SCHREUER, S. 427; KÖPFER, S. 67 ff.

— Unterlassung jeglicher militärischer Unterstützung eines Kriegführenden und

— Absolute Enthaltung von jeder sonstigen Beteiligung am Kriegsgeschehen. Im einzelnen gibt es folgende Abstinenzpflichten:

A	B

a) Verbot der Lieferung von Kriegsmaterial (Rechtsquelle: Art. 6 XIII. Haager Abkommen und Völkergewohnheitsrecht).

A	B
	b) Verbot, den Kriegführenden Truppen zur Verfügung zu stellen (Rechtsquelle: Völkergewohnheitsrecht und argumentum a minori ad maius aus dem Verbot der Lieferung von Kriegsmaterial).
c) Kreditverbot (Rechtsquelle: Völkergewohnheitsrecht, indirekt auch aus dem Verbot der Lieferung von Kriegsmaterial ableitbar). Zum Kreditverbot wird teilweise die Ausnahme von Krediten zu handelspolitischen Zwecken vertreten.	
d) Verbot, einem Kriegführenden Hoheitsrechte abzutreten, die neutralitätswidrig eingesetzt werden könnten (Rechtsquelle: Völkergewohnheitsrecht). Dieses Verbot wird in der Lehre teilweise für überflüssig gehalten, da die Meinung vertreten wird, wegen vertraglich und gewohnheitsrechtlich normierte Einzelverbote bedürfe es der Generalklausel nicht.	
	e) Verbot der „psychologischen" Kriegführung = sog. moralische Neutralität. (Rechtsquelle: Völkergewohnheitsrecht). Dieses Verbot wird in der Lehre größtenteils abgelehnt.

A	B

2. Paritätspflichten

Im Rahmen der Paritätspflichten sind die Kriegführenden gleichmäßig zu behandeln. Dies ergibt sich aus der Präambel zum XIII. Haager Abkommen, wo die Vertragspartner von der Erwägung ausgehen, „daß es eine anerkannte Pflicht der neutralen Mächte ist, die von ihnen angenommenen Regeln auf die einzelnen Kriegführenden unparteiisch anzuwenden". Außerdem geht man von der völkergewohnheitsrechtlichen Verankerung der Paritätspflichten aus. Zudem sind einzelne von ihnen vertraglich fixiert.

Im einzelnen gibt es folgende Paritätspflichten:

a) Die Pflicht, Beschränkungen und Verbote hinsichtlich Aus- oder Durchfuhr von Waffen, Munition und sonstigem Kriegsmaterial auf die Kriegführenden gleichmäßig anzuwenden (Rechtsquelle: Art. 9 i.V.m. Art. 7 V. Haager Abkommen).

b) Die Pflicht, Beschränkungen und Verbote hinsichtlich der Benutzung von Telegraphen- und Fernsprechleitungen sowie von Anlagen drahtloser Telegraphie an die Kriegführenden gleichmäßig anzuwenden (Rechtsquelle: Art. 9 i.V.m. Art. 8 V. Haager Abkommen).

c) Die Pflicht, die Einhaltung dieser Pflicht (= Buchstabe b) durch Private zu überwachen (Rechtsquelle: Art. 9 Abs. 2 V. Haager Abkommen).

A	B
	d) Die Pflicht, die Bedingungen, Beschränkungen oder Verbote, die der Neutrale für die Zulassung von Kriegsschiffen oder Prisen der Kriegführenden in seinen Häfen, Reeden oder Küstengewässern aufgestellt hat, auf die Kriegführenden gleichmäßig anzuwenden (Rechtsquelle: Art. 9 XIII. Haager Abkommen).
	e) Die Pflicht, die Kriegführenden bei nicht durch das Neutralitätsrecht verbotenen Maßnahmen gleich zu behandeln (Rechtsquelle: Präambel XIII. Haager Abkommen, Völkergewohnheitsrecht). Bis heute umstritten ist dabei das Problem der formellen oder materiellen Gleichbehandlung (s. SCHWEITZER (1), S. 98 ff.).
f) Die Pflicht, die Kriegführenden bei wirtschaftlichen Maßnahmen gleich zu behandeln (Rechtsquelle: Völkergewohnheitsrecht). Diese Pflicht ist besonders umstritten. Die Grenze zu einer Neutralitätsverletzung liegt jedenfalls dort, wo eine wirtschaftliche Ungleichbehandlung eine Intervention bedeuten würde. Die Fortführung der normalen Handelsbeziehungen (courant normal) ist jedenfalls gestattet. Die Aufrechterhaltung des	

courant normal ist neutralitätspolitisch empfehlenswert, neutralitätsrechtlich aber nicht vorgeschrieben (s. NEUHOLD/HUMMER/SCHREUER, S. 428).

II. VERHINDERUNGSPFLICHTEN (STATUS ACTIVUS)

Der status activus legt dem Neutralen die Pflicht auf, militärische Handlungen der Kriegsparteien auf seinem Gebiet zu verhindern.

Im einzelnen gibt es folgende Verhinderungspflichten:

a) Die Pflicht, die Verletzung des neutralen Gebietes zu verhindern, woraus sich auch die Pflicht ableitet, Kampfhandlungen zu verhindern (Rechtsquelle: Art. 1 und Art. 5 Abs. 1 V. Haager Abkommen, bezüglich des Überfliegens Völkergewohnheitsrecht).

b) Die Pflicht, den Transport von Truppen oder Munitions- oder Verpflegungskolonnen durch das neutrale Gebiet zu verhindern (Rechtsquelle: Art. 5 i.V.m. Art. 2 V. Haager Abkommen).

c) Die Pflicht, die Errichtung von Militärstützpunkten sowie von Kriegsmaterial- und Versorgungsdepots auf dem neutralen Gebiet zu verhindern (Rechtsquelle: Völkergewohnheitsrecht).

A	B
	d) Die Pflicht, die Errichtung seitens eines Kriegführenden von funktelegraphischen Stationen oder sonstigen Anlagen, die bestimmt sind, einen Verkehr mit den kriegführenden Land- oder Seestreitkräften zu vermitteln, sowie die Benutzung solcher Einrichtungen, die auf neutralem Gebiet vor dem Krieg von einem Kriegführenden zu einem ausschließlich militärischen Zweck hergestellt und nicht für den öffentlichen Nachrichtendienst freigegeben worden sind, zu verhindern (Rechtsquelle: Art. 5 Abs. 1 i.V.m. Art. 3 V. Haager Abkommen).
	e) Die Pflicht, die Bildung von Truppen und die Eröffnung von Werbestellen auf neutralem Gebiet zugunsten der Kriegführenden zu verhindern (Rechtsquelle: Art. 5 Abs. 1 i.V.m. Art. 4 V. Haager Abkommen).
f) Die Pflicht, Handlungen, die der Neutralität zuwiderlaufen und auf neutralem Gebiet begangen wurden, zu bestrafen (Rechtsquelle: Art. 5 Abs. 2 V. Haager Abkommen).	
	g) Die Pflicht, das Nehmen von Prisen in neutralen Gewässern zu ver-

h) Die Pflicht, die Ausrüstung oder Bewaffnung oder das Auslaufen bereits ausgerüsteter oder bewaffneter Schiffe zu verhindern, die im Verdacht stehen, an feindlichen Unternehmen teilzunehmen (Rechtsquelle: Art. 8 XIII. Haager Abkommen).

hindern (Rechtsquelle: Art. 3 Abs. 1 XIII. Haager Abkommen).

i) die Pflicht, den status activus durch die Bereitstellung von Exekutionsorganen zu gewährleisten, um eine Verletzung seiner Neutralität zu verhindern (Rechtsquelle: Art. 25 XIII. Haager Abkommen, indirekt ableitbar aus Art. 10 V. Haager Abkommen, Völkergewohnheitsrecht).

III. DULDUNGSPFLICHTEN (STATUS PASSIVUS)

Der status passivus legt dem Neutralen gewisse Duldungspflichten in bezug auf Maßnahmen der Kriegführenden auf.

Im einzelnen gibt es folgende Duldungspflichten:

a) Duldung von Personen- und Warenverkehrskontrollen (Rechtsquelle: Völkergewohnheitsrecht).

b) Duldung der Durchsuchung neutraler Schiffe und — gegebenenfalls — deren Zurückbehaltung

A	B

oder Einziehung (Rechtsquelle: Völkergewohnheitsrecht).

c) Duldung einer vom Friedensvölkerrecht abweichenden Behandlung neutraler Staatsbürger (Rechtsquelle: Völkergewohnheitsrecht, vgl. Art. 17 V. Haager Abkommen).

d) Duldung völkerrechtsgemäßer Kriegsakte, die für den Neutralen mittelbar nachteilig sind (Rechtsquelle: Völkergewohnheitsrecht).

e) Duldung der Beschlagnahme von Eisenbahnmaterial (Rechtsquelle: Art. 19 Abs. 1 V. Haager Abkommen).

IV. AKTIVE HANDLUNGSRECHTE (STATUS POSITIVUS)

Im Bereich des status positivus besitzt der Neutrale eine Reihe von Rechten, aktiv tätig zu werden. Dazu gehören u.a. Mediationsrechte, Vermittlungs- und Schutzmachttätigkeiten (Rechtsquellen: z.B. Art. 3 I. Haager Abkommen, Art. 8 I. Genfer Abkommen); humanitäre Rechte (Rechtsquellen: Genfer Rotkreuzabkommen 1949); das Recht, als Kontrollinstanz für internationale Verträge (insbesondere Waffenstillstandsverträge) zu fungieren (Rechtsquelle: Völkergewohnheitsrecht); das Recht, Eisenbahnmaterial der Kriegführenden zu beschlagnahmen (Rechtsquelle: Art. 19 Abs. 2 V. Haager Abkommen). Da es sich jeweils nur um Rechte des Neutralen handelt, sind sie für die späteren Abschnitte der vorliegenden Arbeit nicht relevant.

A	B

C. PFLICHTEN UND RECHTE EINES DAUERND NEUTRALEN

Es ist davon auszugehen, daß im Krieg die Pflichten und Rechte eines temporär Neutralen auch für einen dauernd Neutralen gelten. Darüberhinaus hat der dauernd Neutrale aber bereits im Frieden bestimmte Pflichten, die sich aus seinem besonderen Rechtsstatus ergeben. Diese werden in der Lehre zum Teil bestritten, zum Teil als echte absolute Rechtspflichten beschrieben.

s. dazu SCHWEITZER (1), S. 109 ff.; ROTTER (2), S. 117 ff.; KÖPFER, S. 85 ff.

Die Existenz einzelner „Friedenspflichten" des dauernd Neutralen wird — auch nicht ganz einheitlich — im wesentlichen von folgenden Grundsätzen abgeleitet:

— Er hat die Pflicht, an keinem (zukünftigen) Krieg teilzunehmen, d.h. auch, keinen zu beginnen.

— Er muß alles unternehmen (bereits im Frieden), daß er bei Bestehen eines Krieges seine Neutralitätspflichten erfüllen kann. Umgekehrt könnte man sagen, er muß alles unterlassen, was ihm im Krieg die Einhaltung der gewöhnlichen Neutralität unmöglich machen oder wesentlich erschweren würde, d.h. alles, was seine Neutralität, Unabhängigkeit und territoriale Integrität gefährden und ihn in einen Krieg hineinziehen könnte.

s. NEUHOLD/HUMMER/SCHREUER, S. 429.

Die Friedenspflichten eines dauernd Neutralen, die sich aus diesen Grundsätzen ableiten, nennt man „Vorwirkungen" oder „sekundäre Pflichten".

I. UNTERLASSUNGS- UND ENTHALTUNGSPFLICHTEN (STATUS NEGATIVUS)

1. Abstinenzpflichten

a) Die Pflicht, keine Beistands- oder Garantieverträge abzuschlie-

A	B
	ßen oder Militärpakten beizutreten, die den dauernd Neutralen im Kriegsfall zur militärischen Unterstützung verpflichten (Rechtsquelle: Völkergewohnheitsrecht). Defensivbündnisse ohne Reziprozitätswirkung zugunsten des dauernd Neutralen wären zwar erlaubt, für Österreich sind sie aber durch Art. I Abs. 2 des Bundesverfassungsgesetzes über die Neutralität Österreichs ausgeschlossen.
b) Die Pflicht, jede Zusammenarbeit mit anderen Staaten auf militärischem Gebiet, die über reine Waffentechnik hinausgeht, zu unterlassen (Rechtsquelle: Völkergewohnheitsrecht).	
	c) Die Pflicht zur Nichteinräumung von militärischen Stützpunkten, Kriegsmaterial- und Versorgungsdepots oder Nachrichtenbasen schon in Friedenszeiten (Rechtsquelle: Völkergewohnheitsrecht).
d) Die Pflicht, keine unbeschränkten Transportverträge abzuschließen (Rechtsquelle: Völkergewohnheitsrecht).	
e) die Pflicht, keine Kriegsmateriallieferungs- und Truppengestellungsverträge abzuschließen	

A	B

(Rechtsquelle: Völkergewohnheitsrecht).

f) Die Pflicht zur Nichtteilnahme an staatsrechtlichen Staatenverbindungen, die eine Neutralität ausschließen bzw. eine Verletzung bedingen (Rechtsquelle: Völkergewohnheitsrecht). Dies ist anhand des konkreten Einzelfalls zu prüfen. Dabei ist abzustellen auf die Ausgewogenheit und Universalität der Verbindung. Diese Pflicht ist allerdings mehr theoretischer Natur und wird in der Praxis kaum eine Rolle spielen.

g) Die Pflicht zur Nichtteilnahme an nicht-militärischen (insbesondere wirtschaftlichen) völkerrechtlichen Staatenverbindungen, die eine Neutralität ausschließen bzw. eine Verletzung bedingen (Rechtsquelle: Völkergewohnheitsrecht). Dies ist anhand des konkreten Einzelfalls zu prüfen. Dabei ist abzustellen auf die Verbindungssatzung, insbesondere auf die Willensbildungstechnik, sowie die Suspendierungs- und Kündigungsbedingungen, auf den Umfang der Zusammenarbeit, die verbleibende handelspolitische Freiheit u.a.

A	B
h) Die Pflicht zum Nichtabschluß sonstiger Verträge, die eine Neutralität im Kriegsfall verhindern bzw. eine Verletzung bedingen = Generalklausel (Rechtsquelle: Völkergewohnheitsrecht).	

2. Paritätspflichten

Paritätspflichten in Friedenszeiten für den dauernd Neutralen existieren nicht. Zur Sicherung der Paritätspflichten in Kriegszeiten ist die eben genannte Generalklausel (Nr. 1 Buchstabe h) heranzuziehen.

II. VERHINDERUNGSPFLICHTEN (STATUS ACTIVUS)

In Friedenszeiten existiert für den dauernd Neutralen eine Verhinderungspflicht.

A	B
	a) Die Pflicht, die Verletzung der Neutralität in Kriegszeiten zu verhindern. Daraus wird die Pflicht zur Unterhaltung einer wirksamen Landesverteidigung abgeleitet (Rechtsquelle: Völkergewohnheitsrecht). Diese Pflicht ist zwar hinsichtlich ihrer Vorwirkung in Friedenszeiten teilweise umstritten; dies kann aber im Falle Österreichs dahingestellt bleiben. Denn in Art. I Abs. 1 Satz 2 des Bundesverfassungsgesetzes über die Neutralität Österreichs wird diese Pflicht ausdrücklich festgelegt.

III. DULDUNGSPFLICHTEN (STATUS PASSIVUS)

Duldungspflichten in Friedenszeiten für den dauernd Neutralen existieren nicht.

IV. AKTIVE HANDLUNGSRECHTE (STATUS POSITIVUS)

Aktive Handlungsrechte in Friedenszeiten für dauernd Neutrale existieren nicht und wären als Rechte für die späteren Abschnitte der vorliegenden Arbeit auch nicht relevant. Im Rahmen des status positivus wird zuweilen eine aktive Handlungs**pflicht** zur Führung einer Neutralitätspolitik vertreten. Als deren Ziele werden angeführt die Glaubhaftmachung der Verteidigungsfähigkeit und -bereitschaft sowie das Aufzeigen der friedensstiftenden und -erhaltenden Funktion der dauernden Neutralität.

> s. NEUHOLD/HUMMER/SCHREUER, S. 429 f.; KÖPFER, S. 89 f.

Diese Pflicht zu einer Neutralitätspolitik ist sehr umstritten, was insbesondere auch darauf zurückzuführen ist, daß die Argumentation meist zu pauschal ausfällt. Sicher ist, daß der dauernd Neutrale eine Außenpolitik führen muß, die ihm die Einhaltung seiner neutralitätsrechtlichen Pflichten ermöglicht. Dies ist aber keine eigenständige, nur den dauernd Neutralen betreffende Handlungspflicht, sondern stellt einen selbstverständlichen Bestandteil jeder einzelnen neutralitätsrechtlichen Pflicht dar und betrifft zudem jeden Staat in Bezug auf jede seiner völkerrechtlichen Pflichten, seien sie nun neutralitätsrechtlich oder nicht. Eine darüber hinausgehende Pflicht kann aber nicht mehr rechtlich geboten, sondern nur politisch empfehlenswert sein. Denn eine Pflicht zu einer Politik kann nur dort bestehen, wo Pflichten existieren, denen diese Politik dienen soll. Dort wo die Lehre von einer aktiven Handlungspflicht zur Führung einer Neutralitätspolitik in den über die Neutralitätspflichten hinausgehenden Bereich ausgeht, wird den dauernd Neutralen dann ein Ermessen zugestanden. Da aber Grenzen dieses Ermessens wieder nur die Neutralitätspflichten sein können, zeigt sich, daß es sich dabei um keinen eigenständigen neutralitätsrechtlichen Pflichtenbereich handeln kann.

§ 3 Die ENTWICKLUNG DER EWG SEIT 1957

Die Gründung der EWG basierte auf folgenden Überlegungen:

a) Die Zeit für eine politische Integration war noch nicht reif. Daher wurden im Rahmen einer funktionalistischen Konzeption die vom EWGV umfaßten Wirtschaftsbereiche einer Integration zugeführt, um eine Integrationsdynamik in Gang zu setzen, die mit anderen wirtschaftlichen Teilintegrationen (EGKS, EURATOM) im Rahmen eines spill over-Effekts zur politischen Integration führen.

> vgl. insbesondere CONSTANTINESCO, S. 118 ff.; IPSEN, S. 975 ff. Wiedergegeben ist dieser Gedanke in Absatz 2 der Präambel zum EWGV, wonach der Vertrag abgeschlossen wurde „in dem festen Willen, die Grundlagen für einen immer engeren Zusammenschluß der europäischen Völker zu schaffen."

b) Lösung der Zollfrage im Rahmen der Liberalisierung des innereuropäischen Handels im Zusammenhang mit Art. I (Meistbegünstigungsklausel) und Art. XXIV GATT (Ausnahmen von der Meistbegünstigungsklausel — Zollunion).

c) Schaffung eines einheitlichen europäischen Binnenmarktes oder zumindest eines gemeinsamen Marktes mit binnenmarktähnlichen Verhältnissen. Die in dieser Konzeption und ihrer Ergänzungsbedürftigkeit angelegte Dynamik hat zu einer Fortentwicklung der EWG geführt, deren Schwerpunkte im folgenden dargestellt werden. Weitere Entwicklungen können von der in den Mitgliedstaaten im Ratifizierungsverfahren befindlichen Einheitlichen Europäischen Akte vom 17./28. Februar 1986 erwartet werden (Text in: BullEG, Beilage 2/1986). Da das Inkrafttreten dieser bisher größten Änderung des EWGV wahrscheinlich ist, soll auch darauf eingegangen werden.

A. ENTWICKLUNG IM INSTITUTIONELLEN BEREICH

I. ALLGEMEINES

1) Europäische Politische Union

Die Pläne zur Schaffung einer Europäischen Politischen Union waren immer mit den Europäischen Gemeinschaften verknüpft. Einige der bedeutendsten Projekte verstanden sich dabei nur als zielorientierte Zwischenstufen und behandelten nur Teilbereiche. Die wichtigsten Projekte sind:

(1) Satzung der Europäischen Politischen Gemeinschaft (10. März 1953)

Vorgesehen waren die Integration der EGKS und der zu dieser Zeit projektierten Europäischen Verteidigungsgemeinschaft in die Europäische Politische Gemeinschaft sowie weitere Kompetenzen im Wirtschaftsbereich. Die Außenpolitik war hingegen ausgeklammert. Geplant waren als Organe ein Europäisches Parlament, bestehend aus einer Völkerkammer und einem Senat (beschickt von den Parlamenten), ein Ministerrat, ein Europäischer Exekutivrat, ein Gerichtshof und ein Wirtschafts- und Sozialrat. Die Gemeinschaft war — zumindest teilweise — supranational und föderal konzipiert. Das Projekt scheiterte aufgrund seiner engen Verknüpfung mit der EVG gemeinsam mit dieser.

Text in: SIEGLER, Bd. 1, S. 73 ff.

(2) Fouchet-Plan (10. Dezember 1961)

Der Plan schlug die Gründung einer Europäischen Union vor. Die Ziele der Union waren die Erreichung einer gemeinsamen Außen- und Verteidigungspolitik und die Zusammenarbeit auf den Sektoren der Wissenschaft, Kultur und der Menschenrechte. Die Union war geplant in Form eines Staatenbundes und als Organe waren vorgesehen ein Rat der Regierungsvertreter, eine Parlamentarische Versammlung und eine Politische Kommission. Das Projekt war nicht mehr supranational konzipiert, sondern basierte auf dem Gedanken der Institutionalisierung der Kooperation.

Text in: NEUNREITHER, S. 112 ff.

(3) Davignon-Bericht (27. Oktober 1970)

Der Davignon-Bericht (auch Luxemburger Bericht), der sich nur als Zwischenstufe zur Politischen Union hin versteht, sieht die Zusammenarbeit der Regierungen in der Außenpolitik vor. Eine solche wird aber lediglich in Form regelmäßiger Unterrichtungen und Konsultationen sowie in der Harmonisierung der Standpunkte und — wenn möglich — im gemeinsamen Vorgehen vorgeschlagen. Institutionell sind zur Erreichung dieser Ziele vorgesehen regelmäßige Ministertagungen, die Installierung eines

Politischen Komitees und die beratende Beteiligung der Kommission und der Versammlung der Europäischen Gemeinschaften. Der Bericht enthält keinerlei supranationale Elemente mehr.

Text in: SCHWEITZER/HUMMER (2), S 251 ff.

(4) Pariser Gipfelkonferenz der Regierungschefs der Europäischen Gemeinschaften (9./10. Dezember 1974).

In Ziffer 13 des Schlußkommuniqués befürworteten die Regierungschefs die baldige Einigung über eine Gesamtkonzeption der Europäischen Union. Sie forderten die Organe der Gemeinschaften auf, Berichte zur Umwandlung der Gemeinschaften in eine Politische Union vorzulegen und beauftragten den belgischen Ministerpräsidenten Tindemans, auf deren Grundlagen einen gemeinsamen Bericht auszuarbeiten.

Text in: SCHWEITZER/HUMMER (2), S. 254 ff.

Die Organe legten ihre Berichte im Juni/Juli 1975 vor.

Text in: BullEG, Beilagen 5 und 9/1975.

(5) Tindemans-Bericht (7. Jänner 1976)

Der Bericht führt als Komponenten der Europäischen Union an: Die Vereinheitlichung des Auftretens nach außen und der Politik im inneren Wirtschaftsbereich, die Förderung der Regionalpolitik und den Schutz des einzelnen. Die Europäische Union sollte nur schrittweise eingeführt werden und auf den bestehenden institutionellen Grundlagen der Europäischen Gemeinschaften aufbauen. Sie sollte mit wirksamen Organen ausgestattet und zur Verleihung von Legitimität demokratischer Kontrolle unterworfen werden. Der Bericht enthält keine supranationalen Elemente, er will vielmehr durch die Wiedereinführung des Mehrheitsprinzips die Supranationalität der für die Europäische Union die Basis bildenden Europäischen Gemeinschaften erst wieder herstellen.

Text in: BullEG, Beilage 1/1976.

(6) Schlußakte des Europäischen Rates von Den Haag (30. November 1976)

Die Schlußakte enthält Grundlinien der Europäischen Union auf der Basis der Fortentwicklung der bestehenden Verträge. Auf dieser Grundlage ergingen die seit 1976 obligatorischen jährlichen Berichte von Kommission und Rat zur Europäischen Union an den Europäischen Rat.

(7) Stuttgarter Erklärung des Europäischen Rates (19. Juni 1983)

In dieser Erklärung zur Europäischen Union wird der Genscher-Colombo-Plan für eine „Europäische Akte" vom 4. November 1981 angenommen. Darin ist ein enges Zusammenwirken der Europäischen Gemeinschaften, der Europäischen Politischen Zusammenarbeit und des Europäischen Parlaments zur Errichtung der Europäischen Union vorgesehen. Die Erklärung stellt überwiegend ein politisches Programm dar.

Text (Genscher-Colombo-Plan) in: EA 1982, D. 50 ff.

Text (Stuttgarter Erklärung) in: BullEG 6/1983, S. 26 ff.

(8) Entwurf eines Vertrages zur Gründung der Europäischen Union des Europäischen Parlaments (14. Februar 1984)

Vorgesehen ist eine Union mit eigener Unionsbürgerschaft, eigenem Hoheitsgebiet und eigenen Organen. Die Union steht jedem demokratischen europäischen Staat offen; damit ist sie von den Europäischen Gemeinschaften getrennt. Die Organe besitzen teilweise Rechtsetzungsbefugnisse. Die Beschlußfassung ist supranational konzipiert. Die Zuständigkeiten der Union sind sehr weitreichend, gänzlich ausgeklammert wurden nur die Währungs- und Verteidigungspolitik.

Text in: ABl. 1984, Nr. C 77, S 33 ff.

2) Europäische Politische Zusammenarbeit

Seit der Haager Gipfelkonferenz der Staats- und Regierungschefs vom Dezember 1969 bemühten sich die Mitgliedstaaten der Europäischen Gemeinschaften um eine Angleichung der Außenpolitik.

Aufbauend auf den Davignon-Bericht (s.o. Nr. A, I, 1 (3)) sollte die EPZ als zwischenstaatlicher Kooperationsmechanismus durch Information und regelmäßige Konsultation zu einer Angleichung der mitgliedstaatlichen Außenpolitiken beitragen. Auf der Kopenhagener Gipfelkonferenz vom Juli 1973 vereinbarten die Staats- und Regierungschefs der Mitgliedstaaten eine dementsprechende gegenseitige Konsultationsverpflichtung und verlagerten auf der Pariser Gipfelkonferenz vom 9./10. Dezember 1974 (s.o. Nr. A, I, 1/4) die EPZ weitgehend in den „Europäischen Rat". Die dadurch ausgelöste Institutionalisierung und Periodisierung der EPZ fand schließlich ihren vorläufigen Abschluß im Londoner Bericht der Außenminister der Mitgliedstaaten vom 13. Oktober 1981 (Text in: SCHWEITZER/HUMMER (2), S. 258 ff.), der die Struktur und die Mechanismen der EPZ folgendermaßen zusammenfaßte:

a) An der Spitze steht der Europäische Rat, zu dem die Staats- und Regierungschefs der Mitgliedstaaten, ihre Außenminister sowie der Präsident und ein Mitglied der Kommission zusammentreten.

b) Die Außenminister treten zumindestens einmal alle drei Monate zu Beratungen im Rahmen der EPZ zusammen; weitere Treffen finden im Rahmen der regulären Tagungen des Rates statt. Darüber hinaus treffen die Außenminister einmal alle sechs Monate informell zur sog. Gymnich-Tagung zusammen, auf der Fragen der EPZ traditionell breiten Raum einnehmen.

c) Das Politische Komitee — zusammengesetzt aus den Politischen Direktoren der einzelnen Außenministerien — tritt zumindest einmal monatlich zusammen und bereitet die Tagungen auf Ministerebene vor. Es wird dabei von einer Gruppe „Europäischer Korrespondenten" — hohen nationalen Verwaltungsbeamten — unterstützt.

d) Regelmäßige Unterrichtung des Europäischen Parlaments und Beantwortung von Anfragen der Abgeordneten.

Durch die Einheitliche Europäische Akte soll die EPZ in Zukunft auf eine vertragliche Ebene gestellt werden (Titel III, Artikel 30). Die Konstruktion entspricht der bisherigen Entwicklung. Neu ist die Einrichtung eines Sekretariats mit Sitz in Brüssel. Insgesamt gesehen stellt die EPZ einen zwischenstaatlichen Informations- und Konsultationsmechanismus dar, der keine supranationalen Elemente enthält, und daher die Souveränität der Mitgliedstaaten im Bereich der Außenpolitik unberührt läßt.

s. insgesamt WESSELS.

3) Fusionierung der Europäischen Gemeinschaften

Art. 32 Abs. 1 des Vertrages zur Einsetzung eines gemeinsamen Rates und einer gemeinsamen Kommission der Europäischen Gemeinschaften (sog. Fusionsvertrag, Text in: SCHWEITZER/HUMMER (2), S 68 ff.) vom 8. April 1965 nahm Bezug auf einen Vertrag zur Gründung einer einzigen Europäischen Gemeinschaft. Diese Fusionierung hat aber nie stattgefunden.

Hingegen kam es zur Fusionierung der Organe durch den genannten Fusionsvertrag und durch das Abkommen über Gemeinsame Organe für die Europäischen Gemeinschaften vom 25. März 1957 (Text in: SCHWEITZER/HUMMER (2), S. 66 f.). Durch diese beiden Verträge wurden die jeweils vier Organe der drei Europäischen Gemeinschaften (Rat, Kommission, Versammlung=Europäisches Parlament, Gerichtshof) fusioniert.

Diese Organe nehmen die in allen drei Gemeinschaftsverträgen festgelegten Kompetenzen wahr. Sie handeln dabei als EGKS-Rat, EWG-Rat oder EAG-Rat usw. Verfahren und Befugnisse richten sich dann jeweils nach dem anzuwendenden Gemeinschaftsvertrag. Die Selbständigkeit der Gemeinschaften ist also durch die Fusionierung der Organe nicht berührt worden. Es existieren weiterhin die drei Gemeinschaften, die aber gemeinsame Organe haben. Im übrigen gilt nach wie vor der besonders von Art. 232 EWGV belegte Umstand, daß jede der drei Gemeinschaften ihre eigene autonome Rechtsordnung und Rechtspersönlichkeit besitzt. Es kam somit nur zu einer strukturellen Fusion der Organe, nicht aber zu einer materiellen Fusion der Gemeinschaften. Insofern ist der sich allmählich im allgemeinen Sprachgebrauch einbürgernde Begriff „Europäische Gemeinschaft" — juristisch gesehen — falsch und irreführend.

II. RECHTSQUELLEN

Der Katalog der Rechtsquellen des Gemeinschaftsrechts umfaßte in den ersten Jahren nur das primäre und sekundäre Recht in der in den Gemeinschaftsverträgen angelegten Form.

1) Primäres Gemeinschaftsrecht

Zum primären Gemeinschaftsrecht zählt man die Gründungsverträge der Europäischen Gemeinschaften einschließlich Anlagen, Anhänge, Protokolle etc. sowie spätere Änderungen und Ergänzungen. Dazu kamen Verträge der Gemeinschaften mit Drittstaaten in Form von Assoziierungsabkommen gemäß Art. 238 EWGV (z. B. mit der Türkei vom 12. September 1963, ABl. 1964, S. 3687 ff.), Assoziierungsverträge gemäß Art. 131 ff./ Art. 238 EWGV (z. B. mit den AKP Staaten vom 8. Dezember 1984, Text in: The Courier, No. 89, Jan/Febr. 1985, Special Issue) und Freihandelsabkommen gemäß Art. 113 EWGV (z. B. mit Österreich vom 22. Juli 1972, vereinheitlichter Text in: SCHWEITZER/HUMMER (2), S. 212 ff.).

2) Sekundäres Gemeinschaftsrecht

Zum sekundären Gemeinschaftsrecht zählt man die in Art. 189 EWGV aufgezählten Rechtsakte, nämlich Verordnungen, Richtlinien und (individuelle) Entscheidungen. Dazu kommen Verfahrens- und Geschäftsordnungen sowie sog. Interorganvereinbarungen zwischen den Organen der Gemeinschaften. In einigen Fällen kommt es außerdem zu sog. ungekennzeichneten Rechtsakten, wenn nämlich die Kompetenznormen des primären Gemeinschaftsrechts für Rechtsakte des sekundären Gemeinschaftsrechts keine bestimmte Rechtsaktform gemäß Art. 189 EWGV vorsehen (z.B. Art. 7 Abs. 2, Art. 28, Art. 51 EWGV etc.) Sie ergehen dann oft unter der Bezeichnung „Beschluß". Die Lehre tendiert aus rechtspolitischen Gründen des Rechtsschutzes dazu, solche Rechtsakte aufgrund einer inhaltlichen Interpretation unabhängig von ihrer Bezeichnung einer der Rechtsaktformen der Art. 189 EWGV zuzuordnen.

s. SCHWEITZER/HUMMER (1), S. 42.

3) Ungeschriebenes Gemeinschaftsrecht

In Literatur und Rechtsprechung hat sich als weitere Rechtsquellenart das ungeschriebene Gemeinschaftsrecht herausgebildet, und zwar in Form des Gewohnheitsrechts und der allgemeinen Rechtsgrundsätze.

a) Gewohnheitsrecht

Darunter versteht man durch Übung und Rechtsüberzeugung entstandenes Recht, das primäres oder sekundäres Gemeinschaftsrecht ergänzt oder ändert. Über die Existenz solchen Gemeinschaftsgewohnheitsrechts besteht in der Literatur kein Zweifel, aber ebensowenig existiert eine gesicherte Theorie. Angeführt wird, daß keine Rechtsordnung ohne Gewohnheitsrecht auskäme, daß das Europäische Gemeinschaftsrecht nur einen Unterfall des Völkerrechts darstelle und deshalb dieselben Rechtsquellen wie dieses beinhalten müsse und daß das Gewohnheitsrecht im Europäischen Gemeinschaftsrecht notwendig sei, weil die allgemeinen Rechtsgrundsätze der Rechtsstaatlichkeit dies forderten.

vgl. insgesamt zum Gewohnheitsrecht BLECKMANN.

Der EuGH ist bisher nur andeutungsweise auf Gewohnheitsrecht eingegangen.

s. Rs. 81/72, Kommission/Rat, Rspr. 1973, S. 575 ff., 583.

In der Praxis dürfte bislang nur ein gesichertes Beispiel für Gewohnheitsrecht existieren. Nach Art. 2 des Fusionsvertrages (s.o. Nr. A, I, 3) besteht der Rat aus Vertretern der Mitgliedstaaten. Die Vertreter müssen Mitglieder der jeweiligen Regierung sein. Jedoch werden auch parlamentarische Staatssekretäre, die, wie im Falle der Bundesrepublik, nach nationalem Verfassungsrecht nicht als Regierungsmitglieder gelten, im Rat als vertretungsbefugt behandelt.

b) Allgemeine Rechtsgrundsätze

Dieser Begriff bezeichnet sowohl die der Gemeinschaftsrechtsordnung selbst inhärenten als auch die den Rechtsordnungen der Mitgliedstaaten gemeinsamen allgemeinen Rechtsgrundsätze. Erstere können durch Interpretation aus dem primären Gemeinschaftsrecht abgeleitet werden. Die Geltung letzterer ergibt sich hingegen nicht unmittelbar aus dem primären Gemeinschaftsrecht. Vielmehr beschränkt dieses die Heranziehung der allgemeinen Rechtsgrundsätze gemäß Art. 215 Abs. 2 EWGV expressis verbis auf die außervertragliche Haftung (=Amtshaftung) der Gemeinschaft. Der EuGH hat aber in seiner Rechtsprechung die allgemeinen Rechtsgrundsätze über die Fälle der Amtshaftung hinausgehend zur Lückenschließung im Gemeinschaftsrecht angewendet. Damit hat er vor allem im Bereich des allgemeinen Verwaltungsrechts und der Grundrechte ungeschriebenes Gemeinschaftsrecht formuliert. Über die Methode zur Ermittlung der allgemeinen Rechtsgrundsätze herrscht keine einheitliche Meinung. Sicher ist, daß sie durch Rechtsvergleichung gewonnen werden, und einheitlich ist die Literatur dahingehend, daß dabei nicht die Theorie des „kleinsten gemeinsamen Nenners" gilt. Die Rechtsprechung des EuGH läßt darüber hinaus keine klar formulierte und praktizierte Methode erkennen. In der Literatur neigt man zu einer kritisch-wertenden Rechtsvergleichung, die zu denjenigen Lösungen tendiert, zu denen die verglichenen Rechtsordnungen sich tendenziell orientieren und die den Zielsetzungen der Gemeinschaft am nächsten kommen. Dabei wird es nicht als erforderlich erachtet, daß die allgemeinen Rechtsgrundsätze unbedingt in allen verglichenen Rechtsordnungen gleichzeitig vorkommen.

vgl. zur Methode MEESSEN.

Durch diese Rechtsprechung hat der EuGH eine Reihe von Rechtssätzen formuliert, die heute als Bestandteil des primären Gemeinschaftsrechts allgemein akzeptiert sind. Dabei handelt es sich um folgende — alphabetisch geordnete — Rechtssätze, deren konkreter Inhalt bisweilen aber unklar bleibt:

(1) Allgemeines Verwaltungsrecht:

- Bestandsschutz bzw. Schutz wohlerworbener Rechte (Rs. 28/74, Gillet/Kommission, Rspr. 1975, S 463 ff., 473).

- Gesetzmäßigkeit der Verwaltung (verb. Rs. 42 und 49/59, SNUPAT/Hohe Behörde, Rspr. 1961, S 113 ff., 172).

- Gleichbehandlungsgebot (verb. Rs. 17 und 20/61, Klöckner und Hoesch/Hohe Behörde, Rspr. 1962, S. 657 ff., 692 f.).

- Gute Verwaltungsführung (Rs. 55/70, Reinarz/Kommission, Rspr. 1971, S. 379 ff., 386).

- Ne bis in idem (verb. Rs. 18 und 35/65, Gutmann/Kommission, Rspr. 1966, S 154 ff., 178).

- Ordnungsgemäße Verwaltung (Rs. 179/82, Lucchini Siderurgica/Kommission, Rspr. 1983, S. 3083 ff., 3095).

- Recht auf Akteneinsicht (Rs. 85/76, Hoffmann — La Roche/Kommission, Rspr. 1979, S 461 ff., 512 f.).
- Rechtliches Gehör (Rs. 85/76, Hoffmann — La Roche/Kommission, Rspr. 1979, S. 461 ff., 511).
- Rechtssicherheit (Rs. 78/74, Deuka/Einfuhr- und Vorratsstelle für Getreide und Futtermittel, Rspr. 1975, S. 421 ff., 433).
- Rücknahme von Verwaltungsakten (Rs. 111/63, Lemmerz-Werke/Hohe Behörde, Rspr. 1965, S. 894 ff., 911).
- Schutz des guten Glaubens (Rs. 21/74, Airola/Kommission, Rspr. 1975, S. 221 ff., 229 f.).
- Schutz des Geschäftsgeheimnisses (Rs. 53/85, Akzo Chemie/Kommission und ECS, Urteil vom 24. 6. 1986 — noch nicht veröffentlicht).
- Untersuchungsgrundsatz (Rs. 27/76, United Brands/Kommission, Rspr. 1978, S. 207 ff., 306).
- Verhältnismäßigkeitsprinzip (Rs. 5/73, Balkan-Import-Export/Hauptzollamt Berlin-Packhof, Rspr. 1973, S. 1091 ff., 1112).
- Vertrauensschutz (Rs. 1/73, Westzucker/Einfuhr- und Vorratsstelle für Zucker, Rspr. 1973, S. 723 ff.,729).
- Vertraulichkeit der Rechtsberatung (Rs. 155/79, AM&S Europe/Kommission, Rspr. 1982, S. 1575 ff., 1611 ff.).
- Widerruf von Verwaltungsakten (verb. Rs. 7/56 und 3-7/57, Algera u. a./ Gemeinsame Versammlung, Rspr. 1957, S. 87 ff., 117 ff.).
- Zuteilende Gerechtigkeit (verb. Rs. 14, 16, 17, 20, 24, 26, 27/60 und 1/61, Meroni u. a./Hohe Behörde, Rspr. 1961, S. 349 ff., 365).

(2) Grundrechte:

- Achtung des Privatlebens (Rs. 136/79, National Panasonic/Kommission, Rspr. 1980, S. 2033 ff., 2056 f.).
- Berufsfreiheit (Rs. 44/79, Hauer/Land Rheinland-Pfalz, Rspr. 1979, S. 3727 ff., 3750).
- Diskriminierungsverbot (Rs. 149/77, Defrenne/Sabena, Rspr. 1978, S. 1365 ff., 1379).

- Eigentumsschutz (Rs. 44/79, Hauer/Land Rheinland-Pfalz, Rspr. 1979, S. 3727 ff., 3745 ff.).
- Fairer Prozeß (Rs. 98/79, Pecastaing/Belgien, Rspr. 1980, S. 691 ff., 716).
- Gleichheitssatz (Rs. 130/75, Prais/Rat, Rspr. 1976, S. 1589 ff., 1599).
- Religionsfreiheit (Rs. 130/75, Prais/Rat, Rspr. 1976, S. 1589 ff., 1599).
- Vereinigungsfreiheit (Rs. 175/73, Gewerkschaftsbund, Massa, Kortner/ Rat, Rspr. 1974, S. 917 ff., 925).

III. ORGANE

In der Organstruktur hat sich seit Gründung der EWG keine Veränderung ergeben, sieht man von der dargestellten Fusionierung der Organe der drei Europäischen Gemeinschaften (s.o. Nr. A, I, 3) ab, die die Struktur aber nicht geändert hat. Allerdings kam es innerhalb der Organe zu einer teilweisen Änderung der Organisation. Echte Kompetenzverschiebungen haben nicht stattgefunden. Insgesamt läßt sich aber eine weitgehende Zurückdrängung supranationaler zugunsten intergouvernementaler Elemente feststellen, was den Regierungen die Kontrolle und die Beherrschung des Willensbildungsprozesses der Gemeinschaft garantiert.

1) Rat

Beim Rat sind sowohl in der Organisation als auch im Verfahren entscheidende Entwicklungen festzustellen oder zu erwarten.

a) Europäischer Rat

Auf der Pariser Gipfelkonferenz der Staats-und Regierungschefs der Mitgliedstaaten der Europäischen Gemeinschaften vom 9./10. Dezember 1974 wurde beschlossen (s.o. Nr. A, I, 1/4), solche Gipfelkonferenzen in die vorhandene institutionelle Struktur derart einzufügen, daß die Staats- und Regierungschefs mindestens dreimal pro Jahr als Rat zusammentreten. In diesen Fällen spricht man vom „Europäischen Rat".

Der Vorteil dieser Institution — die entweder als Gemeinschaftsorgan Rat oder als „Die im Rat vereinigten Vertreter der Regierungen der Mitgliedstaaten", beide Male in der Besetzung der Staats- und Regierungschefs, tagt — liegt in einer möglichen Beschleunigung der Entscheidungen. Die Nachteile sind zu sehen in der eventuellen Tendenz des Rates, alle schwierigen Entscheidungen auf den Europäischen Rat abzuschieben, in der Gefahr der Entstehung eines die Verfassungsstruktur der Verträge verfälschenden, im primären Gemeinschaftsrecht nicht vorgesehenen „Superorgans" und in der Möglichkeit, daß dadurch die Struktur der Gemeinschaften durch verstärkte Elemente einer bloßen intergouvernementalen Kooperation aufgeweicht wird.

Ansonsten fügt sich der Europäische Rat in die bestehende Organstruktur ein und unterliegt für die seltenen Fälle, wo er rechtsetzend tätig wird, den auch sonst geltenden Kompetenz- und Verfahrensvorschriften. Insofern ist die Schaffung des Europäischen Rates und die dadurch bedingte Änderung der inneren Organisation des Rates nur von politischer, nicht hingegen von organisationsrechtlicher Relevanz.

Durch Art. 2 der Einheitlichen Europäischen Akte (Text in: BullEG, Beilage 2/1986) wird der Europäische Rat nun auch primärrechtlich institutionalisiert werden. Vorgesehen ist die Zusammensetzung (Staats- bzw. Regierungschefs der Mitgliedstaaten sowie der Präsident der Kommission), die Mindestanzahl von zwei Tagungen jährlich sowie die Unterstützung durch die Außenminister und ein Mitglied der Kommission.

b) Ausschuß der Ständigen Vertreter

Art 4 des Fusionsvertrages (s.o. Nr. A, I, 3) sieht die Errichtung eines Ausschusses vor, der sich aus den Ständigen Vertretern der Mitgliedstaaten zusammensetzt. Jeder Mitgliedstaat entsendet einen Ständigen Vertreter im Botschafterrang in diesen Ausschuß. Er ist in der Praxis jeweils gleichzeitig Leiter der nationalen Vertretung der Mitgliedstaaten bei den Gemeinschaften. Die Kommission ist ebenfalls im Ausschuß vertreten.

Aufgabe des Ausschusses ist es, die Arbeiten des Rates vorzubereiten und die ihm vom Rat übertragenen Aufgaben auszuführen. Das Hauptgewicht liegt dabei in der Vorbereitung der Beschlußfassung des Rates. Die Frage, ob ein Beschluß im Rat gefaßt werden kann, und wie ein etwa notwendiger Kompromiß lauten muß, wird in aller Regel im Ausschuß der Ständigen

Vertreter geklärt. Die Beschlußfassung im Rat ist dann nur mehr formal ohne inhaltliche Diskussion.

Der Ausschuß hat aber keine Kompetenz zum Erlaß von sekundärem Gemeinschaftsrecht oder irgendwelcher verbindlicher Beschlüsse. Der Rat kann seine Rechtsetzungsbefugnisse nicht auf ihn delegieren.

c) Die im Rat vereinigten Vertreter der Regierungen der Mitgliedstaaten

Die Mitglieder der nationalen Regierungen sind nicht nur Ratsmitglieder sondern auch Vertreter der Regierungen. Tagen sie in dieser Funktion, so nennt man das Gremium „Die im Rat vereinigten Vertreter der Regierungen der Mitgliedstaaten". Es handelt sich dann um eine Staatenkonferenz. Diese Fälle treten ein, wenn das primäre Gemeinschaftsrecht dies vorsieht (z. B. Art 167 Abs. 1, Art 216, Art. 236 EWGV).

In der Praxis hat dieses Gremium aber auch in Fällen, die nicht im primären Gemeinschaftsrecht vorgesehen sind, Beschlüsse gefaßt. Dabei handelt es sich um politisch motivierte Beschlüsse an Stelle von Rechtsakten des Rates, obwohl dieser dazu eine Kompetenz im EWGV hätte, oder um außervertragliche Beschlüsse, die aber das Gemeinschaftsrecht beeinflussen.

vgl. dazu im einzelnen SCHWEITZER (5), Rdnr. 12 ff.

Die Zulässigkeit und Verbindlichkeit solcher Beschlüsse ist als Ausfluß der völkerrechtlichen Handlungsfähigkeit der Mitgliedstaaten nicht zu bestreiten. Dies wird insbesondere dadurch belegt, daß sie durch den jeweiligen Art. 3 Abs. 1 der drei bisherigen Beitrittsverträge 1972 (ABl. 1972, Nr. L 73, S. 14 ff.), 1979 (ABl. 1979, Nr. L 291, S. 17 ff.) und 1985 (ABl. 1985, Nr. L 302, S. 9 ff.) für die neuen Mitgliedstaaten verbindlich erklärt wurden. Hinsichtlich ihrer Rechtsnatur wird man die Beschlüsse am besten als völkerrechtliche Verwaltungsabkommen qualifizieren können.

Für die Beschlußfassung der im Rat vereinigten Vertreter der Regierungen der Mitgliedstaaten gibt es keine Verfahrensvorschriften, jedenfalls dann nicht, wenn außervertragliche Beschlüsse gefaßt werden sollen. Aus der Natur der Sache (=völkerrechtliche Staatenkonferenz) folgt aber, daß solche Beschlüsse nur einstimmig gefaßt werden können.

d) Beschlußfassung

Die einschneidendste Entwicklung hat sich bei der Beschlußfassung im Rat ergeben. Während Art. 148 EWGV Einstimmigkeit, qualifizierte und einfache Mehrheit für die Beschlußfassung im Rat vorsieht, hat sich in der Praxis seit der Luxemburger Vereinbarung vom 29. Januar 1966 die Einstimmigkeit durchgesetzt. Das Gebot der Einstimmigkeit ist heute als gemeinschaftsrechtlich verbindlich anzusehen.

s. dazu im einzelnen u. § 7, Nr. A, II, 2.

Untechnisch gesprochen bewirkt dies, daß jeder Mitgliedstaat im Rat, der das Rechtsetzungsorgan der EWG ist, ein Vetorecht besitzt. Dies bedeutet die weitaus stärkste Verlagerung von der Supranationalität hin zur intergouvernementalen Kooperation.

e) Verfahren der Rechtsetzung

Nach der bisherigen Konstruktion des Rechtsetzungsverfahrens des EWGV ist der Rat angewiesen auf eine Initiative der Kommission. Zudem muß er in den im primären Gemeinschaftsrecht zwingend vorgesehenen Fällen das Europäische Parlament und den Wirtschafts- und Sozialausschuß anhören. Ergänzt wird dies durch die Gemeinsame Erklärung des Europäischen Parlaments, des Rates und der Kommission über die Einführung eines Konzertierungsverfahrens vom 4. März 1975 (ABl. 1975, Nr. C 89, S. 1 f.), das eine stärkere Einbindung des Parlaments beim Erlaß von finanziell relevanten Rechtsakten garantieren soll. In keinem Fall aber ist der Rat an die Stellungnahme von Parlament und Wirtschafts- und Sozialausschuß gebunden.

Im Bereich des Rechtsetzungsverfahrens sieht die Einheitliche Europäische Akte teilweise eine grundsätzliche Änderung vor. Gemäß ihrem Art. 6 bezieht sich dies aber nur auf Rechtsakte gemäß den Artikeln 7, 49, 54, Abs. 2, 56 Abs. 2, 57 (mit Ausnahme des Abs. 2 Satz 2) sowie auf die durch die Einheitliche Europäische Akte neu eingefügten Artikel 100 a, 100 b, 118 a, 130 e und 130 g Abs. 2 des EWGV. Im übrigen bleibt das bisherige Verfahren bestehen.

Art. 6 der Einheitlichen Europäischen Akte nennt die vorgesehene Änderung **„Verfahren der Zusammenarbeit"**. Dazu sieht der geänderte Art. 149 EWGV folgendes vor:

Wie bisher kommt die Initiative von der Kommission. Das Parlament wird angehört und gibt eine Stellungnahme ab. Daraufhin beschließt der Rat einen „gemeinsamen Standpunkt", der dem Parlament zugeleitet wird. Dieser Beschluß kann mit qualifizierter Mehrheit gefaßt werden.

Billigt ihn das Parlament oder äußert es sich binnen drei Monaten nicht, beschließt der Rat den Rechtsakt entsprechend dem „gemeinsamen Standpunkt".

Lehnt das Parlament den „gemeinsamen Standpunkt" ab, so kann der Rat den Rechtsakt nur einstimmig beschließen.

Schlägt das Parlament Änderungen an dem „gemeinsamen Standpunkt" vor, überprüft die Kommission noch einmal ihren ursprünglichen Vorschlag und leitet ihn an den Rat weiter. Dabei leitet sie auch die von ihr nicht übernommenen Änderungswünsche des Parlaments an den Rat weiter und nimmt dazu Stellung.

Der Rat hat nun folgende Möglichkeiten:

- Er akzeptiert die von der Kommission nicht übernommenen Änderungen des Parlaments und beschließt den Rechtsakt. Dieser Beschluß muß einstimmig ergehen.

- Er akzeptiert den Vorschlag der Kommission und beschließt den Rechtsakt. Dieser Beschluß kann mit qualifizierter Mehrheit ergehen.

- Er ändert den Vorschlag der Kommission und beschließt den Rechtsakt. Dieser Beschluß muß einstimmig ergehen.

- Er faßt binnen drei Monaten gar keinen Beschluß. Dann gilt der Vorschlag der Kommission als nicht angenommen.

Ob mit diesem reichlich komplizierten Verfahren die Rolle des Europäischen Parlaments gestärkt werden wird, erscheint zweifelhaft. Zum einen bekommt das Parlament damit nach wie vor keine Rechtsetzungsbefugnis, sondern kann bestenfalls einzelne Rechtsakte verhindern oder inhaltlich beeinflussen. Zum anderen ist selbst das kaum zu erwarten. Denn die ganze Konstruktion beruht auf dem Beschlußfassungsgegensatz zwischen „gemeinsamen Standpunkt" (qualifizierte Mehrheit) und Beharrungsbeschluß gegen Einwände des Parlaments (einstimmig). Da aber unter Geltung der Luxemburger Vereinbarung (s.o.Nr. A, III, 1, d) dieser Gegensatz nicht auftreten wird, sondern alle Beschlüsse des Rates ohnehin immer einstimmig ergehen müssen, falls auch nur ein Mitgliedstaat dies geltend macht, verliert die Konstruktion ihre gewollte Wirkung. Denn wenn der „gemeinsame Standpunkt" schon einstimmig beschlossen werden konnte, dann wird dies auch bei einem Beharrungsbeschluß der Fall sein.

Dieselbe Überlegung gilt auch für eine eventuell beabsichtigte Stärkung der Rolle der Kommission im Rechtsetzungsverfahren.

2) Kommission

Bei der Kommission hat es in der Organisation keine bedeutenden Veränderungen gegeben, hingegen können solche im Kompetenz- und Verfahrensbereich festgestellt werden.

a) Kompetenzen

Formalrechtlich gesehen ist nach wie vor der Rat das fast ausschließlich zuständige Hauptrechtsetzungsorgan, während die Kommission für die Vollziehung zuständig ist. Zwar sieht der EWGV in 42 Fällen eigenständige Kompetenzen der Kommission zur verbindlichen Beschlußfassung vor, in keinem Fall allerdings in Form von Verordnungen. In den vier Fällen einer Richtlinienkompetenz bezogen sich zwei auf die Übergangszeit, die zwei anderen (Art. 90 Abs. 3 und der heute nicht mehr bedeutsame Art. 97 EWGV) beziehen sich auf die Kontrollbefugnisse der Kommission hinsichtlich der Einhaltung des Gemeinschaftsrechts und haben daher nur ausführenden Charakter. Dasselbe gilt für die elf Fälle, in denen die Kommission (individuelle) Entscheidungen erlassen kann, und die 27 Fälle einer Kompetenz für ungekennzeichnete Rechtshandlungen (s.o. Nr. A, II, 2), wobei in der letzten Gruppe 10 Genehmigungskompetenzen für die Ergreifung von Schutzklauseln durch die Mitgliedstaaten enthalten sind.

s. dazu im einzelnen HUMMER (3), Rdnr. 32 ff.

In der Praxis ist es darüberhinaus zur extensiven Anwendung der Delegationsmöglichkeit gemäß Art. 155 Unterabs. 4 EWGV gekommen. Das hat dazu geführt, daß die Mehrzahl aller Rechtsakte heute auf Grund von Ratsdelegationen von der Kommission erlassen werden. Dabei handelt es sich aber nur um die Delegation von Durchführungsbefugnissen, so daß auch hier die Rechtsetzung der Kommission nur ausführenden Charakter hat.

s. dazu im einzelnen HUMMER (3), Rdnr. 46 ff.

Die Einheitliche Europäische Akte bestätigt in Art. 10 diese Entwicklung, indem sie zur Klarstellung einen dementsprechenden Unterabs. 3 zu Art. 145 EWGV einfügt.

b) Verwaltungs- und Regelungsausschüsse

Im Bereich des Verfahrens der delegierten Rechtsetzung durch die Kommission kam es zur Errichtung von Verwaltungs- und Regelungsausschüssen. Diese Ausschüsse, die sich aus Vertretern der Mitgliedstaaten zusammensetzen, geben vor Erlaß von Durchführungsvorschriften durch die Kommission Stellungnahmen ab. Die Kommission ist zwar daran nicht gebunden, erläßt sie aber Durchführungsvorschriften, die sich über die Stellungnahmen hinwegsetzen, so bedingt das ein Wiederaufleben der ursprünglichen (aber delegierten) Kompetenz des Rates, der nun anders entscheiden kann.

Dazu kommt es zwar in der Praxis kaum, es ist aber damit sichergestellt, daß die Kommission keine Durchführungsvorschriften erläßt, mit denen der Rat und damit die Mitgliedstaaten nicht einverstanden sind.

s. dazu im einzelnen HUMMER (3), Rdnr. 53 ff. und § 6, Nr. D

Diese Stärkung des intergouvernementalen Elements wird ebenfalls von Art. 10 der Einheitlichen Europäischen Akte bestätigt.

3) Europäisches Parlament

Die Entwicklung beim Europäischen Parlament ist gekennzeichnet durch eine Stärkung der demokratischen Legitimation. Im Bereich der legislativen Kompetenzen hat es jedoch keinen inhaltlichen Fortschritt gegeben.

a) Direktwahl

Durch den „Beschluß und Akt zur Einführung allgemeiner unmittelbarer Wahlen der Abgeordneten der Versammlung" des Rates vom 20. September 1976 wurde die Direktwahl der 518 Abgeordneten des Europäischen Parlaments eingeführt.

Text in: SCHWEITZER/HUMMER (2), S. 105 ff.

Die bisherigen Wahlen (1979, 1984) fanden aufgrund unterschiedlicher nationaler Wahlgesetze statt. Für die nächste Direktwahl (1989) ist die Ausarbeitung eines einheitlichen europäischen Wahlverfahrens geplant.

b) Kompetenzen

Die Kompetenzen des Europäischen Parlaments liegen insbesondere in den Bereichen Beratung und Kontrolle. Rechtsetzende Befugnisse sind — sieht man von der Mitwirkung bei der Haushaltsfeststellung ab (s. dazu u. Nr. A, IV, 2) — nicht vorhanden. Alle Bemühungen des Parlaments in dieser Richtung sind bisher gescheitert. Durch die Einheitliche Europäische Akte wird allerdings die verfahrensmäßige Mitwirkungsbefugnis des Parlaments an der Rechtsetzung durch den Rat verbessert. Eine entscheidende Einflußnahme oder gar eigene Rechtsetzungsbefugnisse bleiben hingegen versagt (s.o. Nr. A, III, 1, e). Allerdings ist ein echtes Zustimmungsbedürfnis des Parlaments nach Art. 8 und Art. 9 der Einheitlichen Europäischen Akte vorgesehen für den Ratsbeschluß über die Aufnahme neuer Mitglieder gemäß Art. 237 Abs. 1 EWGV und für den Abschluß eines Assoziierungsabkommens durch den Rat gemäß Art. 238 Abs. 2 EWG. Das Parlament wird hier zum erstenmal über den Haushaltsbereich hinausgehende (s.u. Nr. A, IV, 2) echte inhaltliche Mitwirkungsbefugnisse bekommen.

4) Gerichtshof

Die permanente Überlastung des Gerichtshofs (bis Ende 1985: 5171 anhängig gemachte Rechtssachen, davon 1149 schwebende Rechtssachen) führte zum Vorschlag der Kommission vom 4. August 1978 für eine Verordnung ... zur Errichtung eines Verwaltungsgerichts der Europäischen Gemeinschaften (ABl. 1978, Nr. C 225, S. 6 ff.), das für Beamtenrechtsstreitigkeiten zuständig sein soll. Der Plan ist allerdings bislang noch nicht realisiert worden. Die Einheitliche Europäische Akte sieht in Artikel 11 eine Ergänzung des EWGV um einen Art. 168 a vor, wonach der Rat auf Antrag des Gerichtshofs ein „Gericht beiordnen kann", das für bestimmte

Klagen von natürlichen oder juristischen Personen zuständig sein soll. Gegen dieses Urteil soll ein auf Rechtsfragen beschränktes Rechtsmittel beim Gerichtshof gegeben sein.

IV. HAUSHALT

Das Haushaltsrecht wurde im Laufe der Zeit grundlegend umgestaltet. Die Änderungen betrafen vornehmlich die Mittelaufbringung und die Haushaltsfeststellung.

1) Aufbringung der Mittel

Der Haushalt der Europäischen Gemeinschaften wird nach dem Beschluß des Rates über das System der eigenen Mittel der Gemeinschaften vom 7. Mai 1985 (ABl. 1985, Nr. L 128, S. 15 ff.) vollständig aus eigenen Mitteln finanziert. Diese kommen aus folgenden Quellen: Agrarabschöpfungen, Zölle, Abgaben im Rahmen gemeinsamer Politiken (z. B. Zucker- und Isoglucoseabgaben), ein Anteil von bis zu 1,4 % aus den Mehrwertsteuereinnahmen der Mitgliedstaaten (festgelegt auf der Basis einer einheitlichen steuerlichen Bemessungsgrundlage, s. 6. Mehrwertsteuerrichtlinie vom 17. Mai 1977, ABl. 1977, Nr. C 145, S. 1 ff.), Montanumlage, Steuer der Gemeinschaftsbediensteten und Darlehen der Mitgliedstaaten. Für die neuen Mitglieder Griechenland, Portugal und Spanien gelten zur Zeit Übergangsmaßnahmen. 1985 betrugen die Gesamteinnahmen rund 28,44 Milliarden ECU.

2) Haushaltsfeststellung

Im Bereich der Haushaltsfeststellung sind im Laufe der Zeit die Mitwirkungsbefugnisse des Europäischen Parlaments verstärkt worden. Grundlage dafür waren insbesondere der Haushaltsvertrag vom 22. April 1970 (ABl. 1971, Nr. L 2, S. 1 ff.) und der Vertrag zur Änderung verschiedener Finanzvorschriften vom 22. Juli 1975 (ABl. 1977, Nr. L 359, S. 1 ff.). Dazu kam die Gemeinsame Erklärung des Europäischen Parlaments, des Rates und der Kommission über verschiedene Maßnahmen zur Gewährleistung einer besseren Abwicklung des Haushaltsverfahrens vom 30. Juni 1982 (ABl.1982, Nr. C 194, S. 1 ff.).

Der Verlauf des Haushaltsverfahrens ergibt sich aus dem folgenden Schaubild. Echte Mitwirkungs- und Entscheidungsbefugnisse bestehen für das Parlament dabei in zwei Bereichen. Zum einen kann es in der Schlußabstimmung die Feststellung des Haushaltsplans verweigern. Dies zwingt den Rat zu einem neuen Entwurf in Form einer Kompromißlösung. Zum anderen kann es im Bereich der „nicht zwingenden Ausgaben" (= solche, die nicht schon auf Grund von Gemeinschaftsrecht von vornherein feststehen) innerhalb eines bestimmten Spielraums Änderungen auch gegen den Willen des Rates beschließen.

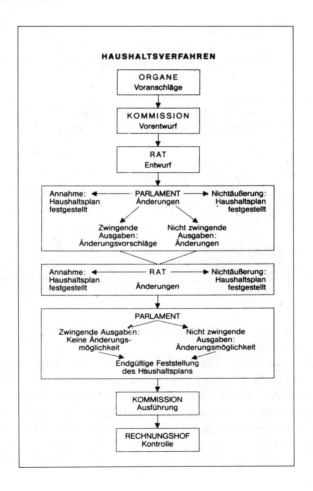

Im Vergleich dazu der bisherige Regelfall der Rechtsetzung:

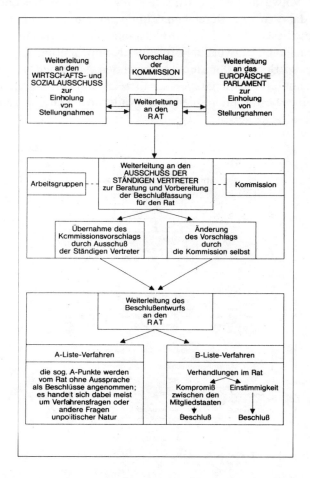

Nicht geklärt wurde bei den Änderungen der Haushaltsbefugnisse des Parlaments die Frage des anzuwendenden Gerichtsverfahrens bei Streitigkeiten über das Ausmaß der Kompetenz des Parlaments, insbesondere bei der Unterscheidung zwingende — nichtzwingende Ausgaben und für den Fall, daß das Parlament sich bei der endgültigen Feststellung des Haushaltsplanes nicht an die Ansätze des Rates im Bereich der zwingenden Ausgaben hält. Diese Lücke hat mittlerweile der EuGH geschlossen, indem er entschieden hat, daß entgegen dem Wortlaut des Art. 173 Abs. 1 EWGV eine Nichtigkeitsklage gegen den Haushaltsbeschluß des Parlaments zulässig sei.

> Rs. 294/83, Rat/Europäisches Parlament, noch nicht veröffentlicht (ABl. 1986, Nr. C 125, S. 5)

3. Rechnungshof

Durch Beschluß des Rates vom 18. Oktober 1977 (ABl. 1977, Nr. L 268, S. 19 ff.) wurde ein Rechnungshof errichtet, der aus 12 vom Rat ernannten unabhängigen Personen besteht. Er prüft die Einnahmen und Ausgaben hinsichtlich Rechtmäßigkeit und Ordnungsmäßigkeit und überzeugt sich von der Wirtschaftlichkeit der Haushaltsführung. Nach Abschluß eines jeden Haushaltsjahres erstattet er einen Jahresbericht.

V. AUSSENBEZIEHUNGEN

Die Außenbeziehungen der EWG lassen sich in folgenden Kategorien typisieren:

- Assoziierung gemäß Art. 238 EWGV.

- Freihandelsabkommen gemäß Art. 113 EWGV.

- Handelsverträge gemäß Art. 113 EWGV.

- Sonstige Verträge.

In diesen Formen unterhält die EWG heute Beziehungen zu über 130 Staaten. Sie hat neben bilateralen Verträgen ca. 30 multilaterale abgeschlossen. Dazu kommen die Beziehungen im Rahmen der Assoziierung der überseeischen Länder und Hoheitsgebiete der Mitgliedstaaten gemäß Art. 131 ff. EWGV, die aber nicht als echte Außenbeziehungen bezeichnet werden können.

> vgl. dazu den Beschluß des Rates vom 30. Juni 1986 über die Assoziation der überseeischen Länder und Gebiete mit der EWG, ABl. 1986, Nr. L 175, S. 1 ff.

Außerdem wurden einige Abkommen mit internationalen Organisationen abgeschlossen.

Texte mit Fundstellen in: Kommission (Hrsg.), Agreements and other bilateral commitments linking the Communities with non-member countries, I-102-85; Conventions et accords multilateraux, I-497-85.

1) Assoziierung gemäß Art. 238 EWGV

Die Assoziierungsabkommen gemäß Art. 238 EWGV entsprechen keinem einheitlichen Schema, da der Begriff der Assoziierung sehr weit verstanden wird. In der Regel werden Freihandelszonen oder Zollunionen gegründet (auch nur einseitig wirkende), bisweilen enthalten sie aber auch nur Regelungen der wirtschaftlichen und finanziellen Kooperation. Der mögliche Regelungsbereich umfaßt alle im EWGV geregelten Materien. Die institutionelle Ausgestaltung ist ebenfalls sehr unterschiedlich. Zur Zeit gibt es folgende Institutionen: Ministerräte mit (einstimmigen) Beschlußkompetenzen, Parlamentarische Versammlungen mit beratender Funktion, Schiedsgerichte und unterstützende Einrichtungen.

s. dazu im einzelnen VEDDER, Rdnr. 7 ff. und Rdnr. 25 ff.

Gegenwärtig bestehen Assoziierungsabkommen mit folgenden Staaten:

(1) Europa: Malta, Jugoslawien, Türkei, Zypern.

(2) Afrika und Asien: Algerien, Ägypten, Israel, Jordanien, Libanon, Marokko, Syrien, Tunesien.

(3) AKP-Länder (= Afrika, Karibik, Pazifik):

Afrika (41): Äquatorial-Guinea, Angola, Äthiopien, Benin, Botsuana, Burkina, Burundi, Dschibuti, Efenbeinküste, Gabun, Gambia, Ghana, Guinea, Guinea-Bissau, Kamerun, Kenia, Kongo, Lesotho, Liberia, Madagaskar, Malawi, Mali, Mauretanien, Mauritius, Mosambik, Niger, Nigeria, Ruanda, Sambia, Senegal, Sierra Leone, Simbabwe, Somalia, Sudan, Swasiland, Tansania, Togo, Tschad, Uganda, Zaire, Zentralafrika.

Karibik (13): Antigua und Barbuda, Bahamas, Barbados, Belize, Dominika, Grenada, Guyana, Jamaika, St. Christofer und Nevis, St. Lucia, St. Vincent und Grenadinen, Surinam, Trinidad und Tobago.

Pazifik (12): Fidschi, Kap Verde, Kiribati, Komoren, Papua-Neu-Guinea, Salomonen, Sao-Tome und Principe, Seychellen, Tonga, Tuvalu, Vanuatu, West-Samoa.

2) Freihandelsabkommen gemäß Art. 113 EWGV

Die Freihandelsabkommen gemäß Art. 113 EWGV errichten bilaterale Freihandelszonen zwischen der EWG und den Vertragspartnern, bezogen auf ihre Ursprungserzeugnisse. Der Umfang der umfaßten Waren ist unterschiedlich, ausgeklammert ist aber jeweils ein Großteil der Agrarprodukte. In den Freihandelszonen kommt es zum Zollabbau im zoneninternen Bereich. Außerdem werden verboten Abgaben zollgleicher Wirkung, mengenmäßige Einfuhrbeschränkungen und Maßnahmen gleicher Wirkung, diskriminierende interne Steuermaßnahmen, Devisenbeschränkungen und Wettbewerbsbeschränkungen. Institutionell sind paritätisch besetzte Gemischte Ausschüsse vorgesehen, die (einstimmige) Beschlußkompetenzen besitzen.

Gegenwärtig bestehen Freihandelsabkommen mit Finnland, Island, Norwegen, Österreich, Schweden und der Schweiz.

3) Handelsverträge gemäß Art. 113 EWGV

Die Handelsverträge gemäß Art. 113 EWGV regeln Einzelfragen der Handelsbeziehungen zwischen der EWG und den Vertragspartnern. Es kann sich dabei um bilaterale oder multilaterale Abkommen handeln.

Die multilateralen Abkommen sind einerseits Abkommen über Zollsenkungen und Beseitigung sonstiger Handelsbeschränkungen sowie Dumping im Rahmen des GATT, andererseits Produktabkommen im Rahmen des GATT oder der UNCTAD.

Die bilateralen Abkommen sind Kooperationsabkommen, Rahmenabkommen über wirtschaftliche und handelspolitische Zusammenarbeit oder herkömmliche Handelsabkommen zur Förderung des Wirtschaftsverkehrs insgesamt oder nur bezogen auf einzelne Sektoren oder Erzeugnisse.

Handelsverträge bestehen gegenwärtig mit Ägypten, Algerien, Argentinien, Australien, Bangladesch, Barbados, Belize, Brasilien, Bulgarien,

China, Elfenbeinküste, Fidschi, Finnland, Guatemala, Haiti, Hong Kong, Indien, Indonesien, Island, Israel, Jemen, Jordanien, Jugoslawien, Kanada, Kolumbien, Kongo, Korea, Libanon, Macao, Madagaskar, Malaysia, Malawi, Marokko, Mexiko, Neuseeland, Norwegen, Österreich, Pakistan, Peru, Philippinen, Polen, Rumänien, St. Christopher und Nevis, Schweiz, Simbabwe, Singapur, Sri Lanka, Surinam, Syrien, Swasiland, Tansania, Thailand, Trinidad und Tobago, Tschechoslowakei, Tunesien, Türkei, Uganda, Ungarn, Uruguay, USA.

Darüberhinaus gibt es je ein Kooperationsabkommen betreffend Handel, Wirtschaft und Entwicklung mit ASEAN (Brunei, Indonesien, Malaysia, Philippinen, Singapur, Thailand) und der Anden-Gruppe (Bolivien, Ekuador, Kolumbien, Peru, Venezuela).

4) Sonstige Verträge

Die sonstigen Verträge betreffen verschiedene Sachgebiete des EWGV und haben daher unterschiedliche Rechtsgrundlagen. Sie behandeln insbesondere Fragen der Energie, der Fischerei, der Forschung, der Technologie, der Umweltpolitik, des Verbraucherschutzes, des Verkehrs, der Rechtsstellung der Gemeinschaftsvertreter etc.

Derzeit existieren solche Verträge mit Äquatorialguinea, Färöer, Finnland, Grönland, Guinea, Guinea-Bissau, Japan, Kanada, Madagaskar, Norwegen, Österreich, Sao Tome und Principe, Schweden, Schweiz, Senegal, Seychellen.

Darüberhinaus gibt es ein Kooperationsabkommen mit dem Rat für Arabische Wirtschaftseinheit, sowie Abkommen über Zusammenarbeit und Unterstützung mit der IDA (Internationale Entwicklungsorganisation), der IEA (Internationale Energieagentur) und dem UNRWA (Hilfswerk der Vereinten Nationen für die Palästinaflüchtlinge).

Außerdem ist die EWG einigen multilateralen Verträgen beigetreten, insbesondere solchen über Fischerei und Umweltschutz. Über solche Verträge sind nun auch einige Staaten, die bisher keine bilateralen Vertragsbeziehungen eingegangen sind, in die Außenbeziehungen der EWG eingebunden. Dazu gehören z.B. die DDR, Kuba und die Sowjetunion. Letztere hat dabei jeweils eine Erklärung abgegeben, in der sie sich ihre Position gegenüber der EWG (und damit deren Völkerrechtssubjektivität) vorbehält.

B. ENTWICKLUNG IM MATERIELLEN BEREICH

I. FREIER WARENVERKEHR

Als Mittel zur Erreichung des freien Warenverkehrs sehen die Art. 9-36 EWGV vor: Die Errichtung einer Zollunion, das Verbot aller mengenmäßigen Beschränkungen und die Umformung der staatlichen Handelsmonopole. Die in diesen Bestimmungen vorgesehene Entwicklung kann als abgeschlossen bezeichnet werden. Zur Zeit bestehen lediglich Probleme hinsichtlich des Umfangs der erlaubten Ausnahmen für mengenmäßige Beschränkungen.

Weitere Fortschritte im Bereich des freien Warenverkehrs sind nur mehr im Rahmen einer erweiterten legislativen Tätigkeit der EWG zu erzielen. Die dazu notwendige Rechtsgrundlage ist in Art. 13 der Einheitlichen Europäischen Akte enthalten, der den EWGV um einen neuen Art. 8 a ergänzt. Darin ist die schrittweise Verwirklichung des Binnenmarktes bis 31. Dezember 1992 vorgesehen, worunter verstanden wird ein Raum ohne Binnengrenzen, in dem der freie Verkehr von Waren, Personen, Dienstleistungen und Kapital gemäß den Bestimmungen des EWGV gewährleistet ist.

1) Zollunion

Die Zollunion bildet gemäß Art. 9 Abs. 1 EWGV die Grundlage der EWG. Sie umfaßt (vorbehaltlich einiger leges speciales, z. B. für Agrarprodukte) grundsätzlich den gesamten Austausch von Waren, die einen Geldwert haben und deshalb Gegenstand von Handelsgeschäften sein können. Sie besteht aus zwei Elementen:

- Das Verbot der Ein- und Ausfuhrzölle sowie Abgaben gleicher Wirkung im Innenbereich (Art. 12 — 17 EWGV).

- Die Einführung eines Gemeinsamen Zolltarifs für den Außenbereich (Art. 18 — 29 EWGV).

a) Ein- und Ausfuhrzölle

Das Verbot der Ein- und Ausfuhrzölle im Innenbereich wird heute lückenlos befolgt.

Im Bereich der Abschaffung der Abgaben gleicher Wirkung mußten erst durch die Rechtssprechung der EuGH die notwendigen Voraussetzungen für Rechtsklarheit und Rechtssicherheit geschaffen werden, nachdem einige Mitgliedstaaten versucht hatten, das Verbot zu umgehen. Als Ergebnis läßt sich heute folgendes festhalten: Eine Abgabe gleicher Wirkung ist eine — auch noch so geringe — den in- oder ausländischen Waren wegen ihres Grenzübertritts einseitig auferlegte finanzielle Belastung, die kein Zoll im eigentlichen Sinn ist. Eine solche finanzielle Belastung ist verboten, selbst wenn sie nicht zugunsten des Staates erhoben wird und keine diskriminierende oder protektionistische Wirkung hat, und wenn die belastete Ware nicht mit inländischen Erzeugnissen im Wettbewerb steht.

> s. EuGH, verb. Rs. 2 und 3/69, Sociaal Fonds Diamantarbeiders/Brachfeld und Chougol, Rspr. 1969, S. 211 ff., 222.

Mit dieser Definition ist auch die Abgrenzung zum Zoll unnötig geworden. Beispiele für verbotene Abgaben gleicher Wirkung waren z. B. Statistikgebühren, Lizenzgebühren etc. Hingegen hält der EuGH solche Abgaben dann für erlaubt, wenn sie als Gegenleistung für tatsächlich erwiesene Dienste erhoben werden, die den Importeur bzw. Exporteuer individuell bevorteilen.

> s. EuGH, Rs. 63/74, Cadsky/Istituto nazionale per il Commercio Estero, Rspr. 1975, S. 281 ff., 290.

Dies ist dann nicht der Fall, wenn die Dienste gar nicht im Interesse des Importeurs bzw. Exporteurs, sondern im Interesse der Allgemeinheit erbracht werden. Insofern gelten heute auch Gebühren für gesundheitspolizeiliche Kontrollen bei der Ein- oder Ausfuhr als verbotene Abgaben gleicher Wirkung.

> s. EuGH, Rs. 251/78, Denkavit/Minister für Ernährung, Landwirtschaft und Forste, Rspr. 1979, S. 3369 ff., 3393 f.

Erlaubt sind hingegen — auch bei Grenzübertritt — Abgaben gemäß Art. 95 Abs. 1 EWGV, d. h. derartige, die nichtdiskriminierend auf in- und ausländische Waren erhoben werden. In diesen Fällen dient die Abgabe nur dem Ausgleich der staatlichen Belastung in- und ausländischer Produkte. Ein Beispiel dafür ist die nach wie vor an den Binnengrenzen der EWG erhobene Mehrwertsteuer.

b) Der gemeinsame Zolltarif

Der gemeinsame Zolltarif wurde durch die Verordnung Nr. 950/68 des Rates vom 28. Juni 1968 eingeführt (ABl. 1968, Nr. L 172, S. 1 ff.). Der Anhang „Gemeinsamer Zolltarif" dieser Verordnung wird einmal jährlich durch Ratsverordnung auf den neuesten Stand gebracht.

2) Nichttarifäre Handelshemmnisse

Zur Verwirklichung des freien Warenverkehrs verbietet der EWGV neben den Zöllen und Abgaben gleicher Wirkung auch alle mengenmäßigen Einfuhr- und Ausfuhrbeschränkungen sowie Maßnahmen gleicher Wirkung (Art. 30 und 34 Abs. 1 EWGV).

a) Mengenmäßige Beschränkungen

Das Verbot mengenmäßiger Beschränkungen umfaßt sämtliche Maßnahmen, die sich als eine gänzliche oder teilweise Untersagung der Einfuhr, Ausfuhr oder Durchfuhr darstellen.

> s. EuGH, Rs. 2/73, Geddo/Ente Nazionale Risi, Rspr. 1973, S. 865 ff., 879.

In der Praxis handelt es sich dabei um Ein- oder Ausfuhrverbote oder Kontingentierungen. Das Verbot solcher Beschränkungen im Innenbereich wird heute lückenlos befolgt.

b) Maßnahmen gleicher Wirkung

Das Verbot der Maßnahmen gleicher Wirkung bildet hingegen den Ansatzpunkt für permanente Auseinandersetzungen zwischen der Kommission und den Mitgliedstaaten. Durch eine extensive Interpretation des Begriffs der Maßnahmen gleicher Wirkung durch die Kommission werden immer weitere Bereiche der nationalen Wirtschafts- und Sozialpolitik umfaßt. Dies führt zwar einerseits zum Abbau protektionistischer Tendenzen, greift aber andererseits in vermeintlich vergemeinschaftungsfreie Räume (z. B. traditionelle Verbrauchergewohnheiten, Steuerhoheit, nationale Gesundheitspolitik etc.) ein, wodurch der Widerstand der Mitgliedstaaten ausgelöst wird. Das von der Systematik des EWGV vorgesehene Instrument zur Lösung dieser Probleme wäre die einschlägige Rechtsvereinheitlichung über Richtlinien. Dieses Instrument hat bislang versagt, weil für derartige Richtlinien Art. 100 Abs. 1 EWGV ausdrücklich Einstimmigkeit vorschreibt, so daß die betroffenen Mitgliedstaaten die Beschlußfassung verhindern konnten. Dies ist auch der Grund, warum die Einheitliche Europäische Akte in Art. 18 dem EWGV einen neuen Art. 100 a einfügt, wonach der Großteil solcher Richtlinien in Zukunft mit qualifizierter Mehrheit beschlossen werden kann. Dies wird als das wesentliche Hilfsmittel zur Schaffung des Binnenmarktes angesehen. Da aber die Einheitliche Europäische Akte die Luxemburger Vereinbarung (s.u. § 7, Nr. A, II, 2) unberührt gelassen hat, wird sich auch in Zukunft an der Erfordernis der Einstimmigkeit beim Erlaß von Richtlinien prinzipiell nichts ändern.

Aus diesem Grund bleibt die einschlägige Rechtsprechung des Gerichtshofs zu den Maßnahmen gleicher Wirkung von entscheidender Bedeutung. Sie kann insgesamt dahingehend interpretiert werden, daß der Gerichtshof der Verwirklichung des freien Warenverkehrs einen großen Stellenwert einräumt, den Mitgliedstaaten aber in den Fällen, in denen noch kein sekundäres Gemeinschaftsrecht (insbesondere in Form von Richtlinien) vorliegt, einen gewissen Spielraum für die Berücksichtigung nationaler Interessen gewährt und daher das Verbot von Maßnahmen gleicher Wirkung nicht so weitgehend versteht wie die Kommission.

> Zur Auffassung der Kommission s. deren Rundschreiben über ihre Auslegungskriterien der Art. 30 — 36 EWGV (ABl. 1980, Nr. C 256, S. 2 f.). Für 1987 hat die Kommission eine neue Mitteilung angekündigt.

Ausgangspunkt ist der Wortlaut der Art. 30 — 36 EWGV. Danach sind zunächst alle Maßnahmen gleicher Wirkung wie mengenmäßige Ein- und Ausfuhrbeschränkungen verboten. Unter diesem Begriff versteht der EuGH alle Handelsregelungen der Mitgliedstaaten, die geeignet sind, den innerstaatlichen Handel unmittelbar oder mittelbar, tatsächlich oder potentiell zu behindern.

> s. Rs. 8/74, Staatsanwalt/Dassonville, Rspr. 1974, S. 837 ff., 852.

Dies gilt nach Meinung des EuGH insbesondere auch für Handelsregelungen, die unterschiedslos auf in- und ausländische Waren Anwendung finden.

> s. Rs. 120/78, Rewe/Bundesmonopolverwaltung für Branntwein, Rspr. 1979, S. 649 ff.

Von dem Verbot der Maßnahmen gleicher Wirkung sieht der Art. 36 Satz 1 EWGV eine Reihe von Ausnahmegründen vor. Gemäß Art. 36 Satz 2 EWGV dürfen Maßnahmen aufgrund dieser Ausnahmen jedoch weder ein Mittel zur willkürlichen Diskriminierung noch eine verschleierte Beschränkung des Handels zwischen den Mitgliedstaaten darstellen. Damit ist das Prinzip der Verhältnismäßigkeit angesprochen. Solche Maßnahmen sind, auch wenn ein Rechtfertigungsgrund geltend gemacht wird, verboten, wenn sie nicht geeignet, erforderlich und angemessen sind.

Der Gerichtshof hat diese Systematik in seiner Rechtsprechung insoweit ergänzt, als er eine Reihe neuer Ausnahmegründe anerkannt hat. Er leitet sie allerdings nicht aus Art. 36 EWGV ab, sondern liest sie in Art. 30 EWGV hinein. Dogmatisch gesehen ist dabei unklar geblieben, ob es sich um Rechtfertigungsgründe oder um Tatbestandsmerkmale des Art. 30 EWGV handelt. Im Ergebnis macht dies allerdings keinen Unterschied.

Diese Rechtsprechung basiert ausdrücklich auf der Zuerkennung eines Spielraums der Mitgliedstaaten, solange keine abschließende gemeinschaftsrechtliche Regelung vorliegt. Als neue Ausnahmegründe hat der Gerichtshof dabei genannt zwingende Erfordernisse einer wirksamen steuerlichen Kontrolle, des Schutzes der öffentlichen Gesundheit, der Lauterkeit des Handelsverkehrs und des Verbraucherschutzes.

Rs. 120/78, Rewe/Bundesmonopolverwaltung für Branntwein, Rspr. 1979, S. 649 ff., 662.

Der Gerichtshof versteht die Aufzählung als nicht abschließend, so daß er sie in seiner Rechtsprechung bei Bedarf erweitern kann. So hat er inzwischen für das Buchwesen den Ausnahmegrund des Schutzes der Kreativität und kulturellen Vielfalt festgestellt.

Rs. 95/84, Urteil vom 10. Juli 1986, noch nicht veröffentlicht.

Insgesamt läßt sich feststellen, daß die Rechtsprechung über Wortlaut und Systematik der Artikel 30 — 36 EWGV hinausgeht, daß dies aber nicht zu einer Beschränkung sondern vielmehr zu einer Erweiterung des Spielraums der nationalen Souveränität geführt hat.

3) Staatliche Handelsmonopole

Art. 37 Abs. 1 EWGV schreibt schließlich Umformung der staatlichen Handelsmonopole dergestalt vor, daß jede Diskriminierung in den Versorgungs- und Absatzbedingungen zwischen den Angehörigen der Mitgliedstaaten ausgeschlossen ist. Der Begriff der staatlichen Handelsmonopole wird in Art. 37 Abs. 2 EWGV definiert.

Ziel des Art. 37 EWGV ist, daß sich der Marktbürger überall ungehindert von staatlichen Handelsmonopolen versorgen, und daß der Händler oder der Hersteller überall ungehindert absetzen können muß. Dieses Ziel ist heute größtenteils erreicht. Allerdings gelten für die neuen Mitgliedstaaten teilweise noch Übergangsfristen für die entsprechende Umformung ihrer Monopole.

II. LANDWIRTSCHAFT

Die Landwirtschaft hat sich, wie zu erwarten war, als der sensibelste Bereich des EWGV herausgestellt. Dies wird am besten dadurch belegt, daß die grundlegende Änderung im institutionellen Bereich, nämlich die Einführung der Einstimmigkeit im Rat durch die Luxemburger Vereinbarung (s.o. Nr. A, III, 1 d), durch Unstimmigkeiten im Agrarsektor bedingt war.

Die landwirtschaftlichen Bestimmungen des EWGV gelten für alle Erzeugnisse, die in Anhang II zum EWGV angeführt sind. Für alle anderen landwirtschaftlichen Erzeugnisse, sowie für die Erzeugnisse des Anhanges II, für die noch kein sekundäres Gemeinschaftsrecht gilt, kommen die sonstigen Bestimmungen des EWGV (insbesondere über den freien Warenverkehr, die Steuern und den Wettbewerb) zur Anwendung.

Hauptanliegen des Kapitels über die Landwirtschaft ist gemäß Art. 38 Abs. 4 und Art. 40 Abs. 1 EWGV die Entwicklung einer gemeinsamen Agrarpolitik. Dabei sind gemäß Art. 39 Abs 1 folgende — teilweise gegenläufige — Ziele zu verfolgen: Produktivitätssteigerung, Gewährleistung einer angemessenen Lebenshaltung der landwirtschaftlichen Bevölkerung, Stabilisierung der Märkte, Sicherstellung der Versorgung und Belieferung der Verbraucher zu angemessenen Preisen. Von diesen Zielen sind die der Produktivitätssteigerung und der Sicherstellung der Versorgung zur Zeit größtenteils verwirklicht. Im Bereich der wichtigen landwirtschaftlichen Erzeugnisse gibt es nur bei Frischobst und bei Zitrusfrüchten eine Unterselbstversorgung der EWG in der Höhe von 88 % bzw. 69 %.

Bei allen anderen Erzeugnissen gibt es einen Grad der Selbstversorgung der EWG in der Höhe von 100 % und in der Regel darüberhinaus bis hin zu 131 % bei Butter und 133 % bei Zucker.

Die Beschränkung dieser Überproduktionen führte in der letzten Zeit dazu, daß die Gewährleistung einer angemessenen Lebenshaltung der landwirtschaftlichen Bevölkerung, die lange Jahre bei jährlichen Steigerungsraten des realen Nettoagrareinkommens von 6,5 % erfolgreich betrieben wurde, rückläufig ist.

Die Ziele der Marktstabilisierung (Verhinderung von Preisschwankungen) und der Belieferung der Verbraucher zu angemessenen Preisen gelten bei den meisten Erzeugnissen als verwirklicht. Dabei ist allerdings zu bedenken, daß die Preise höher sind als auf dem Weltmarkt und daß sie nicht an sinkenden Weltmarktpreisen partizipieren, andererseits aber auch von Preissprüngen (wie am Zucker- und Getreideweltmarkt) verschont bleiben.

Die Mittel der Erreichung der gemeinsamen Agrarpolitik sind: gemeinsame Organisation der Agrarmärkte (Art. 40 EWGV), Förderungsmaßnahmen (Art. 41) und Wettbewerbskontrolle (Art. 42 EWGV).

1) Gemeinsame Organisation der Agrarmärkte

Vorrangiges Mittel ist die gemeinsame Organisation der Agrarmärkte. Dabei wird eine der in Art. 40 Abs. 2 EWGV genannten Organisationsformen oder eine Kombination aus diesen gewählt und jeweils auf ein Erzeugnis oder eine Gruppe von Erzeugnissen angewandt. Zur Zeit gibt es Marktorganisationen für folgende Produkte: Eier; Fette; Fischereierzeugnisse; Flachs und Hanf; Geflügel; Getreide; Hopfen; Milch und Milcherzeugnisse; Obst und Gemüse; Obst und Gemüse-Verarbeitungserzeugnisse; Pflanzen, lebende und Waren des Blumenhandels; Reis; Rindfleisch; Rohtabak; Saatgut; Schaf- und Ziegenfleisch; Schweinefleisch; Trockenfutter; Wein; Zucker und Isoglucose.

> Die Marktorganisationen beruhen auf Verordnungen des Rates, alle abgedruckt in: GROEBEN u. a., Handbuch, Bd. 5, I A 44/50 ff.

Außerdem gibt es eine sog. „Reste-Verordnung", die für die übrigen Erzeugnisse des Anhangs II zum EWGV eine Marktorganisation errichtet.

Für einige Erzeugnisse existieren zwar keine Marktorganisationen aber sektorielle Grundregelungen, die sich vornehmlich auf Beihilfen beziehen. Dabei handelt es sich um folgende Erzeugnisse: Ackererbsen und Puffbohnen; Baumwollsaat; Bienenzucht; Leinsamen; Rizinussamen; Seidenraupen und Sojabohnen.

Schließlich wurde noch für einige landwirtschaftliche Erzeugnisse, die nicht im Anhang II zum EWGV enthalten sind, ein einer Marktorganisation nachgebildetes Regime von Handelsregelungen eingeführt (ABl. 1980, Nr. L 323, S. 1 ff.), das allerdings komptenzmäßig nicht auf das Kapitel Landwirtschaft sondern auf die Artikel 28, 113 und 235 EWGV gestützt wurde.

Die einzelnen Marktorganisationen sind mehr oder minder strikt und umfassend angelegt. Sie beruhen auf den Prinzipien der Markteinheit, der Gemeinschaftspräferenz und der gemeinsamen Finanzierung.

a) Markteinheit

Die Markteinheit garantiert den freien Warenverkehr, gleichartige Preise und gemeinsame Bestimmungen zur Verwaltung der Märkte.

Für jedes Produkt wird ein gemeinsamer Agrarmarkt errichtet, der im Handel zwischen den Mitgliedstaaten Zölle, Abgaben gleicher Wirkung und nichttarifäre Handelshemmnisse verbietet. Dies wurde allerdings durch die Einführung von Währungsausgleichsbeträgen in Form von Grenzausgleichsabgaben durchlöchert.

> s. Verordnung Nr. 974/71 des Rates vom 12. Mai 1971 über bestimmte konjunkturpolitische Maßnahmen, die in der Landwirtschaft im Anschluß an die vorübergehende Erweiterung der Bandbreiten der Währungen einiger Mitgliedstaaten zu treffen sind, Text in: BEUTLER u.a., IV.2.5.

Dies wird solange notwendig sein, als man nicht ein System fester Wechselkurse zwischen den Währungen der Mitgliedstaaten einführt.

Zu der Einführung eines Gemeinsamen Marktes für ein bestimmtes Produkt kommen Preisregelungen, die vom Festpreis bis hin zum empfohlenen Preis variieren.

Für den Großteil der Erzeugnisse ist zudem das Instrumentarium des obligatorischen oder fakultativen Interventionskaufes vorgesehen. Der obligatorische Interventionskauf zu einem jährlich festgesetzten Interventionspreis führt zu einer preislich feststehenden Absatzgarantie für den Produzenten.

Ergänzt werden die Marktorganisationen durch eine Reihe von Beihilferegelungen, die zur Marktentlastung, zur Preisstützung, zur Strukturverbesserung und zur Einkommensverbesserung eingesetzt werden.

b) Gemeinschaftspräferenz

Im Rahmen dieses Prinzips wird der Gemeinschaftsmarkt nach außen gegen Niedrigpreiseinfuhren und Weltmarktschwankungen geschützt. Die dabei eingesetzten Mittel sind (selten) Zölle und (in der Regel) Abschöpfungen. Letztere sind variabel und richten sich nach dem Unterschied zwischen dem Gemeinschaftspreis und dem Weltmarktpreis. Ist der Gemeinschaftspreis höher, wird die Einfuhr, ist der Weltmarktpreis höher, wird die Ausfuhr mit einer Abschöpfung belegt.

c) Gemeinsame Finanzierung

Die Maßnahmen im Rahmen der gemeinsamen Marktorganisationen werden über den Haushalt der Gemeinschaften finanziert, dem auch die Zölle und Abschöpfungen als Einnahmen zufließen. Zur Abwicklung der Finanzierung wurde durch Verordnung Nr. 25 des Rates vom 4. April 1962 der Europäische Ausrichtungs- und Garantiefonds für die Landwirtschaft errichtet.

Text in: SCHWEITZER/HUMMER (2), S. 292 ff.

Darüberhinaus gewährt die EWG nichtrückzahlbare Zuschüsse und langfristige Darlehen zu besonders günstigen Bedingungen zur Verbesserung der ländlichen Infrastruktur, zur Förderung des ländlichen Fremdenverkehrs, zur Anregung der Investitionstätigkeit, zur Anlage von Schlachthöfen und Vermarktungszentren für landwirtschaftliche Erzeugnisse etc. Abgewickelt werden diese Maßnahmen über den Europäischen Fonds für regionale Entwicklung und die Europäische Investitionsbank.

2) Förderungsmaßnahmen

Art 41 EWGV sieht darüberhinaus zur Erreichung der gemeinsamen Agrarpolitik Förderungsmaßnahmen vor, wobei er beispielhaft einige Maßnahmen aufzählt, die sich auf die Bereiche Ausbildung, Forschung und Verbreitung von Fachkenntnissen sowie Verbrauchsförderung beziehen.

Maßnahmen der Verbrauchsförderung, insbesondere Exportförderung oder Verbrauchs- und Verwendungsbeihilfen sind aber meist schon in den gemeinsamen Marktorganisationen vorgesehen.

Art. 41 ist daher eher im erstgenannten Bereich von Bedeutung. Die bisherigen Maßnahmen sind allerdings sehr spärlich.

> vgl. insbesondere die Richtlinie Nr. 72/161 des Rates vom 17. April 1972 über die sozio-ökonomische Information und die berufliche Qualifikation der in der Landwirtschaft tätigen Personen, ABl. 1972, Nr. L 96, S. 15 ff.

3) Wettbewerbskontrolle

Gemäß Art. 42 Abs. 1 EWGV hatte der Rat zu bestimmen, ob und in welchem Ausmaß das Wettbewerbsrecht den Artikel 85 — 94 EWGV für die Produktion und den Handel der im Anhang II zum EWGV genannten landwirtschaftlichen Erzeugnisse zur Anwendung kommt. Dies hat der Rat durch die Verordnung Nr. 26 vom 4. April 1962 zur Anwendung bestimmter Wettbewerbsregeln auf die Produktion landwirtschaftlicher Erzeugnisse und den Handel mit diesen Erzeugnissen getan.

> Text in: SCHWEITZER/HUMMER (1), S.290 f.

Darin wurden die Wettbewerbsbestimmungen einschließlich des sekundären Gemeinschaftsrechts teilweise für anwendbar erklärt. Sonderregeln gelten insbesondere für Beihilfen. Diese werden teilweise in den einzelnen gemeinsamen Marktorganisationen behandelt, teilweise in Rechtsakten aufgrund von Art. 42 Abs. 2 EWGV geregelt.

> s. z.B. Richtlinie Nr. 75/268 des Rates vom 28. April 1975 über die Landwirtschaft in Berggebieten und in bestimmten benachteiligten Gebieten (Text in: GROEBEN u.a., Handbuch, Bd. 5,

I A 44/102, S. 1 ff.); Verordnung Nr. 797/85 des Rates vom 12. März 1985 zur Verbesserung der Effizienz der Agrarstruktur (Text ibidem, I A 44/100, S. 1 ff.).

III. FREIHEIT DES PERSONEN- UND KAPITALVERKEHRS

Die Freiheit des Personen- und Kapitalverkehrs umfaßt insgesamt vier Bereiche:

- Freizügigkeit der Arbeitnehmer (Art. 48 — 51 EWGV).
- Niederlassungsfreiheit (Art. 52 — 58 EWGV).
- Freiheit des Dienstleistungsverkehrs (Art. 59 — 66 EWGV).
- Freiheit des Kapitalverkehrs (Art. 67 — 73 EWGV).

Entwicklungsstand und Erfolgsbilanz sind in den einzelnen Bereichen unterschiedlich. Die weitestgehende Integration hat bei der Freizügigkeit der Arbeitnehmer stattgefunden, am wenigsten Liberalisierung wurde bislang bei der Freiheit des Kapitalverkehrs erreicht. Dies läßt sich grundsätzlich schon daran erkennen, daß nach Rechtsprechung und Lehre die Artikel 48, 52 und 59 EWGV unmittelbar anwendbar sind, so daß sich der einzelne auch ohne Vorliegen sekundären Gemeinschaftsrechts auf diese Freiheitsrechte vor Behörden und Gerichten berufen kann.

s. EuGH, Rs. 41/74, van Duyn/Home Office, Rspr. 1974, S. 1337 ff.,1347; Rs. 2/74, Reyners/Belgien, Rspr. 1974, S. 631 ff., 652; Rs. 33/74, van Binsbergen/Bedrijfsvereiniging voor de Metaalnijverheid, Rspr. 1974, S. 1299 ff., 1309.

Eine solche unmittelbare Anwendbarkeit wird hingegen dem Artikel 67 EWGV größtenteils abgesprochen.

s. RESS, Rdnr. 9.

1) Freizügigkeit der Arbeitnehmer

Gemäß Art. 48 Abs. 2 EWGV genießen die Staatsangehörigen der Mitgliedstaaten in anderen Mitgliedstaaten das Recht auf Inländergleichbehandlung in Bezug auf Beschäftigung, Entlohnung und sonstige Arbeitsbedingungen. Gemäß Art. 48 Abs. 3 EWGV beinhaltet dies folgende konkrete Rechte: Bewerbung auf tatsächliche Stellenangebote, Mobilität für die Arbeitssuche, Aufenthaltsrecht zur Ausübung der Arbeit und Fortbestand des Aufenthaltsrechts nach Beendigung der Arbeit.

Diese Rechte gelten nicht nur im Verhältnis zwischen Staat und EG-Ausländern (öffentlichrechtlicher Bereich), sondern nach der Rechtsprechung des Gerichtshofes der Gemeinschaften auch im Verhältnis zwischen natürlichen oder juristischen Personen und EG-Ausländern (privatrechtlicher Bereich). Man spricht insofern von einer Drittwirkung.

>Rs. 36/74, Walrave und Koch/UCI, Rspr. 1974, S. 1405 ff., 1419 f.; Rs. 13/76, Donà/Mantero, Rspr. 1976, S. 1333 ff., 1340.

Ausnahmen von dem Gebot der Inländergleichbehandlung sieht Art. 48 Abs. 3 EWGV aus Gründen der öffentlichen Ordnung, Sicherheit und Gesundheit vor, und Art 48 Abs. 4 bestimmt, daß sich die Freizügigkeit der Arbeitnehmer nicht auf die Beschäftigung in der öffentlichen Verwaltung beziehe.

Die nähere Ausgestaltung der Freizügigkeit der Arbeitnehmer hat der Rat durch Erlaß von Verordnungen und Richtlinien vorgenommen. Die wichtigsten Rechtsakte sind dabei folgende:

- Verordnung Nr. 1612/68 vom 15. Oktober 1968 über die Freizügigkeit der Arbeitnehmer innerhalb der Gemeinschaft: Darin werden das Recht auf Freizügigkeit konkretisiert, und sämtliche noch bestehenden administrativen Hemmnisse für eine frei Mobilität der Wanderarbeitnehmer abgeschafft. Die Freizügigkeit wird auch auf Familienangehörige ausgedehnt, und die Kinder werden hinsichtlich des Unterrichts, der Lehrlings- und Berufsausbildung den Angehörigen des Gastlandes gleichgestellt. Außerdem wird ein gemeinschaftliches Arbeitsvermittlungsverfahren eingerichtet, wonach Stellenangebote zwischen den Mitgliedstaaten ausgetauscht werden.

>Text in: SCHWEITZER/HUMMER (2), S. 301 ff.

- Richtlinie Nr. 68/360 vom 15. Oktober 1968 zur Aufhebung der Reise- und Aufenthaltsbeschränkungen für Arbeitnehmer der Mitgliedstaaten und ihre Familienangehörigen innerhalb der Gemeinschaft.

>Text in: SCHWEITZER/HUMMER (2), S. 312 ff.

- Verordnung Nr.1251/70 vom 29. Juni 1970 über das Recht der Arbeitnehmer, nach Beendigung einer Beschäftigung im Hoheitsgebiet eines Mitgliedstaates zu verbleiben.

> Text in: SCHWEITZER/HUMMER (2), S. 316 ff.

- Richtlinie Nr. 64/221 vom 25. Februar 1964 zur Koordinierung der Sondervorschriften für die Einreise und den Aufenthalt von Ausländern, soweit sie aus Gründen der öffentlichen Ordnung, Sicherheit oder Gesundheit gerechtfertigt sind.

> ABl. 1964, S. 850 ff.

- Richtlinie Nr. 72/194 vom 18. Mai 1972 über die Erweiterung des Geltungsbereiches der Richtlinie (221/64) vom 25. Februar 1964 auf die Arbeitnehmer, die von dem Recht, nach Beendigung einer Beschäftigung im Hoheitsgebiet eines Mitgliedstaates verbleiben zu wollen, Gebrauch machen.

> ABl. 1972, Nr. L 121, S. 32.

- Verordnung Nr. 1408/71 vom 14. Juni 1971 zur Anwendung der Systeme der sozialen Sicherheit auf Arbeitnehmer und deren Familien, die innerhalb der Gemeinschaft zu- und abwandern.

> Text in: BEUTLER u.a., IV.10.2.

Genaue Zahlen über das Ausmaß, in dem vom Recht der Freizügigkeit der Arbeitnehmer Gebrauch gemacht wird, existieren nicht. Geschätzt werden zur Zeit ca. 2 Millionen Wanderarbeitnehmer.

2) Niederlassungsfreiheit

Die Niederlassungsfreiheit steht gemäß Art. 52 Abs. 1 EWGV Staatsangehörigen eines Mitgliedstaates und gemäß Art. 58 EWGV den dort definierten Gesellschaften im Hoheitsgebiet eines anderen Mitgliedstaates zu.

Sie umfaßt gemäß Art. 52 Abs. 2 das Recht auf Inländergleichbehandlung bei der Aufnahme und Ausübung selbständiger Erwerbstätigkeiten sowie bei der Gründung und Leitung von Unternehmen.

Eine Drittwirkung wie bei der Freizügigkeit der Arbeitnehmer (s.o. Nr. B, III, 1) dürfte nicht relevant werden, da Beschränkungen der Niederlassungsfreiheit wohl nur im öffentlichrechtlichen Bereich durchgesetzt werden können. Dennoch wird sie von der Literatur teilweise bejaht.

s. RANDELZHOFER, Art. 52, Rdnr. 39 f.

Ausnahmen von dem Gebot der Inländergleichbehandlung sieht Art. 56 Abs. 1 EWGV aus Gründen der öffentlichen Ordnung, Sicherheit oder Gesundheit vor. Außerdem sind gemäß Art. 55 Abs. 1 EWGV von der Niederlassungsfreiheit Tätigkeiten ausgenommen, die in einem Mitgliedstaat dauernd oder teilweise mit der Ausübung öffentlicher Gewalt verbunden sind.

Auch bei der Niederlassungsfreiheit hat erst die Rechtsetzung des Rates in Form von Richtlinien eine nähere Ausgestaltung des Freizügigkeitsrechts gebracht. Die wichtigsten Richtlinien sind folgende:

- Richtlinie Nr. 73/148 vom 21. Mai 1973 zur Aufhebung der Reise- und Aufenthaltsbeschränkungen für Staatsangehörige der Mitgliedstaaten innerhalb der Gemeinschaft auf dem Gebiet der Niederlassung und des Dienstleistungsverkehrs.

ABl. 1973, Nr. L 172, S. 14 ff.

- Richtlinie Nr. 75/34 vom 17. Dezember 1974 über das Recht der Staatsangehörigen eines Mitgliedstaates, nach Beendigung der Ausübung einer selbständigen Tätigkeit im Hoheitsgebiet eines anderen Mitgliedstaates zu verbleiben.

ABl. 1975, Nr. L 14, S. 10 ff.

- Richtlinie Nr. 64/221 vom 25. Februar 1964 zur Koordinierung der Sondervorschriften für die Einreise und den Aufenthalt von Ausländern, soweit sie aus Gründen der öffentlichen Ordnung, Sicherheit und Gesundheit gerechtfertigt sind.

ABl. 1964, S. 850 ff.

- Richtlinie Nr. 75/35 vom 17. Dezember 1974 zur Erweiterung des Geltungsbereiches der Richtlinie Nr. 221/64 auf die Staatsangehörigen eines Mitgliedstaates, die von dem Recht, nach Beendigung einer selbständigen

Tätigkeit im Hoheitsgebiet eines Mitgliedstaates zu verbleiben, Gebrauch machen.

> ABl. 1975, Nr. L 14, S. 14.

Darüberhinaus hat der Rat eine Reihe von Richtlinien erlassen, die sich auf einzelne Tätigkeiten beziehen, etwa für Versicherungen, Banken, Immobiliengeschäfte, Handelstätigkeiten, Architekten, Medizinische Tätigkeiten u. a.

> s. dazu die Aufzählung bei RANDELZHOFER, Art. 57, Anhang I

Zahlen über das Ausmaß, in dem von der Niederlassungsfreiheit Gebrauch gemacht wird, liegen weder für den gemeinschaftlichen noch für den nationalen Bereich der Mitgliedstaaten vor.

3) Dienstleistungsfreiheit

Die Dienstleistungsfreiheit gilt gemäß Art. 59 Abs. 1 und Art. 66 i.V.m. Art. 58 EWGV für Staatsangehörige oder für Gesellschaften eines Mitgliedstaates, die in einem anderen Staat der Gemeinschaft als demjenigen des Leistungsempfängers ansässig sind. Dieses grenzüberschreitende Element ist wesentlicher Bestandteil des gemeinschaftsrechtlichen Dienstleistungsbegriffs, der im übrigen in Art. 60 Abs. 1 EWGV definiert wird, und für den in Art. 60 Abs. 2 EWGV Beispiele aufgezählt werden (gewerbliche, kaufmännische, handwerkliche und freiberufliche Tätigkeiten).

Die Dienstleistungsfreiheit umfaßt gemäß Art. 60 Abs. 3 EWGV die Freiheit des Leistenden, seine Tätigkeit nach dem Grundsatz der Inländergleichbehandlung vorübergehend in dem Staat auszuüben, in dem die Leistung erbracht wird.

Wie bei der Freizügigkeit der Arbeitnehmer geht der Gerichtshof der Gemeinschaften auch bei der Dienstleistungsfreiheit von einer Drittwirkung aus (s.o. Nr. B, III, 1).

Die Ausnahmen von der Dienstleistungsfreiheit sind gemäß Art. 66 i.V.m. Art. 55 Abs. 1 und Art. 56 Abs. 1 EWGV dieselben wie für die Niederlassungsfreiheit (s.o. Nr. B, III, 2).

Die nähere Ausgestaltung der Dienstleistungsfreiheit erfolgt wieder durch Richtlinien des Rates. Die wichtigsten sind folgende:

- Richtlinien Nr. 73/148, 75/34 und 64/221 (s.o. Nr. B, III, 2).
- Richtlinie Nr. 63/340 vom 31. Mai 1963 zur Aufhebung aller Verbote oder Behinderungen von Zahlungen für Leistungen, wenn der Dienstleistungsverkehr nur durch Beschränkungen der damit verbundenen Zahlungen begrenzt ist.

> ABl. 1963, S. 1609 f.

Ergänzt werden diese allgemeinen Richtlinien wiederum durch eine Reihe von Richtlinien für einzelne Tätigkeiten.

> s. dazu die Aufzählung bei RANDELZHOFER, Art. 57, Anhang I.

In ihrem Ausmaß noch ungeklärt ist die sog. negative Dienstleistungsfreiheit. Sie hat ihren Ursprung in der Richtlinie Nr. 73/148 des Rates, wo in Art. 1 Abs. 1 b die Mitgliedstaaten verpflichtet werden, Reise- und Aufenthaltsbeschränkungen auch für Staatsangehörige der Mitgliedstaaten aufzuheben, die sich als Empfänger einer Dienstleistung in einen anderen Mitgliedstaat begeben wollen. Der Gerichtshof der Gemeinschaften hat insofern eine Klarstellung getroffen, als Touristen, Studien- und Geschäftsreisende sowie Personen, die eine medizinische Behandlung in Anspruch nehmen, in den Genuß dieser negativen Dienstleistung kommen.

> verb. Rs. 286/82 und 26/83, Luisi und Carbone/Ministero del Tesoro, Rspr. 1984, S. 377 ff., 403.

Ob damit die negative Dienstleistungsfreiheit insgesamt bejaht wurde, was auf eine fast unbeschränkte Freizügigkeit für alle EG-Marktbürger hinausläuft, ist umstritten.

> s. dazu RANDELZHOFER, Art. 60, Rdnr. 18.

4) Freiheit des Kapitalverkehrs

Die Freiheit des Kapitalverkehrs ist schon vom Ansatz her weniger weitgehend als die Freiheiten des Personenverkehrs, denn Art. 67 Abs. 1 EWGV sieht die Verpflichtung der Mitgliedstaaten, alle Beschränkungen des Kapitalverkehrs abzubauen sowie alle Diskriminierungen auf Grund der Staatsangehörigkeit oder des Wohnorts der Parteien oder des Anlageorts aufzuheben, nur insoweit vor, als es für das Funktionieren des Gemeinsamen Marktes notwendig ist. Dadurch bleibt den Mitgliedstaaten ein Handlungsspielraum und die Freiheit des Kapitalverkehrs ist nicht unmittelbar anwendbar. Daher bedarf es einer Umsetzung durch Rechtsakte des Rates.

Unter Kapitalverkehr versteht man allgemein einseitige Wertübertragungen aus einem Mitgliedstaat in einen anderen, die regelmäßig zugleich eine Vermögensanlage darstellen, sei es in Form von Sachkapital (z. B. Immobilien, Unternehmensbeteiligungen etc.), sei es in Form von Geldkapital (z. B. Wertpapiere, Kredite etc.). Die Verpflichtung zur Liberalisierung gilt sowohl für die devisenrechtlichen als auch für die nicht-devisenrechtlichen Beschränkungen (z. B. spezielle Anlagevorschriften, Börsenzulassungsbeschränkungen etc.).

Begünstigte der Freiheit des Kapitalverkehrs sind natürliche und juristische Personen, die in den Mitgliedstaaten ansässig sind, ohne daß sie Staatsangehörige eines Mitgliedstaates sein müssen. Auch hier liegt ein Unterschied zu der Freiheit des Personenverkehrs.

Art. 67 Abs. 2 EWGV liberalisiert auch die mit dem Kapitalverkehr zusammenhängenden laufenden Zahlungen (z. B. Zinsen, Dividenden, Mieten etc.). Hier ergibt sich eine Überschneidung mit Art. 106 EWGV, der denselben Sachverhalt regelt, allerdings darüberhinaus auch noch die mit dem freien Waren- und Personenverkehr in Zusammenhang stehenden Zahlungen (z.B. Arbeitsentgelt, Dienstleistungsvergütung, Verkaufserlöse etc.) liberalisiert.

Ausnahmen von der Freiheit des Kapitalverkehrs sind vorgesehen in Art. 68 Abs. 3 EWGV (Auflegung oder Unterbringung von Anleihen zur mittelbaren oder unmittelbaren Finanzierung eines Mitgliedstaates in einem anderen Mitgliedstaat) und in Art. 73 EWGV (Schutzmaßnahmen mit Ermächtigung der Kommission bei Störungen im Funktionieren des Kapitalmarktes eines Mitgliedstaates). Ergänzend treten dazu die Schutzklauseln der Artikel 107 Abs. 2, 108 Abs. 3 und 109 EWGV (Wechselkurs- und Zahlungsbilanzgründe).

Das für die Umsetzung der Freiheit des Kapitalverkehrs notwendige sekundäre Gemeinschaftsrecht hat der Rat schon sehr früh erlassen. Dabei handelt es sich um folgende Richtlinien:

- Erste Richtlinie vom 11. Mai 1960 zur Durchführung des Artikels 67 des Vertrages.

Text in: SCHWEITZER/HUMMER (2), S. 338 ff.

- Zweite Richtlinie vom 18. Dezember 1962 zur Ergänzung und Änderung der ersten Richtlinie zur Durchführung des Artikels 67 des Vertrages.

ABl. 1963, S. 62 f.

- Richtlinie vom 21. März 1972 zur Regelung der internationalen Finanzströme und zur Neutralisierung ihrer unerwünschten Wirkungen auf die binnenwirtschaftliche Liquidität: Sie betrifft den Kapitalverkehr mit Nichtmitgliedstaaten.

ABl. 1972, Nr. L 91, S. 13 f.

Insgesamt gesehen ist eine weitgehende Liberalisierung des Kapitalverkehrs vorgesehen, die allerdings nicht über den bereits im Rahmen der OEEC erreichten Stand hinausgeht. Dazu kamen im Laufe der Zeit einige Schutzmaßnahmen der Mitgliedstaaten auf Grund der Artikel 107 Abs. 2, 108 Abs. 3 und 109 EWGV, so daß der Liberalisierungsgrad unausgewogen ist.

s. im einzelnen WEBER, S. 181 ff.

IV. VERKEHR

Ziel der Bestimmungen der Artikel 74 — 84 EWGV über den Verkehr ist die Verfolgung einer gemeinsamen Verkehrspolitik der Mitgliedstaaten, was zur Errichtung eines gemeinsamen Binnenverkehrsmarktes führen soll. Dies läuft auf eine Integration der Verkehrsmärkte und den Schutz des Verkehrswettbewerbs vor Verfälschungen hinaus. In Verfolgung dieses Ziels hat der Rat bislang rund 200 Rechtsakte erlassen, die Fortschritte sind aber nur punktuell und insgesamt unbefriedigend, so daß von einer echten gemeinsamen Verkehrspolitik nicht gesprochen werden kann. Dies hat auch zur spektakulären Untätigkeitsklage des Europäischen Parlaments gegen den Rat und zu dessen teilweiser Verurteilung geführt.

> Rs. 13/83, Parlament/Rat, Urteil vom 22. Mai 1985, noch nicht veröffentlicht (ABl. 1985, Nr. C 144, S. 4).

Die Verkehrsvorschriften gelten gemäß Art. 84 Abs. 1 EWGV für den Eisenbahn-, Straßen- und Binnenschiffsverkehr, und zwar für den isolierten und den kombinierten Verkehr, sowie für den Personen- und Güterverkehr. Nach Art. 84 Abs. 2 EWGV kann der Rat auch im Bereich der Seeschiffahrt und der Luftfahrt geeignete Vorschriften erlassen. Diese Kompetenz hat der Rat ab Ende der 70er Jahre vereinzelt wahrgenommen. Sie betreffen vorwiegend Sicherheits- und Umweltfragen.

> s. die Aufzählung bei FROHNMEYER, Art. 84, Rdnr. 16 ff., 35 ff.

Durch die Rechtsprechung des Gerichtshofes der Gemeinschaften wurde zudem klargestellt, daß der Verkehr auch den übrigen Bestimmungen des EWGV unterliegt.

> Rs. 167/73, Kommission/Frankreich, Rspr. 1974, S. 359 ff.

Gemäß Art. 75 Abs. 1 EWGV hat der Rat die Kompetenz, zur Durchführung der gemeinsamen Verkehrspolitik sekundäres Gemeinschaftsrecht zu erlassen.

Die wichtigsten Ergebnisse lassen sich wie folgt zusammenfassen:

1) Allgemeine Vorschriften

Durch die Verwirklichung des Verbotes diskriminierender Preise (Art. 79 EWGV) und von Unterstützungstarifen (Art. 80 EWGV) konnte in Verbindung mit Wettbewerbs- und Beihilfevorschriften ein erster Ansatz zu einem gemeinsamen Markt erreicht werden.

> Verordnung Nr. 1017/68 vom 19. Juli 1968 (Wettbewerbsregeln); Verordnung Nr. 1107/70 vom 4. Juni 1970 (Beihilfen), Texte in: GROEBEN u.a., Handbuch Bd. 7, I A 49/12, S. 9 ff. und S. 71 ff.

Noch nicht erreicht werden konnte ein spezifisches Finanzierungsinstrument für eine Infrastrukturpolitik. Immerhin haben die Europäische Investitionsbank und der europäische Fonds für regionale Entwicklung Darlehen und nicht rückzahlbare Zuschüsse zur Verbesserung der Verkehrsbedingungen (Straßen, Häfen, Flughäfen, Elektrifizierung etc.) gewährt.

2) Eisenbahnverkehr

Im Bereich der staatlichen Defizitfinanzierung, die unter Berücksichtigung des Art. 77 EWGV zu sehen ist (erlaubte Beihilfen, die den Erfordernissen der Koordinierung des Verkehrs oder der Abgeltung bestimmter mit dem Begriff des öffentlichen Dienstes zusammenhängenden Leistungen entsprechen), wurde durch einige Verordnungen versucht, wettbewerbsverzerrende Auflagen zu beseitigen oder abzugelten und die staatlichen Eingriffe transparent zu machen. Ein echter Abbau staatlicher Eingriffe konnte damit nicht erreicht werden.

> Verordnung Nr. 1191/69 vom 26. Juni 1969 (Verpflichtungen im Rahmen des öffentlichen Dienstes), ABl. 1969, Nr. L 156, S. 1 ff.;
> Verordnung Nr. 1192/69 vom 26. Juni 1969 (Normalisierung der Konten), ABl. 1969, Nr. L 156, S. 8 ff.;
> Verordnung Nr. 1107/70 (s.o. Nr. B, IV, 1).

Ebenfalls ohne großen Erfolg blieb die Entscheidung Nr. 75/327 des Rates vom 20. Mai 1975 zur Sanierung der Eisenbahnunternehmen.

> ABl. 1975, Nr. L 152, S. 3 ff.

Eine organisatorische Verknüpfung der Eisenbahnen konnte nicht erreicht werden.

3) Straßenverkehr

Der Bereich des Straßenverkehrs konnte bisher am intensivsten geregelt werden.

Eine Reihe von Richtlinien harmonisierte **Normen und Vorschriften** für z. B. Bremsen, Beleuchtung, Windschutzscheiben, Geräuschpegel, Abmessungen, Höchstgewicht etc., so daß die Kraftfahrzeuge frei zwischen den Mitgliedstaaten verkehren können.

Im Güterkraftverkehr wurden durch Richtlinien für mehrere Verkehrskategorien die **Kontingentierungs- und Genehmigungspflicht** abgeschafft. Außerdem wurde durch die Verordnung Nr. 3164/76 vom 16. Dezember 1976 das Gemeinschaftskontingent eingeführt, das laufend erhöht wird.

> Text in: GROEBEN u.a., Handbuch, Bd. 7, I A 49/60, S. 45 ff.

Insgesamt wurden dadurch die Behinderungen für ca. 40 % des Verkehrs abgebaut.

Durch Verordnung Nr. 3568/83 vom 7. Juni 1983 wurde eine **Preisregelung** für die grenzüberschreitenden Güterkraftregeln beschlossen.

> ABl. 1983, Nr. L 359, S. 1 ff.

Zwar wurden eine Reihe von **Sozialvorschriften** erlassen, doch hat die Praxis gezeigt, daß ihre Einhaltung wegen oft mangelnder Durchsetzung durch die Mitgliedstaaten ungenügend ist.

Am weitestgehenden wurde der grenzüberschreitende **Omnisbusverkehr** geregelt.

4) Binnenschiffsverkehr

Im Binnenschiffsverkehr ist die Entwicklung am wenigsten weit fortgeschritten. Bisher ist es lediglich gelungen, technische Regelungen zu erlassen.

> Richtlinie Nr. 76/135 vom 20. Januar 1976 (Anerkennung von Schiffahrtsattesten), ABl. 1976, Nr. L 21, S. 10 ff.; Richtlinie Nr. 82/174 vom 4. Oktober 1982 (Baumerkmale), ABl. 1982, Nr. L 301, S. 1 ff.

V. WETTBEWERB

Das Wettbewerbsrecht der Artikel 85 — 94 EWGV umfaßt folgende Bereiche:

- Kartellrecht (Art. 85, 87-89 EWGV).
- Monopolrecht (Art. 86 — 89 EWGV).

- Öffentliche Unternehmen (Art. 90 EWGV).
- Staatliche Beihilfen (Art. 92 — 94).

Die Wettbewerbsregeln sind die einzigen, die ausschließlich von den Gemeinschaftsorganen vollzogen werden. Grundkonzeption ist dabei der Erlaß von Rechtsakten durch den Rat und — im Rahmen von Delegationen — durch die Kommission sowie die Überwachung der Einhaltung durch die Kommission. Diese bekommt dabei das Recht zur Sanktionierung und zur Erteilung von Ausnahmegenehmigungen. Im Rahmen dieser Vollzugskompetenz hat die Kommission bislang einige tausend Verfahren durchgeführt.

1) Kartell- und Monopolrecht

Das Kartell- und Monopolrecht richtet sich nach den Artikeln 85 und 86 EWGV zunächst nur an Unternehmen und Unternehmensverbände. Verboten sind gemäß Art. 85 EWGV wettbewerbshindernde Maßnahmen und gemäß Art. 86 mißbräuchliche Ausnutzung marktbeherrschender Stellungen, die den Handel zwischen den Mitgliedstaaten beeinträchtigen (z. B. Marktaufteilung, Preisfestsetzung, Alleinbezugs- und Alleinvertriebsvereinbarungen etc.). Verbotsfolgen sind Nichtigkeit (bei Art. 85 EWGV) und in beiden Fällen Geldbußen und Zwangsgelder.

Bei Kartellen kann die Kommission Nichtanwendbarkeitserklärungen abgeben in Form von Einzel- oder Gruppen-Nichtanwendbarkeitserklärungen. Diese Erklärungen ergehen in Form von individuellen Entscheidungen bzw. Verordnungen. In diesen Fällen sind die Kartelle erlaubt.

Eine vorbeugende Fusionskontrolle sieht der EWGV nicht vor, eine nachträgliche gibt es nur im Bereich des Art. 86 EWGV (mißbräuchliche Ausnutzung). Einem Vorschlag der Kommission zur Einführung einer Fusionskontrolle ist der Rat bislang noch nicht gefolgt. Kompetenzmäßig gesehen läßt sich ein derartiger Rechtsakt nicht auf das Kapitel Wettbewerb, sondern nur auf Art. 235 EWGV stützen. Der Rat hat zur näheren Ausgestaltung des Kartell- und Monopolrechts und insbesondere des Verfahrens gemäß Art. 87 eine Reihe von Verordnungen und Richtlinien erlassen, deren wichtigste die sog. Kartellverordnung ist.

> Verordnung Nr. 17. Erste Durchführungsverordnung zu den Artikeln 85 und 86 des Vertrages vom 6. Februar 1962, Text in: SCHWEITZER/HUMMER (2), S. 355 ff.

2) Öffentliche Unternehmen

Gemäß Art. 90 Abs. 1 gelten die Wettbewerbsvorschriften des EWGV, insbesondere die der Art. 85 ff., auch für öffentliche Unternehmen bzw. für solche, denen die Mitgliedstaaten besondere oder ausschließliche Rechte gewähren (z. B. beliehene bzw. staatlich konzessionierte Unternehmen). Das gilt insbesondere dann, wenn diese ausschließlichen Rechte eine Monopolstellung begründen. Die Mitgliedstaaten werden aufgrund dieser Vorschriften verpflichtet, ihren Einfluß auf diese Unternehmen nicht dazu zu benützen, diese zu einer gemeinschaftswidrigen Vorgangsweise zu veranlassen.

Für Unternehmen, die mit der Erbringung von Dienstleistungen von allgemeinem wirtschaftlichen Interesse betraut sind (z. B. Post, Bahn) sieht Art. 90 Abs. 2 EWGV Ausnahmen vor, die ihnen die Erfüllung ihrer Aufgaben sichern sollen.

In Ausübung ihrer Kompetenz nach Art. 90 Abs. 3 EWGV hat die Kommission 1980 die sog.Transparenzrichtlinie erlassen, wonach die Mitgliedstaaten verpflichtet sind, jeweils für fünf Jahre alle Angaben über ihre finanziellen Beziehungen zu bestimmten öffentlichen Unternehmen (Kraftfahrzeuge, Kunstfasern, Tabakwaren, Textilmaschinen, Werften) bereit zu halten und gegebenenfalls der Kommission zur Verfügung zu stellen.

> Richtlinie Nr. 80/723 vom 25. Juni 1980 über die Transparenz der finanziellen Beziehungen zwischen den Mitgliedstaaten und den öffentlichen Unternehmen, ABl. 1980, Nr. L 195, S. 35 ff.

Nach den Plänen der Kommission soll die Transparenzrichtlinie auf bisher ausgenommene Bereiche ausgedehnt werden (Kreditanstalten, Energie, Verkehr).

3) Staatliche Beihilfen

Art. 92 Abs. 1 EWGV verbietet wettbewerbsverfälschende staatliche Beihilfen, soweit sie den Handel zwischen den Mitgliedstaaten beeinträchtigen. Dieses allgemeine Beihilfeverbot wird einerseits durch Ausnahmen des Art. 92 Abs. 2 EWGV, andererseits durch die genehmigungsfähigen

Beihilfen des Art. 92 Abs. 3 EWGV durchbrochen. Diese Genehmigungen werden von der Kommission gemäß Art. 93 Abs. 3 EWGV in Form von (individuellen) Entscheidungen erteilt. Dies vollzieht sich gemäß Art. 93 EWGV im Rahmen einer Anmeldungspflicht der Mitgliedstaaten und einer Präventivkontrolle durch die Kommission.

Weitere Ausnahmen kann der Rat durch (individuelle) Entscheidung im Rahmen des Art. 93 Abs. 2 Unterabs. 3 EWGV beschließen, was in der Praxis aber nur sehr selten der Fall ist.

> s. die Aufzählung bei THIESING, Rdnr. 31, Fn. 48.

VI. STEUERN

Die Steuervorschriften der Artikel 95 — 99 EWGV behandeln die steuerlichen Ausgleichsmaßnahmen im grenzüberschreitenden Verkehr und die Harmonisierung der indirekten Steuern. Eine Harmonisierung direkter Steuern ist geplant, kann aber nur im Rahmen der Rechtsangleichung gemäß den Artikeln 100 — 102 EWGV (s.u. Nr. B, VI) durchgeführt werden.

1) Ausgleichsmaßnahmen im grenzüberschreitenden Verkehr

Gemäß Art. 95 Abs. 1 EWGV sind im innergemeinschaftlichen Warenverkehr nichtdiskriminierende **Einfuhr-Abgaben** auf gleichartige Waren (indirekte Steuern, insbesondere Mehrwert- und Verbrauchssteuern) weiterhin erlaubt und stellen daher keine verbotenen Abgaben gleicher Wirkung gemäß Art. 12 EWGV dar (s. dazu o. Nr. B, I, 1 a).

Um eine Umgehung des darin enthaltenen Diskriminierungsverbots zu verhindern, verbietet Art. 95 Abs. 2 EWGV Einfuhr-Abgaben, die geeignet sind, andere Produktionen mittelbar zu schützen. Im Gegensatz zu Art. 95 Abs. 1 EWGV bereitet die Auslegung dieser Bestimmung in der Praxis erhebliche Schwierigkeiten, weil die Feststellung der Substitutionskonkurrenz und die Vergleichsmethode der Steuerbelastung immer nur an Hand des Einzelfalls vorgenommen werden können, so daß sich allgemein gültige Prüfungsmaßstäbe kaum entwickeln lassen.

> vgl. z. B. EuGH, Rs. 170/78, Kommission/Großbritannien, Rspr. 1983, S. 2265 ff. (Wein als Substitut für Bier).

Entgegen dem Wortlaut des Art. 95 Abs. 1 hat der Gerichtshof der Gemeinschaften auch jede steuerliche Diskriminierung gegenüber Waren untersagt, die zur Ausfuhr nach anderen Mitgliedstaaten bestimmt sind.

> Rs. 142/77, Statens Kontrol/Larsen, Rspr. 1978, S. 1543 ff., 1557.

Damit nähert sich der Gerichtshof einer im EWGV nicht geregelten vollkommenen steuerlichen Wettbewerbsneutralität.

Gemäß Art. 96 EWGV haben die Mitgliedstaaten das Recht, **Ausfuhr-Rückvergütungen** für inländische Waren zu gewähren, sofern sie nicht höher sind, als die auf diese Waren mittelbar oder unmittelbar erhobenen Abgaben.

Für den Bereich der direkten Steuern verbietet Art. 98 EWGV alle Ein- und Ausfuhrausgleichsabgaben. Die dort vorgesehene Ausnahmeerteilung durch den Rat hat es in der Praxis bisher noch nicht gegeben.

2) Harmonisierung der indirekten Steuern

Art. 99 EWGV sieht die Harmonisierung der indirekten Steuern einschließlich der Ein- und Ausfuhrausgleichsabgaben vor. Dies läuft auf eine Abschaffung der Steuergrenzen hinaus. Zuständig für den Erlaß der Harmonisierungsvorschriften ist gemäß Art. 99 Abs. 2 EWGV der Rat, der sich dabei in der Regel der Richtlinie bedient.

Die bisherige Harmonisierung bezog sich insbesondere auf die Mehrwertsteuer. Dadurch wurde eine grundsätzliche Ablösung der Umsatzsteuersysteme durch die Mehrwertsteuer erreicht. Noch nicht harmonisiert sind dabei allerdings die Zahl und die Höhe der Mehrwertsteuersätze (1986 zwischen 12 und 23 % in den einzelnen Mitgliedstaaten) und die Einführung ermäßigter und erhöhter Sätze.

Außerdem bleibt den Mitgliedstaaten die Möglichkeit abweichender Regelungen in einer Reihe von Punkten (z.B. Steuerbefreiungen, Vorsteuerabzug etc.).

Daneben kam es zur Harmonisierung in einigen Teilbereichen, wie Tabaksteuer; Freimengen im Reiseverkehr; Steuerbefreiungen bei Kleinsendungen; Einfuhr persönlicher Gegenstände bei Umzug, Eheschließung oder

Erbschaft; vorübergehende Einfuhr bestimmter Beförderungsmittel; Kapitalverkehrssteuern; Verfahren (Amtshilfe unter Steuerbehörden) etc.

> s. die Aufzählung bei GROEBEN u.a., Handbuch Bd. 9, I A 51/2-9.

Wie sensibel der Bereich der Harmonisierung der indirekten Steuern ist, zeigt Art. 17 der Einheitlichen Europäischen Akte. Darin wird zwar der Wortlaut des Art. 99 EWGV geändert. Im Gegensatz zu den meisten sonstigen Fällen der Rechtsangleichung wird aber hier ausdrücklich die Einstimmigkeit bei der Beschlußfassung im Rat beibehalten.

VII. RECHTSANGLEICHUNG

Das Kapitel über die Rechtsangleichung sieht die Fälle vor, in denen mittels einstimmig beschlossener Richtlinien der Rat Rechtsangleichung durchführen kann (Art. 100 — 101 EWGV), sowie ein Verfahren zur Verhinderung künftiger wettbewerbsverfälschender Rechtsvorschriften (Art. 102 EWGV). Letzteres hat sich als kaum praxisrelevant herausgestellt.

Der Begriff der Rechtsangleichung ist umstritten. Als Minimum versteht man darunter die Verringerung oder Abschaffung von Unterschieden zwischen den Rechts- und Verwaltungsvorschriften der Mitgliedstaaten, welche die Schaffung binnenmarktähnlicher Verhältnisse beeinträchtigen.

> vgl. LANGEHEINE, Rdnr. 8 f.; SCHWEITZER/HUMMER (1), S. 303 f.

Art. 100 nennt als Voraussetzung für den Erlaß der Richtlinien, daß sie sich auf Rechts- und Verwaltungsvorschriften beziehen müssen, die sich unmittelbar auf die Errichtung oder das Funktionieren des Gemeinsamen Marktes auswirken. In Zweifelsfällen hinsichtlich des Begriffs oder der Voraussetzungen der Rechtsangleichung muß daher gegebenenfalls auf Art. 235 EWGV zurückgegriffen werden, was in der Praxis auch des öfteren geschieht (z. B. im Bereich des Umweltschutzes).

Insgesamt hat der Rat auf Art. 100 EWGV gestützt über 400 Richtlinien erlassen. Sie beziehen sich auf folgende Gebiete: Agrarrecht, Außenhandelsrecht-Kreditsicherung, Energierecht, Gesellschaftsrecht, öffentliches

Auftragswesen, Patentrecht, Post- und Fernmelderecht, Produktionsmethoden und Merkmale der vermarkteten und verwendeten Erzeugnisse, selbständige und nichtselbständige Tätigkeiten, Sozialrecht, Statistik, Steuerrecht, Verkehrsrecht, Versicherungsrecht, Währungs- und Finanzrecht, Zivilprozeßrecht, Zollrecht.

Von der Zielsetzung her gesehen liegen die Schwerpunkte der Rechtsangleichung in der Beseitigung technischer Handelshemmnisse, im Arbeits- und Sozialrecht und im Umwelt- und Verbraucherschutz.

Im Bereich der Rechtsangleichung sieht Art. 18 der Einheitlichen Europäischen Akte einen neuen Art. 100 a EWGV vor. Danach kann der Rat gemäß Abs. 1 mit qualifizierter Mehrheit die Angleichungen vornehmen, die die Schaffung und das Funktionieren des Binnenmarktes zum Gegenstand haben. Ausgenommen sind davon nach Abs. 2 die Bestimmungen über die Steuern, die Freizügigkeit und die Rechte und Interessen der Arbeitnehmer. Das Abgehen vom Einstimmigkeitserfordernis des jetzigen Art. 100 EWGV bleibt aber solange formal, als die Luxemburger Vereinbarung (s. u. § 7, Nr. A, II, 2) nicht aufgehoben wird.

Gemäß dem durch Art. 19 der Einheitlichen Europäischen Akte vorgesehenen neuen Art. 100 b EWGV kann der Rat mehrstimmig beschließen, daß in den Fällen, in denen keine Rechtsangleichung stattgefunden hat, die in einem Mitgliedstaat geltenden Vorschriften als den Vorschriften eines anderen Mitgliedstaates gleichwertig anerkannt werden müssen. Das stellt zwar keine Rechtsangleichung mehr dar, bewirkt aber auch den Abbau technischer Handelshemmnisse und administrativer Behinderungen.

VIII. SOZIALPOLITIK

Das Kapitel über die Sozialpolitik läßt die nationalen Zuständigkeiten weitestgehend unberührt und hat eher programmatischen Charakter. Es enthält kaum verbindliche Bestimmungen (Ausnahme: Art. 119 über die Lohngleichheit von Mann und Frau) und keine Rechtsetzungszuständigkeiten der Organe. Zur Durchführung der sozialpolitischen Vorstellungen des Rates (Sozialpolitisches Programm vom 21. Januar 1974, ABl. 1974, Nr. C 13, S. 1 ff.) muß daher zur Erreichung der Hauptziele (Bekämpfung der Arbeitslosigkeit, Verbesserung der Lebens- und Arbeitsbedingungen sowie weitergehende Beteiligung der Sozialpartner) auf andere Kompetenzvorschriften (insbesondere Art. 100 und Art. 235 EWGV) zurückgegriffen werden.

> z. B. Richtlinie Nr. 207/76 des Rates vom 9. Februar 1976 zur Verwirklichung des Grundsatzes der Gleichbehandlung von Männern und Frauen hinsichtlich des Zugangs zur Beschäftigung, zur Berufsbildung und zum beruflichen Aufstieg sowie in bezug auf die Arbeitsbedingungen, ABl. 1976, Nr. L 39, S. 40 ff. (gestützt auf Art. 235 EWGV).

Das Kapitel Sozialpolitik sieht die Annäherung der Sozialvorschriften (Art. 117 — 122 EWGV) und die Errichtung des Europäischen Sozialfonds vor (Art. 123 — 128 EWGV).

Der von der Kommission verwaltete Fonds wird aus Mitteln des Gemeinschaftshaushalts gespeist und hat zur Aufgabe, innerhalb der Gemeinschaft die berufliche Verwendbarkeit und die örtliche und berufliche Freizügigkeit der Arbeitskräfte zu fördern. Schwerpunkte seiner Tätigkeit liegen in der Arbeitsmarktpolitik, insbesondere der Berufsbildungsmaßnahmen für Jugendliche und der Bekämpfung der Jugendarbeitslosigkeit.

Die Artikel 21 und 22 der Einheitlichen Europäischen Akte sehen die Ergänzung des EWGV um zwei sozialpolitische Artikel (Art. 118 a und 118 b) vor. Darin wird der Rat ermächtigt, mit qualifizierter Mehrheit Richtlinien zu beschließen über Mindestvorschriften für die Verbesserung der Arbeitsumwelt zum Zwecke des Schutzes der Sicherheit und der Gesundheit der Arbeitnehmer (Art. 118 a Abs. 2). Die restlichen Bestimmungen haben wieder nur programmatischen Charakter.

IX. WIRTSCHAFTSPOLITIK

Der EWGV sieht keine Kompetenz der Gemeinschaft für eine allgemeine Wirtschaftspolitik oder eine bindende Koordinierung der Wirtschaftspolitik der Mitgliedstaaten vor. Diesbezügliche Rechtsvorschriften können daher nur sektoral auf Grund sonstiger Kompetenzvorschriften erlassen werden, in den darüber hinausgehenden Fällen nur aufgrund von Art. 235 EWGV.

Das Kapitel über die Wirtschaftspolitik beschränkt sich auf die Abschnitte Konjunkturpolitik (Art. 103 EWGV), Zahlungsbilanzpolitik (Art. 104 — 109 EWGV) und Handelspolitik (Art. 110 — 116 EWGV). Die Regelungsintensität und die Gemeinschaftszuständigkeiten sind dabei sehr unterschiedlich konzipiert.

1) Konjunkturpolitik

Die Konjunkturpolitik verbleibt zunächst gemäß Art. 103 Abs. 1 EWGV grundsätzlich in der Kompetenz der Mitgliedstaaten. Diesen obliegt lediglich eine Informations- und Konsultationspflicht. Allerdings bekommt der Rat gemäß Art. 103 Abs. 2 EWGV die Kompetenz, über die der Lage entsprechenden Maßnahmen zu entscheiden. Diese Beschlüsse in Form von Verordnungen, Richtlinien oder (individuellen) Entscheidungen dienen der Definition der gemeinsamen Konjunkturpolitik, der Koordinierung der mitgliedstaatlichen Konjunkturpolitik, der Einführung einer gemeinschaftlichen Konjunkturpolitik und regeln vorübergehende Ausnahmebestimmungen für einzelne Mitgliedstaaten. Hier ist nach der herrschenden Ansicht durchaus auch eine Kompetenz für materielle Konjunktursteuerungsmaßnahmen angelegt. Die Praxis hat aber gezeigt, daß dies politisch nicht erreichbar ist.

Die Beschlüsse gemäß Art. 103 Abs. 2 EWGV behandeln vielmehr überwiegend gegenseitige Informations- und Konsultationspflichten.

> s. die Aufzählung bei KRÄMER, Rdnr. 17 ff.

Am weitesten geht die Entscheidung Nr. 71/143 des Rates vom 22.März 1971 über die Einführung eines Mechanismus für den mittelfristigen finanziellen Beistand.

> ABl. 1971, Nr. L 73, S. 15 ff., mit zahlreichen Änderungen, zuletzt ABl. 1980, Nr. L 375, S. 16.

Sie sieht die Gewährung mittelfristiger Kredite durch die Mitgliedstaaten vor, die durch eine vom Rat gemäß Art. 108 EWGV mit qualifizierter Mehrheit beschlossene Richtlinie oder Entscheidung als gegenseitiger Beistand bereitgestellt werden.

Art. 103 Abs. 3 EWGV gibt dem Rat darüberhinaus die Kompetenz, Richtlinien zur Durchführung seiner Beschlüsse gemäß Art. 103 Abs. 2 EWGV zu erlassen. Bislang hat der Rat noch keine Richtlinie ausdrücklich auf Art. 103 Abs. 3 EWGV gestützt, wenngleich zumindest zwei Richtlinien wegen ihres Inhalts und des durchgeführten Verfahrens Art. 103 Abs. 3 EWGV zugerechnet werden.

> Richtlinie Nr. 74/121 vom 18. Februar 1974 über die Stabilität, das Wachstum und die Vollbeschäftigung und Richtlinie Nr. 72/

156 vom 21. März 1972 zur Regulierung der internationalen Finanzströme und zur Neutralisierung ihrer unerwünschten Wirkungen auf die binnenwirtschaftliche Liquidität, s. im einzelnen KRÄMER, Rdnr. 35 ff.

2) Zahlungsbilanzpolitik

Art.104 EWGV regelt zwar vom Ansatz her die gesamte Wirtschaftspolitik, weist aber auf die einzelstaatliche Zuständigkeit hin. Danach betreibt jeder Mitgliedstaat die Wirtschaftspolitik, die erforderlich ist, um das Gleichgewicht seiner Gesamtzahlungsbilanz zu sichern und das Vertrauen in seine Währung aufrecht zu erhalten. Dabei hat er einen hohen Beschäftigungsgrad zu sichern und das Vertrauen in seine Währung aufrecht zu erhalten. Diese einzelstaatliche Zuständigkeit für die mittelfristige Wirtschaftspolitik wird noch durch Art. 105 Abs. 1 EWGV verstärkt, der dem Mitgliedstaat in diesem Bereich lediglich eine Koordinierungspflicht auferlegt. Zu diesem Zweck wurde gemäß Art. 105 Abs. 2 EWGV der Beratende Währungsausschuß eingesetzt.

Die Gemeinschaft bekommt nur die Kompetenz der Unterstützung dieser Koordinierung (Art. 105 Abs. 1 Unterabs. 2 EWGV). Insoweit hat der Rat eine Reihe von Beschlüssen gefaßt.

s. dazu SCHWEITZER/HUMMER (1), S. 318 f.

Soll darüber hinausgegangen werden, so bedarf es entweder eines Beschlusses der im Rat vereinigten Vertreter der Regierungen der Mitgliedstaaten (so vor allem für die Mehrjahresprogramme für die mittelfristige Wirtschaftspolitik) oder der Rechtsgrundlage des Art. 235 EWGV.

Letztere Rechtsgrundlage kam insbesondere zur Anwendung bei der Schaffung des Europäischen Fonds für währungspolitische Zusammenarbeit durch Verordnung des Rates Nr. 907/73 vom 3. April 1973.

Text in: SCHWEITZER/HUMMER (2), S. 429 f.

Nach dieser Verordnung kam die Entwicklung der ab 1970 geplanten Wirtschafts- und Währungsunion größtenteils zum Stillstand. Ein punktueller Erfolg war allerdings noch die Einführung des **Europäischen Wäh-**

rungssystems (EWS). Rechtsgrundlage für seine Errichtung war eine Entschließung des Europäischen Rates, ein Abkommen zwischen den Zentralbanken der Mitgliedstaaten der EWG und auf Art. 235 EWGV gestützte Verordnungen des Rates.

Alle Texte in: SCHWEITZER/HUMMER (2), S. 434 ff.

Das EWS war zunächst als vorläufiges System vorgesehen. Aber auch hier gelang der geplante Übergang in die endgültige Phase nicht. Übriggeblieben ist die Einführung der **Europäischen Währungseinheit (ECU)** und die Schaffung eines Wechselkursverbundes mit einem Interventionsmechanismus, eines Kreditmechanismus sowie eines Systems der gegenseitigen Abrechnung. In die Durchführung aller dieser Einrichtungen ist der Europäische Fonds für währungspolitische Zusammenarbeit eingebunden.

Die Beteiligung der Mitgliedstaaten am EWS ist freiwillig, da die eigentlichen Gründungsakte nicht dem Gemeinschaftsrecht zuzuzählen sind. Darüberhinaus ist eine Beteiligung anderer europäischer Länder an dem Wechselkurs- und Interventionsmechanismus vorgesehen.

Auch die Einheitliche Europäische Akte ändert nichts an der bestehenden Kompetenzverteilung. Der durch Art. 20 eingeführte neue Art. 102 a EWGV enthält nur eine Pflicht zur Zusammenarbeit und verweist auf die bestehenden Zuständigkeiten. Dasselbe gilt für den durch Art. 23 vorgesehenen neuen Titel V (Art. 130 a — 130 e EWGV) über wirtschaftlichen und sozialen Zusammenhalt. Einerseits sind programmatische Bestimmungen enthalten, andererseits sieht Art. 130 b wieder nur nationale Zuständigkeiten und Koordinierungspflichten vor für eine Wirtschaftspolitik der Mitgliedstaaten, die diesen programmatischen Bestimmungen entspricht. Allerdings ist vorgesehen ein verstärkter Einsatz der Strukturfonds, der Europäischen Investitionsbank und der sonstigen vorhandenen Finanzierungsinstrumente.

3) Handelspolitik

Gemäß Art. 113 Abs. 1 EWGV ist die Kompetenz für eine gemeinsame Handelspolitik auf die EWG übergegangen. Dies gilt insbesondere für autonome Zollsatzänderungen, den Abschluß von Zoll- und Handelsabkommen, die Vereinheitlichung von Liberalisierungsmaßnahmen, die Ausfuhrpolitik und handelspolitische Schutzmaßnahmen.

Umstritten war längere Zeit, ob die EWG im Rahmen der gemeinsamen Handelspolitik Embargomaßnahmen gegen Nichtmitgliedstaaten ergreifen darf. Seit den Embargomaßnahmen gegen die Sowjetunion (wegen Afghanistan) und Argentinien (wegen des Falklandkrieges), die auf Art. 113 gestützt wurden, ist die Frage praktisch geklärt.

Weiterhin bestehen bleibt allerdings das Außenwirtschafts- und -handelsrecht der Mitgliedstaaten zur Ausgestaltung der Handelspolitik, wobei sie aber den Rahmen des primären und sekundären Gemeinschaftsrechts zu beachten haben.

Die gemeinsame Handelspolitik, die sich nach den Grundsätzen des Art. 110 EWGV zu richten hat, kann autonom oder vertraglich durchgeführt werden.

a) Autonome Handelspolitik

Sie wird vom Rat geführt, der gemäß Art. 113 Abs. 2 und 4, Art. 116 Abs. 1 EWGV tätig wird. Er hat in diesem Rahmen Rechtsakte über die Ein- und Ausfuhrpolitik gegenüber Nichtmitgliedstaaten erlassen.

 s. die Aufzählung bei SCHWEITZER/HUMMER (1), S. 326, 329.

Danach ergibt sich — in groben Umrissen — folgende autonome Handelspolitik: Die Ausfuhr nach dritten Staaten wird hinsichtlich der mengenmäßigen Beschränkungen größtenteils liberalisiert. Dasselbe gilt für die Einfuhr aus dritten Staaten, wobei die Liberalisierung gegenüber Staatshandelsländern geringer ist und bei auf Gemeinschaftsebene nicht liberalisierten Waren gewisse mengenmäßige Beschränkungen für einzelne Mitgliedstaaten festgelegt werden.

Der Gemeinsame Zolltarif wird reduziert und soll bis 1988 auf 7,5 % gesenkt werden (ungeachtet einer Reihe von Nullzollsätzen), womit er zu den niedrigsten der Welt gehört.

Gegenüber gedumpten oder suventionierten Einfuhren aus dritten Staaten werden Antidumping- und Ausgleichszölle erhoben. Gegen unerlaubte Handelspraktiken dritter Staaten, die die inländische Wirtschaft schädigen, sind Gemeinschaftsmaßnahmen vorgesehen.

Hinsichtlich der Ausfuhrbeihilfen für Exporte nach dritten Ländern wird eine Vereinheitlichung der nationalen Systeme entwickelt.

Gemäß Art. 116 gehen die Mitgliedstaaten in internationalen Organisationen mit wirtschaftlichem Charakter (z. B. GATT, UNCTAD, OECD, IWF etc.) nur noch gemeinsam vor, wenn es um Fragen geht, die für den Gemeinsamen Markt von besonderem Interesse sind. Es handelt sich dabei um Bereiche der Außenwirtschaftspolitik, in denen die Mitgliedstaaten ihre Kompetenzen noch nicht gemäß Art. 113 abgegeben haben (z. B. Entwicklungshilfe). Der Rat kann gemäß Art. 116 Abs. 1 über das Ausmaß und die Durchführung des gemeinsamen Vorgehens entscheiden.

Im Außenhandel mit den Entwicklungsländern der „Gruppe der 77" wenden die Europäischen Gemeinschaften das **Allgemeine Präferenzsystem (APS)** an. Im APS werden zur Zeit Zollpräferenzen für 128 unabhängige Staaten und 22 abhängige Gebiete gewährt, die unter folgenden Grundsätzen stehen: nichtdiskriminierend (sie kommen allen Entwicklungsländern zugute), autonom (sie sind ein einseitiges Angebot der Europäischen Gemeinschaften und wurden nicht ausgehandelt), nichtreziprok (sie werden ohne Gegenleistung der Entwicklungsländer gewährt). Die Geltung des APS wurde am 16. Dezember 1980 bis zum Jahre 1990 verlängert, wobei ein spezielles Regime für 36 der ärmsten Entwicklungsländer eingerichtet wurde.

Das APS, das für alle Halb- und Fertigfabrikate im Textilbereich, für ca. 300 landwirtschaftliche Veredelungsprodukte und für bestimmte Eisen- und Stahlerzeugnisse gilt, wurde bislang nur zu etwa 60 % ausgenützt.

s. im einzelnen VEDDER, Rdnr. 89 ff.

b) Vertragliche Handelspolitik

Art. 113 und Art. 114 sehen ein Verfahren zum Abschluß von Handelsabkommen mit dritten Staaten vor. Die Abkommen werden nach den Richtlinien des Rates von der Kommission ausgehandelt, die dabei von dem Ausschuß für Zoll- und Handelsvertragsverhandlungen unterstützt wird. Abgeschlossen werden die Abkommen gemäß Art. 114 vom Rat im Namen der EWG. Bei diesen Abkommen handelt es sich um völkerrechtliche Verträge.

Damit ist in Art. 113 Abs. 3 und Art. 114 die ausschließliche Zuständigkeit der EWG zum Abschluß von Handelsabkommen nach Ablauf der Übergangszeit angelegt. Unberührt von der Kompetenz der EWG zum Abschluß von Handelsabkommen blieb zunächst die Zuständigkeit der Mitgliedstaaten zum Abschluß von Kooperationsabkommen, das sind Abkommen über wirtschaftliche und industrielle Zusammenarbeit. Um zu verhindern, daß damit die gemeinsame Handelspolitik unterlaufen werden kann — indem in diese Kooperationsabkommen Bestimmungen aufgenommen werden, die eigentlich solche von Handelsabkommen sind —, hat der Rat die Entscheidung Nr. 393/74 vom 22. Juli 1974 über die Einführung eines Konsultationsverfahrens für Kooperationsabkommen der Mitgliedstaaten mit dritten Ländern erlassen. Darin ist ein Konsultationsverfahren vorgesehen, das gewährleisten soll, daß die Kooperationsabkommen der gemeinsamen Handelspolitik entsprechen.

Text in: BEUTLER u.a., IV.18.1.

Zu den einzelnen Verträgen s.o. Nr. A, V, 2 und 3.

X. BEGLEITENDE POLITIKEN

Neben den im EWGV ausdrücklich oder in Ansätzen festgelegten Politiken hat der Rat zahlreiche weitere Politiken eingeleitet. Angehalten wurde er dazu durch den Beschluß der Staats- und Regierungschefs auf der Pariser Gipfelkonferenz vom 19./20. Oktober 1972, als Mittel zur Verwirklichung dieser begleitenden oder flankierenden Politiken „alle Bestimmungen der Verträge, einschließlich des Artikels 235 des EWG-Vertrages, weitestgehend auszuschöpfen".

Rechtsgrundlage der begleitenden Politiken ist in der Regel Art. 235 EWGV, insbesondere wenn finanzielle Mittel der Gemeinschaft vergeben und nicht nur Rechtsvorschriften harmonisiert werden. Dabei ist die Gemeinschaftskompetenz nicht auf bestimmte Sachbereiche begrenzt, sondern steht bei Vorliegen der Voraussetzungen des Art. 235 EWGV auch „wirtschaftsfernen" Bereichen, wie z. B. der Bildungs- und Medienpolitik offen.

Bei der Entwicklung der begleitenden Politiken kommt den Aktionsprogrammen der Kommission große Bedeutung zu. Damit wird in der Regel eine neue begleitende Politik in die Wege geleitet. Die einzelnen Durchführungsbestimmungen in Form von Rechtshandlungen erläßt dann der Rat. In ihrem Bericht vom 24. Juni 1981 an den Rat in Durchführung des

"Mandats vom 30. Mai 1980" entwickelte die Kommission weiterführende Leitlinien für neue begleitende Politiken.

BullEG, Beilage 4/1981.

Im Bereich dieser begleitenden Politiken wird im Rahmen der durch Art. 235 EWGV gegebenen Möglichkeiten die Integration in besonderem Maße vorangetrieben.

Die wichtigsten zur Zeit bestehenden Politiken sind folgende:

(1) Bildungs- und Kulturpolitik

Grundlage der gemeinschaftlichen Bildungs- und Kulturpolitik ist das Aktionsprogramm und die Entschließung des Rates vom 9. Februar 1976 sowie Entschließungen des Rates vom 13. Dezember 1976 und 17. Juli 1982.

ABl. 1976, Nr. C 38, S. 1 ff.; ABl. 1976, Nr. C 308, S. 1 ff.; ABl. 1982, Nr. C 193, S. 1 f.

Es wurde ein Ausschuß für Bildungsfragen und ein Beratender Ausschuß für Berufsausbildung eingerichtet. Außerdem wurde ein „Europäisches Zentrum für die Förderung der Berufsbildung" geschaffen. Im Jahre 1982 wurde eine „Europäische Wissenschaftsstiftung" eingerichtet.

(2) Energiepolitik

Seit der Energiekrise von 1973 ergingen zahlreiche Aktionsprogramme der Kommission und Entschließungen des Rates zur rationellen Energienutzung und zur Sicherstellung der Versorgung mit Energie.

s. die Darstellung bei v. SCHOLZ, Rdnr. 28 ff.

Sie ergänzen die vom Rat aufgrund bestehender Kompetenzen erlassenen energiepolitischen Rechtsvorschriften, z. B. im Rahmen des Art. 103 Abs. 4 EWGV.

s. die Aufzählung bei KRÄMER, Rdnr. 47 ff.

(3) Entwicklungspolitik

Die EWG hat eine Reihe von entwicklungspolitischen Maßnahmen ergriffen, die sich zu einem entwicklungspolitischen Konzept zusammenfassen lassen. Die wichtigsten Bestandteile dieses Konzepts sind: Assoziierung der überseeischen Länder und Hoheitsgebiete (Art. 131 — 136 EWGV),

Abkommen von Lomé (s.o. Nr. A, V, 1), allgemeines Präferenzsystem (s.o. Nr. B, IX, 3 a), Assoziierungs- und Kooperationsabkommen mit Kapitalhilfe, Nahrungsmittel- und Soforthilfe für Entwicklungsländer, finanzielle und technische Hilfe für nichtassoziierte Entwicklungsländer etc. 1981 wurde eine „Europäische Agentur für Zusammenarbeit" für die Zusammenarbeit mit den AKP-Staaten im Rahmen des Lomé-Abkommens eingerichtet.

ABl. 1981, Nr. L 328, S. 1 ff.

(4) Forschungs-, Wissenschafts- und Technologiepolitik

Grundlage für die gemeinschaftliche Forschungspolitik ist das Aktionsprogramm und die Entschließung des Rates vom 14. 1. 1974 (ABl. 1974, Nr. C 7, S. 2 ff). Daneben existieren zahlreiche sektorielle Forschungsprogramme unter anderem für die gemeinsame Forschungsstelle von EAG und EWG sowie für Kernfusion, radioaktive Abfallbeseitigung, Strahlenschutz, Energie, EDV (Euronet — DIANE, ESPRIT, INSIS) etc. Zur Unterstützung wurden von der Kommission der Ausschuß für Forschung und Entwicklung (Comité Européen de la Recherche et du Devéloppement = CERD) und vom Rat der Ausschuß für wissenschaftliche und technische Forschung (Comité de la Recherche Scientifique et Technique = CREST) eingesetzt. Außerdem wurde ein Ausschuß für wissenschaftlich-technische Zusammenarbeit (Coopération Scientifique et Technique = COST) geschaffen, in der die Gemeinschaft und neun westeuropäische Nachbarländer vertreten sind. Zur Weiterentwicklung dieses Bereiches sieht Art. 24 der Einheitlichen Europäischen Akte einen neuen Titel VI (Art. 103 f — 130 g EWGV) über Forschung und technologische Entwicklung vor. Darin ist eine Koordinierung der nationalen Politik, die Festlegung von Forschungsprogrammen durch die EWG, die Förderung durch die EWG, die Festlegung der Verbreitung der Kenntnisse und die Gründung gemeinsamer Unternehmen oder anderer Einrichtungen durch die EWG vorgesehen (siehe dazu im einzelnen u. § 5, Nr. C, II, 1).

(5) Industriepolitik

Im März 1970 legte die Kommission ein Memorandum über die „Industriepolitik der Gemeinschaft" vor (4. Gesamtbericht 1970, Ziff. 205 f.). Am 7. Mai 1973 folgte ein Programm der Kommission (BullEG, Beilage 7/1973). Ebenfalls 1973 wurde das „Büro zur Förderung der zwischenbetrieblichen Zusammenarbeit" geschaffen, das die Zusammenarbeit der einzelnen Unternehmen fördern soll. Für einzelne Industriesektoren existieren eigene Aktionsprogramme sowie Rechtsakte des Rates, so z. B. für Schiffbau, Chemiefasern, Textil und Bekleidung, Luftfahrt, EDV, Elektronik etc.

(6) Regionalpolitik

1967 wurde bei der Kommission eine Generaldirektion „Regionalpolitik" eingerichtet. Seit 1975 verfügt die EWG über regionalpolitische Kompetenzen, als der Europäische Fonds für regionale Entwicklung und der Ausschuß für Regionalpolitik vom Rat eingerichtet wurde.

> Verordnung Nr. 724/75 vom 18. März 1975, ABl. 1979, Nr. C 36, S. 12 ff.; Beschluß des Rates vom 18. März 1975, ABl. 1975, Nr. L 73, S. 47 f. und 1979, Nr. L 35, S. 9.

Der Fonds dient als Finanzierungsinstrument der gemeinsamen Regionalpolitik und wurde 1984 neu strukturiert.

> Verordnung Nr. 1787/84 des Rates vom 19. Juni 1984, ABl. 1984, Nr. L 169, S. 1 ff.

Hinsichtlich seiner Aufgabenstellung sieht die Einheitliche Europäische Akte in einem durch Art. 23 neu eingefügten Art. 130 c EWGV vor, daß er durch Beteiligung an der Entwicklung und an der strukturellen Anpassung der rückständigen Gebiete und an der Umstellung der Industriegebiete mit rückläufiger Entwicklung zum Ausgleich der wichtigsten regionalen Ungleichgewichte in der Gemeinschaft beitragen soll. Die Artikel 130 d und 130 e EWGV sehen neue Umstrukturierungsbeschlüsse für den Fonds nach Inkrafttreten der Einheitlichen Europäischen Akte vor.

(7) Umweltpolitik

Grundlage der gemeinschaftlichen Umweltpolitik sind drei Aktionsprogramme der Europäischen Gemeinschaften für den Umweltschutz von 1973, 1977 und 1983.

> ABl. 1973, Nr. C 112, S. 3 ff.; ABl. 1977, Nr. C 139, S. 3 ff.; ABl. 1983, Nr. C 46, S. 1 ff.

Die wichtigsten Grundsätze darin sind: Der vorbeugende Umweltschutz, das Verursacherprinzip und die Suche nach der geeigneten Aktion. Zahlreiche Richtlinien sind auf folgenden Gebieten erlassen worden: Gewässerschutz, Luftreinhaltung, Lärmschutz, Abfallwirtschaft und Entsorgung gefährlicher Stoffe, Industrieunfälle, Naturschutz etc.

Die Einheitliche Europäische Akte sieht in Art. 25 einen neuen Titel VII (Art. 130 r — 130 t EWGV) über Umwelt vor. Darin werden die Ziele der Umweltpolitik aufgezählt und es wird eine Gemeinschaftstätigkeit dann vorgesehen, wenn die Umweltziele besser auf Gemeinschaftsebene erreicht werden können (Art. 130 r). Der Rat bekommt eine diesbezügliche Beschlußkompetenz.

(8) Verbraucherpolitik

Grundlage der gemeinschaftlichen Verbraucherpolitik sind zwei Verbraucherschutzprogramme und Entschließungen des Rates aus den Jahren 1975 und 1981.

ABl. 1975, Nr. C 92, S. 17 ff.; ABl. 1981 Nr. C 133, S. 1 ff.

Darauf basierend ergingen zahlreiche Richtlinien zur Rechtsangleichung und Beseitigung von Handelshemmnissen auf folgenden Gebieten: Lebensmittel, Kosmetika, Textilien, Spielzeug, Arzneimittel, gefährliche Stoffe, Elektrogeräte, Preisauszeichnung, Verkaufspraktiken etc.

s. die Aufzählung bei KLEIN, S. 1660 ff.

Durch den Erlaß solcher Richtlinien können die durch die Artikel 30 und 36 EWGV angelegten regelmäßigen Auseinandersetzungen zwischen der Kommission und den Mitgliedstaaten (s.o. Nr. B,I,2 b) jeweils für den behandelten Teilbereich beigelegt werden.

§ 4 Weißbuch der Kommission an den Rat: Vollendung des Binnenmarktes — Neutralitätsrechtliche Beurteilung

In seiner Brüsseler Tagung am 29./30. März 1985 legte der Rat u. a. folgenden prioritären Aktionsbereich fest:

„Maßnahmen zur Verwirklichung eines großen Binnenmarktes bis zum Jahr 1992, wodurch ein günstigeres Umfeld für die Förderung der Unternehmen, des Wettbewerbs und des Handels geschaffen wird; er forderte die Kommission auf, zu diesem Zweck vor der nächsten Tagung des Europäischen Rates ein detailliertes Programm mit einem genauen Zeitplan auszuarbeiten."

Die Kommission kam diesem Auftrag nach und unterbreitete dem Europäischen Rat am 14. Juni 1985 das „Weißbuch".

> KOM (85) 310 endg.; vgl. Erster Bericht der Kommission über die Durchführung des Weißbuches, KOM (86) 300 endg.

Die Kommission ist der Meinung, daß das Ziel der Verwirklichung des Binnenmarktes unter drei Gesichtspunkten zu sehen ist:

„- Erstens soll der Zusammenschluß der zehn, bald zwölf Einzelmärkte der Mitgliedstaaten in einen einzigen Binnenmarkt mit 320 Millionen Einwohnern erfolgen;

- zweitens soll sichergestellt werden, daß dieser große Binnenmarkt sich ausdehnt — nicht statisch bleibt, sondern wächst;

- drittens ist hierfür sicherzustellen, daß der Markt flexibel ist, so daß Ressourcen, sowohl menschliche als auch materielle, Kapital- und Investitionsmittel den wirtschaftlich rentabelsten Bereichen zufließen."

Das Weißbuch konzentriert sich auf den ersten Gesichtspunkt. Es enthält ein allgemein formuliertes Programm und einen Zeitplan für konkrete Rechtssetzungsprojekte. Das allgemeine Programm befaßt sich mit den Schwerpunkten der Beseitigung der materiellen, der technischen und der steuerlichen Schranken. Der Zeitplan folgt dieser Einteilung und unterscheidet jeweils die Perioden 1985 — 1986 und 1987 — 1992.

A. ALLGEMEINES PROGRAMM

I. BESEITIGUNG DER MATERIELLEN SCHRANKEN

Das Ziel der Beseitigung der materiellen Schranken ist für die Kommission die völlige Abschaffung der Binnengrenzen in bezug auf die an den Grenzen stattfindenden Kontrollen. Dafür sind zwei Wege denkbar. Entweder man beseitigt die Gründe für die Kontrollen oder man findet andere Wege und Mittel, um einen vergleichbaren Grad an Schutz und Information zu erreichen. Das bedeutet, daß nationale Politiken, die Gründe für Grenzkontrollen darstellen, entweder aufgegeben oder durch Gemeinschaftspolitiken ersetzt werden, und daß Gemeinschaftspolitiken so umgestaltet werden müssen, daß die Gründe für Grenzkontrollen wegfallen.

1) Warenkontrolle

Die Mitgliedstaaten führen aus folgenden Gründen Warenkontrollen bei der Ein- und Ausfuhr durch: Funktionsfähigkeit des Systems der indirekten Steuern, Schutzmaßnahmen mit Genehmigung der Organe der EWG (= auf Grund sog. Schutzklauseln), Schutzmaßnahmen ohne Genehmigung der Organe der EWG (= auf Grund sog. Notstandsklauseln), Statistik. Während die steuerlichen Fragen im 3. Teil des allgemeinen Programms getrennt behandelt werden, schlägt die Kommission für die anderen Fälle folgendes vor:

a) Handels- und Wirtschaftspolitik

Alle nationalen und regionalen Importquoten, die einzelne Mitgliedstaaten auf Grund der Schutzklausel des Art. 115 EWGV noch anwenden, sollen bis 1992 abgeschafft werden. Sollte sich dies als unmöglich erweisen, müßten alternative Wege zur Kontrolle der Quoten gefunden werden.

Ebenfalls sollen alle Kontrollen wegfallen, die ein Mitgliedstaat im Rahmen von Maßnahmen auf Grund der Schutzklausel des Art. 108 EWGV anwendet. Dies läuft nicht auf eine Einschränkung der Anwendung des Art. 108 EWGV hinaus, sondern nur auf die Aufhebung und Ersetzung der Grenzkontrollen durch andersgeartete Kontrollen.

Im Agrarbereich sollen die Kontrollen, die wegen der Währungsausgleichsbeträge, wegen der Ausgleichsabgaben gemäß Art. 46 EWGV etc.

durchgeführt werden, durch eine Weiterentwicklung der gemeinsamen Agrarpolitik abgeschafft werden. Dazu müßten die bestehenden gemeinsamen Marktorganisationen umgestaltet und neue so gestaltet werden, daß Art. 46 EWGV nicht mehr zur Anwendung kommt. Außerdem müßte es zu einer automatischen Angleichung der Agrarpreise im Falle einer Währungsanpassung kommen.

Neutralitätsrechtliche Beurteilung: Die vorgeschlagenen Änderungen haben keinen Bezug zur Neutralität. Zum einen betreffen sie Schutzklauseln, die neutralitätsrechtlich nicht relevant sind (Art. 115 EWGV; Art. 46 EWGV; Verordnung Nr. 974/71 des Rates vom 12. Mai 1971, Text in: BEUTLER u.a., IV.2.5.) und berühren vor allem nicht die Notstandsklauseln (insbesondere die Artikel 223 und 224 EWGV); daher käme es zwar zur Aufhebung der Kontrollen im Normalfall, nicht aber im neutralitätsrelevanten Fall. Zum anderen bestreitet auch die Kommission nicht das grundsätzliche Recht zur Kontrolle, sie will lediglich dann, wenn durch Gemeinschaftsrecht die Kontrolle nicht schlechterdings überflüssig gemacht wird, diese von den Grenzen weg woandershin verlagern.

Für Österreich ist nur der zweite Aspekt von Interesse (der erste kann sich nur auf Mitgliedstaaten der EWG auswirken). Neutralitätsrechtlich relevant sind die Kontrollen allenfalls für die Paritätspflicht, Beschränkungen und Verbote hinsichtlich Aus- und Durchfuhr von Waffen, Munition etc. gleichmäßig anzuwenden.

s.o. § 2, Nr. B, I, 2 a.

Insofern könnte es zu einer unkontrollierten Aus- oder Durchfuhr in ein EWG-Land kommen, während gegenüber Drittstaaten Kontrollen durchgeführt würden. Dennoch bestehen keine neutralitätsrechtlichen Bedenken. Denn zum einen ist es fraglich, ob die Kontrollen auch unter die genannte Paritätspflicht fallen, und zum anderen bedeutet eine bloße Verlagerung der Kontrollen von der Grenze weg keine materielle Änderung des bisherigen Zustandes. Es ist lediglich zu fordern, daß die neuen Kontrollmaßnahmen genauso effektiv sind, wie die bisherigen. Insofern ist sowohl ein autonomer Nachvollzug dieses Systems als auch eine vertragliche Festlegung zwischen Österreich und der EWG neutralitätsrechtlich erlaubt.

b) Gesundheit

Die durch gesundheitspolitische Entscheidungen bedingten Grenzkontrollen sollen durch die Harmonisierung der wesentlichen Gesundheitsvorschriften und die Verlagerung der Veterinär- und Pflanzengesundheitskontrollen an den Versandort ersetzt werden. Am Bestimmungsort (nicht an den Grenzen) sollen dann nur mehr Kontrollen der Untersuchungsbescheinigungen möglich sein, solche der Erzeugnisse selbst nur in Fällen von vermuteten Betrugshandlungen oder von fahrlässigem Verhalten.

Zur Unterstützung dieser Maßnahmen sollen gemeinsame Normen für den Handel erlassen und eine Gemeinschaftsmarke für diesen Normen entsprechende tierische Erzeugnisse eingeführt werden. Im Rahmen dieser gemeinsamen Normen wären jedoch bestimmte Einfuhrbeschränkungen aus Gründen des Pflanzen- und Tierschutzes weiterhin gerechtfertigt.

Neutralitätsrechtliche Beurteilung: Der gesamte Bereich der Gesundheit ist neutralitätsrechtlich nicht relevant. Insofern ist sowohl ein autonomer Nachvollzug dieser Normen als auch eine vertragliche Festlegung zwischen Österreich und der EWG neutralitätsrechtlich erlaubt.

c) Verkehr

Der Güterverkehr unterliegt Kontrollen, die etwas mit der Verwaltung der Verkehrspolitik oder mit Sicherheitserfordernissen zu tun haben. Insbesondere findet eine Kontrolle der Verkehrsgenehmigung im Rahmen von Kontingentierungen statt. Daher schlägt die Kommission die schrittweise Abschaffung dieser Kontingentierungen vor. Zur Vermeidung der Sicherheitskontrollen sollen gemeinsame Sicherheitsnormen verabschiedet werden. Innerstaatliche Sicherheitskontrollen eingereister Fahrzeuge, die nichtdiskriminierend im Vergleich zu den inländischen Fahrzeugen durchgeführt werden (z.B. durch Polizei), würden weiterhin erlaubt sein.

Neutralitätsrechtliche Beurteilung: Die Bereiche der Aufhebung der Kontingentierungen und der Vereinheitlichung der Sicherheitsvorschriften ist neutralitätsrechtlich nicht relevant. Man könnte allenfalls die Forderung aufstellen, daß im Neutralitätsfall einem kriegführenden Drittstaat gegenüber ebenfalls keine Kontingentierungen festgelegt würden, um nicht in die Gefahr zu kommen, die Paritätspflicht der Gleichbehandlung der Kriegführenden bei wirtschaftlichen Maßnahmen zu verletzen.

s.o. § 2, Nr. B, I, 2 f.

Diese verkehrspolitische Kompetenz ist aber durch die im Weißbuch vorgesehenen Maßnahmen nicht gefährdet. Daher ist sowohl ein autonomer Nachvollzug der Sicherheitsvorschriften als auch eine autonome oder vertragliche Abschaffung der Kontingentierungen im Verhältnis zwischen Österreich und der EWG neutralitätsrechtlich erlaubt.

d) Statistik

Im Bereich der Statistik, die die weitreichendsten Formalitäten und damit verbundenen Kontrollen erfordert, sieht die Kommission eine Vereinfachung bereits in den Vorschriften über das einheitliche Verwaltungsdokument (= Single Administrative Document, Einheitspapier).

> Verordnung Nr. 678/85 des Rates vom 18. Februar 1985 zur Vereinfachung der Förmlichkeiten im innergemeinschaftlichen Warenverkehr, ABl. 1985, Nr. L 79, S 1 ff.; Verordnung Nr.679/85 des Rates vom 18. Februar 1985 zur Festlegung des Musters des im innergemeinschaftlichen Warenverkehr zu verwendenden Anmeldungsvordrucks, ABl. 1985, Nr. L 79, S. 7 ff.; Durchführungsverordnung Nr. 2855/85 der Kommission vom 18. September 1985, ABl. Nr. L 274, S. 1 ff.; vgl. u. § 4, Nr. B, I, 1, (3)

Dennoch sollen darüberhinaus die verschiedenen statistischen Angaben in einer einheitlichen Form ermittelt werden. Dabei sollen einerseits die statistischen Daten mit Hilfe der beteiligten Firmen ermittelt werden, wie dies schon jetzt hinsichtlich deren innerstaatlichen Tätigkeiten erfolgt, andererseits sollen moderne Methoden der Datenerfassung fehlerfreie und umfassende Statistiken gewährleisten.

Neutralitätsrechtliche Beurteilung: Der gesamte Bereich der statistischen Erfassung ist neutralitätsrechtlich nicht relevant. Die bereits bestehenden Vorschriften über das einheitliche Verwaltungsdokument (= Einheitspapier) sehen lediglich vor, daß für den Großteil aller grenzüberschreitenden Verbringungen von Waren ein einheitliches Dokument zur Erfüllung der entsprechenden Förmlichkeiten zu verwenden ist. Selbst wenn das Einheitspapier gegenüber Drittstaaten nicht zur Anwendung gebracht würde, hätte eine solche Praxis keinen Bezugspunkt zur Neutralität. Daher ist sowohl ein autonomer Nachvollzug als auch eine vertragliche Festlegung der für die Statistik vorgeschlagenen Maßnahmen zwischen Österreich und der EWG neutralitätsrechtlich erlaubt.

2) Personenkontrolle

Die Kommission behandelt in diesem Abschnitt die Polizeikontrollen zur Prüfung der Identität der betreffenden Personen. Sie dienen insbesondere der Bekämpfung von Terrorismus, Drogen und Verbrechen. Die Kommission schlägt daher eine Angleichung der Waffen- und der Drogengesetze vor sowie eine Verstärkung der Mittel für wirksamere Kontrollen an den EG-Außengrenzen und der Amtshilfe der zuständigen inländischen Polizei- und sonstigen Behörden. Den bereits bestehenden Vorschriften über den Europäischen Paß und der vorgeschlagenen Einführung der grünen Scheibe mißt die Kommission nur unterstützende Funktion bei.

Da die Abschaffung der Grenzkontrollen sich auch auf den Grenzübertritt von Nicht-EG-Bürgern erstreckt, schlägt die Kommission eine Rechtsangleichung der Regeln für Niederlassung, Einreise und Zugang zur Beschäftigung von Nicht-EG-Bürgern vor und kündigt nicht näher spezifizierte Maßnahmen zum Asylrecht und zur Lage der Flüchtlinge an.

Noch unbestimmter ist der Vorschlag der Entwicklung einer europäischen Visumspolitik der Mitgliedstaaten sowie der Schaffung gemeinsamer Regeln für die Auslieferungspolitik.

Neutralitätsrechtliche Beurteilung: Die von der Kommission behandelten Bereiche (Bekämpfung von Terrorismus, Drogen und Verbrechen; Niederlassung, Einreise und Zugang zu Beschäftigung; Visums- und Auslieferungspolitik) sind für sich allein gesehen neutralitätsrechtlich nicht relevant. Wie bei den Warenkontrollen würde sich zudem die polizeiliche Kontrolle nur von der Grenze weg ins Inland verlagern, so daß keine materielle Änderung eintritt. Die geplante Rechtsvereinheitlichung berührt daher auch nicht die neutralitätsrechtlichen Pflichten.

Allerdings müßte für den Kriegsfall eine Personenkontrolle vorbehalten werden, um die Pflicht, Verletzungen des neutralen Gebietes zu verhindern und die Pflicht, den Transport von Truppen, Munitions- oder Verpflegungskolonnen durch das neutrale Gebiet zu verhindern, erfüllen zu können. Ein autonomer Nachvollzug dieser Maßnahmen oder eine diesbezügliche vertragliche Festlegung zwischen Österreich und der EWG müßte also unter diesen Vorbehalt gestellt werden.

II. BESEITIGUNG DER TECHNISCHEN SCHRANKEN

Im Bereich der Beseitigung der technischen Schranken geht die Kommission einen Schritt weiter, um mehr als eine bloße Verlagerung der Grenzkontrollen ins Inland zu erreichen. Dabei verfolgt die Kommission folgende grundsätzliche Strategie: Ausgehend von der Rechtsprechung des Gerichtshofs der Gemeinschaften zu den Artikeln 30 und 36 EWGV muß jedes rechtmäßig in einem Mitgliedstaat hergestellte und in den Verkehr gebrachte Erzeugnis überall in der EWG ungehindert verkauft werden können.

s. zu dieser Rechtsprechung o. § 3, Nr. B, I, 2 b.

Die nationalen Vorschriften und Kontrollen bezüglich der auch vom EWGV anerkannten Schutzgüter sind zwar in der Form unterschiedlich, in der Zielsetzung aber gleichgelagert. Daher sollten die nationalen Kontrollen in allen anderen Mitgliedstaaten anerkannt werden; wobei die Zusammenarbeit der nationalen Behörden besonders hervorgehoben wird.

Dasselbe sollte auch für Dienstleistungen und für Personen gelten. Bürger oder Gesellschaften, die die Voraussetzung für bestimmte Tätigkeiten in einem Mitgliedstaat erfüllen, sollen daher diese Tätigkeiten auch in allen anderen Mitgliedstaaten ausüben dürfen.

Diese Strategie läuft — ohne daß es die Kommission ausdrücklich erwähnt — in weitem Ausmaß (aber nicht nur) auf Rechtsangleichungen hinaus, um überall die gleichen Zulassungsbedingungen für Waren, Personen und Dienstleistungen zu schaffen.

Da das Instrument der Rechtsangleichung in der Regel die Richtlinie nach Art. 100 EWGV ist, kommt insofern der Einheitlichen Europäischen Akte, die zur Zeit der Erstellung des Weißbuchs noch nicht existierte, eine wesentliche Bedeutung zu. Dort wird in dem durch Artikel 18 eingeführten neuen Art. 100 a EWGV für derartige Richtlinien (Ausnahmen für Steuern, Freizügigkeit, Rechte und Interessen der Arbeitnehmer) im Rat

Mehrstimmigkeit vorgeschrieben und damit von der bisherigen Einstimmigkeit abgegangen.

    s. dazu und zu den Aussichten auf Änderung der Praxis u. § 7, Nr. B, II.

Im einzelnen behandelt die Kommission folgende Sachbereiche:

1) Freier Warenverkehr

a) Im Rahmen der oben dargestellten Strategie will die Kommission durch Rechtsangleichung künftig nur mehr zwingende Erfordernisse für Gesundheit und technische Sicherheit festlegen. Diese müßten in allen Mitgliedstaaten gelten und bei deren Beachtung müßte ein Erzeugnis frei verkehren können.

Dabei soll auf die bisher übliche Praxis der detaillierten technischen Spezifikation größtenteils verzichtet werden, und lediglich die Grundvoraussetzungen für die Verkehrsfähigkeit eines Erzeugnisses in der ganzen Gemeinschaft sollen geregelt werden. Die technischen Spezifikationen sollen über europäische Normen erfolgen, die von den europäischen Normungsgremien (CEN, CENELEC, UEATC, RILEM) beschlossen werden.

b) Um einen auf die industrielle Wettbewerbsfähigkeit gestützten expandierenden Markt zu erreichen, soll die Ausarbeitung europäischer Industrienormen auf Grund von Gemeinschaftsrecht weitestmöglich gefördert werden.

c) Verfahrensmäßig soll die Möglichkeit der Delegation gemäß Art. 155 Unterabs. 4 EWGV stärker in Anspruch genommen werden. Auch hier hat die Einheitliche Europäische Akte Bedeutung, die in Art. 10 diese Delegation als Regelfall vorsieht.

    s.o. § 3, Nr. A, III, 2 a.

d) Um das Entstehen neuer Hindernisse zu verhüten, will die Kommission das Informationsverfahren der Richtlinie 83/189 des Rates vom 28. März 1983 (ABl. 1983, Nr. L 109, S. 8 ff.), das bisher nur für eine Reihe von Industrieerzeugnissen gilt, auf andere Bereiche, wie z.B. den Lebensmittel- und den Arzneimittelbereich, ausdehnen. Außerdem strebt sie im Bereich des Umweltschutzes verbindliche Notifizierungen an.

e) Die gegenseitige Anerkennung unterschiedlicher Qualitätsnormen und unterschiedlicher Vorschriften über die Zusammensetzung von Lebensmitteln will die Kommission dadurch unterstützen, daß die gegenseitige Anerkennung der Prüfungen und Zertifizierungen gemeinschaftsrechtlich vorgeschrieben wird. Dabei wird auch die Ausarbeitung gemeinsamer Bedingungen und Verhaltenscodices für die Laboratorien und Prüfstellen notwendig sein.

Neutralitätsrechtliche Beurteilung:

a) Die geplante Rechtsangleichung im Bereich der Gesundheit und technischen Sicherheit ist neutralitätsrechtlich nicht relevant. Im Neutralitätsfall würde dadurch der courant normal nicht verändert werden. Die Tatsache, daß die technische Spezifikation europäischen Normungsinstituten übertragen wird, die mit qualifizierter Mehrheit beschließen, spielt daher neutralitätsrechtlich in Friedenszeiten auch keine Rolle.

Allerdings könnten Probleme entstehen, wenn die Rechtsangleichung oder Normierung nach Eintritt des Neutralitätsfalles geändert wird, um bewußt einen kriegführenden Drittstaat zu diskriminieren und damit eine Handelsverlagerung zugunsten einer oder mehrerer kriegführender EWG-Mitgliedstaaten zu erreichen. Falls diese Handelsverlagerung so massiv ist, daß sie in die Nähe einer Intervention kommt, könnte dies gegen die generelle Abstinenzpflicht oder gegen die Pflicht zur Gleichbehandlung der Kriegführenden bei wirtschaftlichen Maßnahmen verstoßen.

s.o. § 2, Nr. B, I, 1 und 2 f.

Ein autonomer Nachvollzug in diesem Bereich oder eine diesbezügliche vertragliche Festlegung zwischen Österreich und der EWG müßte also unter den Vorbehalt gestellt werden, daß die Beachtung einer nachträglichen Rechtsangleichung für die Dauer des Neutralitätsfalles ausgesetzt werden kann.

b) Dasselbe gilt für die Ausarbeitung europäischer Industrienormen.

c) Der verfahrensmäßige Vorschlag berührt Österreich nicht.

d) Das Informationsverfahren ist neutralitätsrechtlich nicht relevant.

e) Die gegenseitige Anerkennung der Prüfungen und Zertifizierungen sowie die Ausarbeitung von Verhaltenscodices etc. im Lebensmittelbereich ist neutralitätsrechtlich nicht relevant. Ein autonomer Nachvollzug oder eine vertragliche Festlegung zwischen Österreich und der EWG im Bereich der Ziffern d) und e) ist daher neutralitätsrechtlich erlaubt.

2) Öffentliches Auftragswesen

Im Bereich des öffentlichen Auftragswesens geht die Kommission zunächst vom bereits bestehenden sekundären Gemeinschaftsrecht aus und schlägt nur dessen Verbesserung vor, da es in der Praxis kaum zur Anwendung kommt.

> Richtlinien Nr. 70/32 des Rates vom 17. Dezember 1969, ABl. 1970, Nr. L 13, S. 1 ff.; Nr. 77/62 des Rates vom 21. Dezember 1976, ABl. 1977, Nr. L 13, S. 1 ff. (mit Änderungen); Nr. 71/305 des Rates vom 26. Juli 1971, ABl. 1971, Nr. L 185, S. 5 ff. (mit Änderungen); Nr. 71/304 des Rates vom 26. Juli 1971, ABl. 1971, Nr. L 185, S. 1 ff.

Geplant sind folgende Verbesserungen: vorherige Unterrichtung, Veröffentlichung der geplanten freihändigen Vergabe von Aufträgen, Veröffentlichung des Zuschlags, bessere Qualität der statistischen Angaben, größere Häufigkeit dieser Angaben, Senkung der Schwellen für die Anwendung der Richtlinien.

Außerdem ist die Einbeziehung der bisher noch nicht erfaßten Sektoren Energie, Verkehr, Wasser und Fernmeldewesen (Lieferaufträge) in den Geltungsbereich der Richtlinien oder eine anderweitige Einbindung dieser Sektoren in das Gemeinschaftsrecht geplant. Auch soll der bislang noch nicht geregelte Zugang zu öffentlich finanzierten Dienstleistungsaufträgen (z. B. Bauwirtschaft, Datenverarbeitung) auch den Anbietern aus anderen Mitgliedstaaten eröffnet werden.

Darüberhinaus will die Kommission die Qualität und Schnelligkeit der Ausschreibungen fördern und insbesondere das elektronische Veröffentlichungssystem TED entwickeln.

Neutralitätsrechtliche Beurteilung: Das öffentliche Auftragswesen betrifft überwiegend das Verhältnis Staat — ausländische natürliche oder juristische Personen (Anbieter können allerdings auch verstaatlichte Unternehmen sein) und ist insgesamt neutralitätsrechtlich nicht relevant. Die von der Kommission geplanten Maßnahmen stellen lediglich Verbesserungen und Ausweitungen des bestehenden Systems und keine Neugestaltung dar. Ein autonomer Nachvollzug oder eine vertragliche Festlegung zwischen Österreich und der EWG in diesem Bereich ist daher neutralitätsrechtlich erlaubt.

3) Freizügigkeit der Arbeitnehmer und der Selbständigen

a) Im Bereich der Freizügigkeit der Arbeitnehmer sieht die Kommission bereits eine weitgehende Verwirklichung des Binnenmarktes als gegeben an. Verbesserungen plant sie beim Verwaltungsverfahren im Zusammenhang mit Aufenthaltsgenehmigungen und der Besteuerung, insbesondere der Grenzarbeitnehmer. Im Bereich der Gleichwertigkeit der beruflichen Ausbildungen strebt sie eine leichtere Vergleichbarkeit der Abschlußzeugnisse und schließlich die Einführung eines europäischen „Berufsausbildungsausweises" an.

b) Wenig Erfolge konstatiert die Kommission im Bereich der Niederlassungsfreiheit für Selbständige, was insbesondere mit den Schwierigkeiten bei der Harmonisierung der beruflichen Qualifikationen zusammenhängt. Die Kommission schlägt daher eine Rahmenrichtlinie für ein allgemeines Anerkennungssystem vor, das auch auf Arbeitnehmer ausgedehnt werden soll.

Neutralitätsrechtliche Beurteilung: Der Bereich der Freizügigkeit der Arbeitnehmer und Selbständigen ist neutralitätsrechtlich nicht relevant. Ein den Vorschlägen der Kommission entsprechender autonomer Nachvollzug oder eine vertragliche Fixierung zwischen Österreich und der EWG ist daher neutralitätsrechtlich erlaubt.

4) Dienstleistungen

Im Dienstleistungsbereich unterscheidet die Kommission verschiedene Sektoren, die sie getrennt behandelt.

a) Traditionelle Dienstleistungen

Bei den traditionellen Dienstleistungen, insbesondere Banken und Versicherungen, verweist die Kommission auf die bereits vorliegenden Vorschläge, die der Rat bislang noch nicht beschlossen hat.

Neutralitätsrechtliche Beurteilung: s.u. Nr. B, II, 4.

b) Finanzdienste

Die Kommission will den freien Verkehr „finanzieller Produkte" (z. B. Versicherungspolizzen, Bausparverträge, Verbraucherkredite, Investmentbeteiligungen) durch eine Angleichung der einzelstaatlichen Vorschriften erleichtern (insbesondere Zulassung, finanzielle Überwachung und Neuorganisation, Liquidation usw.), um dadurch die gegenseitige Anerkennung dieser Vorschriften zu erreichen. Dies würde auf dem Grundsatz der „Heimatlandskontrolle" basieren.

Im Bereich der Kreditinstitute sieht die Kommission dabei vier Stoßrichtungen: finanzielle Stabilität und Managementgrundsätze der Kreditinstitute; Jahresabschluß und konsolidierter Abschluß; Marktzugangsbedingungen und Krisenmaßnahmen bei Umorganisation und Liquidation; Finanzierungsverfahren der Hypothekenbanken und deren Überwachung.

Im Wertpapierbereich strebt die Kommission eine Koordinierung der Organismen für gemeinsame Anlagen in Wertpapieren (OGAW) an mit der Folge, daß ein in einem Mitgliedstaat zugelassener OGAW seine Wertpapiere in der ganzen EWG ungehindert in Verkehr bringen darf. Außerdem soll ein europäisches Wertpapiermarktsystem geschaffen werden, in dem die Schranken zwischen den Börsen abgebaut und ein gemeinschaftsweites Handelssystem für Wertpapiere von internationalem Interesse eingeführt wird.

Neutralitätsrechtliche Beurteilung: Der von der Kommission beschriebene Bereich der Finanzdienste ist weder hinsichtlich des freien Verkehrs finanzieller Produkte noch hinsichtlich der speziellen Bereiche Kreditinstitute und Wertpapiere neutralitätsrechtlich relevant. Es handelt sich insgesamt um organisatorische Maßnahmen, die über die inhaltliche Tätigkeit der Dienstleistenden nichts aussagen. Dies gilt z.B. für die tatsächliche Gewährung von Krediten durch verstaatlichte Banken. Der Bereich einer neutralitätswidrigen Kreditierung wird auch sonst nicht berührt.

s.o. § 2, Nr. B, I, 1 c.

Es kämen in diesem Zusammenhang allenfalls Anleihen zu Gunsten eines oder mehrerer Kriegführenden der EWG-Mitgliedstaaten in Betracht. Öffentliche Anleihen werden von den Kommissionsvorschlägen aber nicht umfaßt (dem stünde auch Art. 68 Abs. 3 EWGV entgegen), und das Auftreten eines privaten OGAW ist vom Neutralitätsrecht her nicht verboten, solange dessen Anleihen nicht vom Staat gezeichnet werden.

Ein autonomer Nachvollzug der von der Kommission vorgeschlagenen Maßnahmen oder eine vertragliche Festlegung zwischen Österreich und der EWG ist daher neutralitätsrechtlich erlaubt.

c) Verkehr

Im Verkehrsbereich schlägt die Kommission Ratsentscheidungen in folgenden Sektoren vor: Abschaffung der Quoten und Cabotagebedingungen im Güterkraftverkehr zwischen den Mitgliedstaaten; Dienstleistungsfreiheit für Personentransporte auf der Straße; Dienstleistungsfreiheit für den internationalen Warentransport auf Binnenschiffahrtswegen, gegebenenfalls mit Cabotagebedingungen; freie Erbringung von Seeverkehrsleistungen zwischen Mitgliedstaaten; Änderung des Systems der Preisgestaltung und -genehmigungen im innergemeinschaftlichen Zivilluftverkehr sowie eine diesbezügliche Einschränkung der Rechte der Regierungen, Kapazitäten und Marktzugang zu beschneiden.

Neutralitätsrechtliche Beurteilung: Die von der Kommission genannten Bereiche sind neutralitätsrechtlich nicht relevant. Sie berühren lediglich die Rechtsstellung Privater im Verkehrsdienstleistungsbereich. Der einzige — jedoch mehr theoretische — neutralitätsrechtliche Ansatzpunkt wäre im Bereich der Beschränkung der Möglichkeit der Beschneidung der Kapazitäten und des Marktzugangs denkbar. Für Österreich bliebe aber die Möglichkeit bestehen, zur Vermeidung der Verletzung etwaiger neutralitätsrechtlicher Paritätspflichten, die dadurch geschaffene Liberalisierung auf Drittstaaten auszudehnen.

Ein autonomer Nachvollzug der von der Kommission vorgeschlagenen Maßnahmen oder eine vertragliche Festlegung zwischen Österreich und der EWG ist daher neutralitätsrechtlich erlaubt.

d) Neue Technologien und diesbezügliche Dienstleistungen

Im Bereich der audiovisuellen Dienstleistungen strebt die Kommission eine einzige gemeinschaftsweite Rundfunkzone an. Das bedeutet die Freiheit, auf gemeinschaftsweiter Basis Rundfunksendungen herzustellen, weiterzuverbreiten und zu empfangen sowie das Recht auf freie Information über die Grenze hinweg. Um dies zu erreichen, müssen die in den Mitgliedstaaten bestehenden unterschiedlichen Beschränkungen des Umfangs der Werbung in den Rundfunkprogrammen sowie gewisse Urheber- und verwandte Rechte abgebaut bzw. umgestaltet werden. Die Kommission verweist insofern auf ihr Grünbuch vom Mai 1984.

> Fernsehen ohne Grenzen — Grünbuch über die Errichtung des Gemeinsamen Marktes für den Rundfunk, insbesondere über Satellit und Kabel, Mitteilung der Kommission der Europäischen Gemeinschaften, KOM (84)300 endg.

Für den Informationsmarkt spricht sich die Kommission ohne nähere Konkretisierung für eine Liberalisierung aus. Sie kündigt lediglich auf der Grundlage ihres Diskussionspapiers aus dem Jahre 1985 geeignete Vorschläge und Leitlinien an.

> s. dazu 19. GB., 1985, S. 290 f.

Im Bereich des elektronischen Bankbetriebs strebt die Kommission die Festlegung gemeinsamer technischer Merkmale der Maschinen zur Herstellung der neuen Zahlkarte an und will in diesem Bereich sowie beim Marketing- und Vertriebssystem den Abschluß von Vereinbarungen zwischen Banken, Handelsunternehmen, Herstellern und Verbrauchern über die Kompatibilität der Systeme, die Verbindung der Netze untereinander, die Anwendungsregel und/oder die Höhe der Gebühren fördern.

Neutralitätsrechtliche Beurteilung: Die von der Kommission angesprochenen Bereiche der gemeinschaftsweiten Rundfunkzone, des elektronischen Bankbetriebs und der Marketing- und Vertriebssysteme sind bezüglich der genannten Gebiete neutralitätsrechtlich nicht relevant.

Im Bereich des Informationsmarktes müssen die konkreten Vorschläge der Kommission abgewartet werden. In diesem Sektor scheint zunächst ein Bezug zum Neutralitätsrecht insofern denkbar, als die Paritätspflichten im Bereich der Benützung von Telegraphen- und Fernsprechleitungen, sowie von Anlagen für drahtlose Telegraphie auf die Kriegführenden, die sinngemäß auf neue Informationstechnologien angewandt werden müssen, berührt sein könnten.

> s.o. § 2, Nr. B, I, 2 b und c.

Da aber die Kommissionsvorschläge insgesamt auf eine Liberalisierung und Öffnung des Informationsmarktes hinauslaufen, die Paritätspflichten aber nur hinsichtlich Beschränkungen und Verboten für die Benützung von Einrichtungen zum Tragen kommen, besteht keine Verbindung zum Neutralitätsrecht.

Ein autonomer Nachvollzug der von der Kommission im Bereich der neuen Technologien vorgeschlagenen Maßnahmen oder eine vertragliche Festlegung zwischen Österreich und der EWG ist daher neutralitätsrechtlich erlaubt.

5) Kapitalverkehr

Im Bereich des Kapitalverkehrs definiert die Kommission ihre Vorstellungen über die zukünftige Handhabung der Schutzklauseln der Artikel 73 und 108 Abs. 3 EWGV. Diese Ausführungen sind allein von innergemeinschaftlichem Interesse.

Im Bereich des Binnenmarktes schlägt die Kommission vor, den erreichten Rechtszustand (Richtlinien des Rats von 1960 und 1962, s.o. § 3, Nr. B, III, 4) durch neue Richtlinien fortzuschreiben. Dabei hat sie zwei Ziele im Auge: Harmonisierung der Bedingungen, unter denen Finanzeinrichtungen tätig sind, um einen gemeinsamen Markt für Finanzleistungen zu entwickeln (z. B. Liberalisierung hypothekärer Transaktionen) und Verbesserung der Möglichkeiten für Transaktionen. Im Zusammenhang mit letzterer fordert die Kommission eine Liberalisierung von Transaktionen von Risikokapital (Ausgabe, Unterbringung und Erwerb), von Transaktionen von Wertpapieren der Gemeinschaftsorgane und von langfristigen Handelskrediten.

Neutralitätsrechtliche Beurteilung: Die von der Kommission angesprochenen Bereiche sind neutralitätsrechtlich nicht relevant. Eine Verbindung zum neutralitätsrechtlichen Kreditverbot ergibt sich nicht.

s.o. § 2, Nr. B, I, 1 c.

Ein autonomer Nachvollzug der vorgeschlagenen Maßnahmen oder eine vertragliche Festlegung zwischen Österreich und der EWG ist daher neutralitätsrechtlich erlaubt.

6) Industrielle Zusammenarbeit

In diesem Bereich will die Kommission ein „Umfeld" für den Binnenmarkt schaffen, um die Zusammenarbeit zwischen Unternehmen zu fördern. Insofern sollen die budgetären und finanziellen Fazilitäten der Gemeinschaft eingesetzt und Forschungsprogramme (wie die bereits laufenden Programme ESPRIT und BRITE) in diese Richtung gelenkt werden. Außerdem soll der Europäische Regionalfonds einen entsprechenden Beitrag leisten.

a) Konkret spricht die Kommission die Schaffung eines Rechtsrahmens zur Erleichterung der Unternehmenskooperation an. Dazu gehört als ein erstes Beispiel die Schaffung einer „Europäischen Wirtschaftlichen Interessenvereinigung", die einheitlichen Gemeinschaftsregeln unterworfen ist, und daher Unternehmen aus verschiedenen Mitgliedstaaten die gemeinsame Durchführung bestimmter Tätigkeiten ermöglicht. Ebenfalls dazu gehört die Satzung für eine Europäische Gesellschaft, die für die industrielle Zusammenarbeit eine zusätzliche zur Wahl stehende Rechtsform auf Gemeinschaftsebene darstellen würde. Begleitend dazu soll das innerstaatliche Gesellschaftsrecht angeglichen werden.

Um durch Aktienangebote an das Publikum und andere Verfahren die Aktienbesitzstruktur von Unternehmen zu ändern, sollten grenzüberschreitende Transaktionen ermöglicht werden. Dies könnte durch Mindestgarantien, insbesondere in bezug auf die Informationen an das betreffende Publikum erreicht werden, wobei die Überwachung den Mitgliedstaaten überlassen bliebe.

Außerdem sieht die Kommission eine Koordinierung und Harmonisierung der nationalen Rechtsvorschriften über das GmbH-Recht, die grenzüberschreitende Fusion von Unternehmen, die Konzerne und die Errichtung von Zweigstellen vor.

b) Im Bereich des geistigen und gewerblichen Eigentums schlägt die Kommission die Einführung einer Gemeinschaftsmarke und die Angleichung der nationalen Markenrechte vor. Zur Verwaltung des gemeinschaftlichen Markensystems soll das Europäische Markenamt gegründet werden. Außerdem schlägt die Kommission Maßnahmen für den Patentschutz biotechnologischer Erfindungen und den Rechtsschutz von Mikrokreisläufen vor. Im übrigen werden Patentfragen in Zukunft durch das Gemeinschaftspatentübereinkommen geregelt werden, das schon 1975 unterzeichnet wurde, bislang aber noch nicht in Kraft getreten ist.

ABl. 1976, Nr. L 17, S. 1 ff.

Die Kommission befürwortet daher ein Inkrafttreten des Übereinkommens in den Mitgliedstaaten, die es ratifizieren können.

c) Bei der Besteuerung zielt die Kommission auf eine Beseitigung der steuerlichen Hemmnisse für die Zusammenarbeit zwischen Unternehmen, auf die Harmonisierung der indirekten Steuern auf Wertpapiertransaktionen und auf Vorschriften über die Verwendung des Verlustvortrags und -nachtrags ab.

Neutralitätsrechtliche Beurteilung: Die industrielle Zusammenarbeit ist insgesamt gesehen neutralitätsrechtlich nicht relevant. Sie behandelt lediglich die Beziehungen von Privaten zueinander, die darüberhinaus ausschließlich freiwilliger Natur sind. Dies gilt auch für die Bereiche der vorgeschlagenen Rechtsangleichung, die zwar eine Änderung der staatlichen Gesetzgebung bedingen, aber keinen Bezug zur Neutralität aufweisen.

Daher ist ein autonomer Nachvollzug der vorgeschlagenen Maßnahmen oder eine vertragliche Fixierung zwischen Österreich und der EWG neutralitätsrechtlich erlaubt.

7) Anwendung des Gemeinschaftsrechts

In diesem Abschnitt unterstreicht die Kommission ihre Rolle als „Hüterin der Verträge". Sie spricht damit nur einen gemeinschaftsinternen Bereich an, der zur vorliegenden Untersuchung keinen Bezug hat.

Die Kommission kündigt die Vorlage von Mitteilungen an, die für ganze Wirtschaftssektoren die geltende Rechtslage und die geplanten Maßnahmen beschreiben sowie die Kommissionsstrategie darstellen. Diese Mitteilungen sind insofern von Bedeutung, als daraus die wahrscheinlich künftige Entwicklung auf dem jeweiligen Wirtschaftssektor entnommen werden kann.

z. B. Mitteilung der Kommission der Europäischen Gemeinschaften an den Rat und das Europäische Parlament über die Vollendung des Binnenmarktes: Das gemeinschaftliche Lebensmittelrecht, KOM(85) 603 endg.

III. BESEITIGUNG DER STEUERSCHRANKEN

Die Kommission geht davon aus, daß die Beseitigung der Steuerschranken diesbezügliche Grenzkontrollen überflüssig machen und die Freiheit des Waren-, Dienstleistungs- und Personenverkehrs verwirklichen hilft. Erreicht werden kann dies durch eine Angleichung der indirekten Steuern.

Die Kommission ist sich durchaus bewußt, daß damit Bereiche von beträchtlicher politischer Sensitivität berührt werden können. Dies wird nicht nur dadurch deutlich, daß die Kommission sich zu — wenngleich auch möglichst minimalen — Ausnahmebestimmungen bereit erklärt. Dies zeigt sich auch darin, daß bei der in Art. 17 der Einheitlichen Europäischen Akte vorgesehenen Änderung des Art. 99 EWGV (der Kompetenzgrundlage für die Angleichung), die Einstimmigkeit im Rat beibehalten wurde. Für eine etwaige Angleichung der direkten Steuern wäre die Rechtsgrundlage Art. 100 EWGV. Die Einheitliche Europäische Akte sieht in Art. 18 einen neuen Art. 100 a EWGV vor, der für Rechtsangleichungen im Zusammenhang mit dem Binnenmarkt nunmehr die qualifizierte Mehrheit im Rat einführt. Eine ausdrückliche Ausnahme davon wird aber u. a. bezüglich der Rechtsangleichung im Bereich der Steuern gemacht, für die nach wie vor Einstimmigkeit erforderlich ist.

s.o. § 3, Nr. B, VII.

1) Mehrwertsteuer

Bei der Mehrwertsteuer geht die Kommission von dem bestehenden Stand der Rechtsangleichung aus, die insbesondere die gemeinschaftsweite Einfuhr des Mehrwertsteuersystems und einer gemeinsamen Bemessungsgrundlage (mit Ausnahmen) gebracht hat.

Für die Zukunft schlägt die Kommission folgendes vor: Zum einen sollen die Grenzkontrollen dadurch abgeschafft werden, daß grenzüberschreitende Verkäufe und Käufe genauso behandelt werden wie solche innerhalb der Grenzen. Das bedeutet Besteuerung der Verkäufe beim Verkäufer und die überall geltende Abzugsfähigkeit der vom Käufer bezahlten Mehrwertsteuer. Dazu käme ein gemeinschaftliches Clearingsystem, über das den Staaten die bei ihnen abgezogene Mehrwertsteuer erstattet wird. Ergänzt würde das ganze durch eine Angleichung der Steuern.

Diese Angleichung müßte sich beziehen auf die gemeinsame einheitliche Steuerbemessungsgrundlage (sofern jetzt noch Abweichungen bestehen) oder den Anwendungsbereich der Mehrwertsteuer, die Zahl der Steuersätze und deren Höhe. Konkrete Zahlen nennt die Kommission allerdings noch nicht.

2) Verbrauchssteuern

Auch für den Bereich der Verbrauchssteuern schlägt die Kommission die Abschaffung der Grenzkontrollen und die damit zur Verhinderung von Handelsverlagerungen notwendige Angleichung des Anwendungsbereichs und der Steuersätze der nationalen Verbrauchssteuern vor. Dabei soll die Abschaffung der Grenzkontrollen durch die Errichtung eines Verbundsystems der Steuerlager erreicht werden. Die Waren würden dann vom Produktionsort oder von nationalen Steuerlagern zu anderen Steuerlagern innerhalb der Gemeinschaft wechseln und erst bei deren Verlassen besteuert werden.

Neutralitätsrechtliche Beurteilung: Der von der Kommission angesprochene Bereich der Beseitigung der Steuerschranken ist neutralitätsrechtlich nicht relevant. Weder das vorgeschlagene Clearing — bzw. das Verbundsystem noch die Angleichung der Steuerrechte weist einen denkbaren Bezug zum Neutralitätsrecht auf. Ein autonomer Nachvollzug der vorgeschlagenen Maßnahmen oder eine vertragliche Festlegung zwischen Österreich und der EWG ist daher neutralitätsrechtlich erlaubt.

B. KONKRETE VORSCHLÄGE

In einem Anhang präsentiert die Kommission einen Zeitplan für die Vollendung des Binnenmarktes. Darin werden eine große Anzahl von durchzuführenden Maßnahmen genannt, die größtenteils auf Rechtsetzungsakte hinauslaufen. Für einige dieser Maßnahmen liegen bereits Vorschläge der Kommission vor, der Großteil ist noch in der Planungsphase.

Die aufgezählten Maßnahmen halten sich alle im Rahmen des allgemeinen Programms und spezifizieren die dort genannten Grundsätze. Sie unterliegen daher der oben vorgenommen neutralitätsrechtlichen Beurteilung. Dennoch sollen die im Anhang genannten bereits vorliegenden Vorschläge im folgenden einer schematischen neutralitätsrechtlichen Beurteilung unterzogen werden (Stand: 1. Juni 1986).

I. BESEITIGUNG DER MATERIELLEN SCHRANKEN

1) Warenkontrolle

(1) Vereinfachung des gemeinschaftlichen Versandverfahrens — Abschaffung der Vorlage des Grenzübergangsscheins. Der Vorschlag der Kommission wurde inzwischen als Verordnung Nr. 1901/85/EWG des Rates vom 8. Juli 1985 zur Änderung der Verordnung 222/77 über das gemeinschaftliche Versandverfahren beschlossen.

> ABl. 1985, Nr. L 179, S. 6 ff.

Die Verordnung regelt die Einführung des Einheitspapiers (s.u. Nr. (3)) in das gemeinschaftliche Versandverfahren. Sie hat keinen Bezug zum Neutralitätsrecht (s.o. Nr. A, I, 1 d).

(2) Abgabenfreie Einfuhr des in den Treibstoffbehältern der Nutzkraftfahrzeuge enthaltenen Treibstoffs: Der Vorschlag der Kommission wurde inzwischen als Richtlinie Nr. 85/347/EWG des Rates zur Änderung der Richtlinie 68/297/EWG zur Vereinheitlichung der Vorschriften über die abgabenfreie Einfuhr des in den Treibstoffbehältern der Nutzkraftfahrzeuge enthaltenen Treibstoffs beschlossen.

> ABl. 1985, Nr. L 83, S. 22 f.

Die Richtlinie erhöht für zum Personentransport geeignete und bestimmte Fahrzeuge die zulässige abgabenfreie Mindestmenge von Treibstoff auf 600 l. Sie hat keinen Bezug zum Neutralitätsrecht und zudem nur Übergangscharakter bis zur Schaffung des Binnenmarktes im Bereich des Verkehrs und der Steuern (s.o. Nr. A, II, 4 c und Nr. A, III).

(3) Einheitliches Begleitdokument: Der Vorschlag der Kommission wurde inzwischen durch die Verordnungen Nr. 678/85/EWG des Rates vom 18. Februar 1985 zur Vereinfachung der Förmlichkeiten im innergemeinschaftlichen Warenverkehr und Nr. 679/85/EWG des Rates vom 18. Februar 1985 zur Festlegung des Musters des im innergemeinschaftlichen Warenverkehr zu verwendenden Anmeldungsvordrucks beschlossen.

> ABl. 1985, Nr. L 79, S. 1 ff. bzw. S. 7 ff.

Die Verordnungen führen für den Großteil des gemeinschaftlichen Warenverkehrs ein einheitliches Dokument ein. Diese Formvorschrift hat keinen Einfluß auf Richtung und Ausmaß des Warenverkehrs und weist daher keinen Bezug zum Neutralitätsrecht auf (s.o. Nr. A, I, 1 d).

(4) Milcherzeugung und Milchhandel: Der Vorschlag der Kommission wurde inzwischen als Richtlinie Nr. 85/397/EWG des Rates vom 5. August 1985 zur Regelung gesundheitlicher und tierseuchenrechtlicher Fragen im innergemeinschaftlichen Handel mit wärmebehandelter Milch beschlossen.

> ABl. 1985, Nr. L 226, S. 13 ff. Ausgeklammert bleibt der Vorschlag in Bezug auf Konsummilch, KOM (71) 101 endg.

Die Verordnung regelt gesundheitsrechtliche Fragen und hat keinen Bezug zum Neutralitätsrecht (s.o. Nr. A, I, 1 b).

(5) Herstellung und Inverkehrbringen von Fütterungsarzneimitteln: In diesem Bereich liegt vor ein Kommissionsvorschlag einer Richtlinie des Rates über die Herstellung, das Inverkehrbringen und die Abgabe von Fütterungsarzneimitteln in der Gemeinschaft.

> KOM (81) 795 endg. und KOM (83) 378 endg. = ABl. 1982, Nr. C 41, S. 3 ff. und ABl. 1983, Nr. C 182, S. 7 f.

Die Richtlinie soll gesundheitsrechtliche Fragen regeln und hat keinen Bezug zum Neutralitätsrecht (s.o. Nr. A, I, 1 b).

(6) Wachstumsfördernde Hormone: Der Vorschlag der Kommission wurde inzwischen als Richtlinie Nr.85/649/EWG des Rates vom 31. Dezember 1985 zum Verbot des Gebrauchs von bestimmten Stoffen mit hormonaler Wirkung im Tierbereich beschlossen.

> ABl. 1985, Nr. L 382, S. 228 ff.

Die Verordnung regelt gesundheitsrechtliche Fragen und hat keinen Bezug zum Neutralitätsrecht (s.o. Nr. A, I, 1 b).

(7) Mikrobiologische Kontrolle (Geflügelfleisch, rotes Fleisch): Der Vorschlag der Kommission wurde inzwischen beschlossen als Richtlinie Nr. 85/323/EWG des Rates vom 12. Juni 1985 zur Änderung der Richtlinie 64/433/EWG zur Regelung gesundheitlicher Fragen beim innergemeinschaftlichen Handelsverkehr mit frischem Fleisch und als Richtlinie Nr. 85/324/EWG des Rates vom 12. Juni 1985 zur Änderung der Richtlinie 71/118/EWG zur Regelung gesundheitlicher Fragen beim Handelsverkehr mit frischem Geflügelfleisch.

> ABl. 1985 Nr. L 168, S. 43 f. bzw. S. 45 f.

Die Richtlinien enthalten gesundheitsrechtliche Vorschriften über die mikrobiologische Kontrolle der Schlachthöfe und Zerlegungsbetriebe und haben keinen Bezug zur Neutralität (s.o. Nr. A, I, 1 b).

(8) Eberfleisch: In diesem Bereich liegt vor ein Kommissionsvorschlag einer Entscheidung des Rates zur Festlegung des Gewichts von nichtkastrierten männlichen Schweinen gemäß der Richtlinie 64/433.

> KOM (83) 655 endg. = nicht im ABl.

Die Entscheidung soll gesundheitsrechtliche Vorschriften bezüglich des zulässigen Höchstgewichts enthalten und hat keinen Bezug zum Neutralitätsrecht (s.o. Nr. A, I, 1 b).

(9) Ärztliche Untersuchung des Personals: Der Vorschlag der Kommission wurde inzwischen beschlossen als Richtlinien des Rates vom 12. Juni 1985 Nr. 85/325/EWG zur Änderung der Richtlinie 64/433/EWG zur Regelung gesundheitsrechtlicher Fragen beim innergemeinschaftlichen Handelsverkehr mit frischem Fleisch, Nr. 85/326/EWG zur Änderung der Richtlinie 71/118/EWG zur Regelung gesundheitsrechtlicher Fragen beim Handelsverkehr mit frischem Geflügelfleisch sowie Nr. 85/327/EWG zur Änderung der Richtlinie 77/99/EWG zur Regelung gesundheitsrechtlicher Fragen beim innergemeinschaftlichen Handelsverkehr mit Fleischerzeugnissen.

> ABl. 1985, Nr. L 168, S. 47 bzw. S. 48 bzw. S. 49.

Die Richtlinien enthalten gesundheitsrechtliche Vorschriften über ärztliche Gesundheitszeugnisse und haben keinen Bezug zum Neutralitätsrecht (s.o. Nr. A, I, 1 b).

(10) Mit der Inspektion beauftragtes Personal: In diesem Bereich liegt vor ein Kommissionsvorschlag für eine Richtlinie des Rates zur Änderung der Richtlinie 71/118/EWG zur Regelung gesundheitsrechtlicher Fragen beim Handelsverkehr mit frischem Geflügelfleisch hinsichtlich der für die Durchführung von Schlachttier- und Fleischuntersuchungen sowie für sonstige Überwachungsaufgaben zuständige Personen sowie für eine Richtlinie des Rates betreffend die Befähigungsnachweise der zuständigen Personen für die Durchführung von Schlachttier- und Fleischuntersuchungen sowie sonstige Überwachungsaufgaben im Sinne der Richtlinie 77/99/EWG zur Regelung gesundheitsrechtlicher Fragen beim innergemeinschaftlichen Handelsverkehr mit Fleischerzeugnissen.

KOM (81) 504 = ABl. 1981, Nr. C 262, S. 3 f. bzw. 4 f.

Die Richtlinien sollen gesundheitsrechtliche Fragen hinsichtlich der Kontrollbefähigung von Nicht-Tierärzten regeln. Sie haben keinen Bezug zum Neutralitätsrecht (s.o. Nr. A, I, 1 b).

(11) Rückstände von Antibiotika: In diesem Bereich liegt vor ein Kommissionsvorschlag für eine Richtlinie des Rates zur Regelung gesundheitsrechtlicher Fragen in bezug auf Rückstände von Antibiotika in frischem Fleisch mit Herkunft aus der Gemeinschaft.

KOM (81) 501 endg. und KOM (82) 693 endg.= ABl. 1981, Nr. C 251, S. 7 ff. und ABl. 1982, Nr. C 293, S. 6.

Die Richtlinie soll gesundheitsrechtliche Fragen regeln und hat keinen Bezug zum Neutralitätsrecht (s.o. Nr. A, I, 1 b).

(12) Untersuchung der Rückstände: In diesem Bereich liegt vor ein Kommissionsvorschlag für eine Richtlinie des Rates über die Untersuchung von Tieren und von frischem Fleisch auf Rückstände.

KOM (85) 192 endg. = ABl. 1985, Nr. C 132, S. 5 ff.

Die Richtlinie soll gesundheitsrechtliche Fragen regeln und hat keinen Bezug zum Neutralitätsrecht (s.o. Nr. A, I, 1 b).

(13) Abstammung (Herdbuch) von Zuchtrindern: In diesem Bereich liegt vor ein Kommissionsvorschlag einer Richtlinie des Rates über die Zulassung reinrassiger Zuchtrinder zur Zucht.

KOM (79) 649 endg. = nicht im ABl.

Die Richtlinie soll Fragen der Nachweise und Unterlagen über Zuchttiere regeln und hat keinen Bezug zum Neutralitätsrecht.

(14) Einfuhr von Fleischerzeugnissen aus Drittländern (gesundheitsrechtliche und tierseuchenrechtliche Fragen): In diesem Bereich liegt vor ein Kommissionsvorschlag für eine Richtlinie des Rates zur Regelung gesundheitsrechtlicher Fragen bei der Einfuhr von Fleischerzeugnissen aus Drittländern.

KOM (84) 530 endg. = ABl. 1984, Nr. C 286, S. 5 ff.

Der Vorschlag wurde teilweise beschlossen durch die Richtlinie Nr. 85/328/EWG des Rates vom 20. Juni 1985 zur Änderung der Richtlinie 77/99/EWG zur Regelung gesundheitsrechtlicher Fragen beim innergemeinschaftlichen Handelsverkehr mit Fleischerzeugnissen.

ABl. 1985, Nr. L 168, S. 50.

Der Vorschlag behandelt die gesundheitsrechtlichen und tierseuchenrechtlichen Bedingungen für die Einfuhr von Fleischerzeugnissen aus Drittländern. Die Richtlinie Nr. 85/328/EWG stellt für die Gesundheitskontrollen bei derartigen Einfuhren ein Gleichbehandlungsgebot bezüglich der innergemeinschaftlichen Kontrollen auf. In beiden Fällen wird das Neutralitätsrecht nicht berührt (s.o. Nr. A, I, 1 b).

(15) Schweinepest: Bei der Aufnahme dieses Titels dürfte es sich um einen Irrtum handeln; das zitierte KOM existiert nicht. Die Materie wurde unter Nr. 19 (s.u.) geregelt.

(16) Bekämpfung der Maul- und Klauenseuche: Der Vorschlag der Kommission wurde inzwischen als Richtlinie Nr. 85/511/EWG des Rates vom 18. November 1985 zur Einführung von Maßnahmen der Gemeinschaft zur Bekämpfung der Maul- und Klauenseuche beschlossen.

ABl. 1985, Nr. L 315, S. 11 ff.

Die Richtlinie enthält gesundheitsrechtliche Bestimmungen über Mindestmaßnahmen zur Bekämpfung der Maul- und Klauenseuche und hat keinen Bezug zum Neutralitätsrecht (s.o. Nr. A, I, 1 b).

(17) Aujezky'sche Krankheit und Bläschenausschlag des Schweins: In diesem Bereich liegt vor ein Kommissionsvorschlag für eine Richtlinie des Rates zur Änderung der Richtlinien 64/432/EWG und 72/461/EWG hinsichtlich bestimmter Maßnahmen gegen die Maul- und Klauenseuche, die Aujezky'sche Krankheit und den Bläschenausschlag des Schweins.

KOM (82) 529 = ABl. 1982, Nr. C 249, S. 6 f.

Der Vorschlag wurde teilweise beschlossen durch die Richtlinie Nr. 84/336/EWG des Rates vom 19. Juni 1984 zur Änderung der Richtlinien 64/432/EWG und 72/461/EWG hinsichtlich bestimmter Maßnahmen gegen die Maul- und Klauenseuche und die vesikuläre Schweinekrankheit.

ABl. 1984, Nr. L 177, S. 22.

Der Vorschlag und die Richtlinie enthalten gesundheitsrechtliche Vorschriften und haben keinen Bezug zum Neutralitätsrecht (s.o. Nr. A, I, 1 b).

(18) Samen von Tieren: In diesem Bereich liegt vor ein Kommissionsvorschlag einer Richtlinie des Rates zur Regelung viehseuchenrechtlicher Fragen beim innergemeinschaftlichen Handelsverkehr mit Samen von Hausrindern und Hausschweinen und bei dessen Einfuhr aus Drittländern.

KOM 83 (512) endg. = ABl. 1983, Nr. C 267, S. 5 ff.

Die Richtlinie soll gesundheitsrechtliche Fragen bezüglich der Verhinderung der Verbreitung von Tierkrankheiten regeln und hat keinen Bezug zum Neutralitätsrecht (s.o. Nr. A, I, 1 b).

(19) Änderung der Richtlinie 72/461/EWG und 72/462/EWG: Der Vorschlag der Kommission, der sich allerdings nicht auf die Richtlinie 72/462 sondern auf andere Richtlinien bezieht (Fehler im Weißbuch), wurde inzwischen beschlossen als Richtlinien des Rates vom 12. Juni 1985 Nr. 85/320/EWG zur Änderung der Richtlinie 64/432/EWG hinsichtlich einiger Bestimmungen betreffend die klassische und die afrikanische Schweinepest, Nr. 85/321/EWG zur Änderung der Richtlinie 80/215 hinsichtlich einiger Bestimmungen betreffend die afrikanische Schweinepest und Nr. 85/322/EWG zur Änderung der Richtlinie 72/461/

EWG hinsichtlich einiger Bestimmungen betreffend die klassische und die afrikanische Schweinepest.

ABl. 1985, Nr. L 168, S. 36 ff. bzw. S. 39 f. bzw. S. 41 f.

Die Richtlinien enthalten gesundheitsrechtliche Vorschriften zur Bekämpfung der Schweinepest und haben keinen Bezug zum Neutralitätsrecht (s.o. Nr. A, I, 1 b).

(20) Vorschlag zur Änderung der Richtlinie 77/93 (Pflanzenschutz):
Der Vorschlag der Kommission wurde inzwischen als Richtlinie Nr. 85/574/EWG des Rates vom 19. Dezember 1985 zur Änderung der Richtlinie 77/93/EWG über Maßnahmen zum Schutz gegen das Verbringen von Schadorganismen der Pflanzen oder Pflanzenerzeugnisse in die Mitgliedstaaten beschlossen.

ABl. 1985, Nr. L 372, S. 25 ff.

Die Richtlinie enthält gesundheitsrechtliche Vorschriften pflanzensanitärer Natur und hat keinen Bezug zum Neutralitätsrecht (s.o. Nr. A, I, 1 b).

(21) Vorschlag zur Festsetzung von Höchstgehalten an Rückständen von Schädlingsbekämpfungsmitteln in Getreide/tierischen Erzeugnissen: In diesem Bereich liegt vor ein Kommissionsvorschlag für eine Richtlinie des Rates über die Festsetzung von Höchstgehalten an Rückständen von Schädlingsbekämpfungsmitteln auf und in Getreide, das zur menschlichen Ernährung bestimmt ist sowie für eine Richtlinie des Rates über die Festsetzung von Höchstgehalten an Rückständen von Schädlingsbekämpfungsmitteln auf und in Lebensmitteln tierischen Ursprungs.

KOM (80) 14 endg. = ABl. 1980, Nr. C 56, S. 14 ff. bzw. S. 19 ff.

Die Richtlinien sollen gesundheitsrechtliche Vorschriften über die Verwendung von Pflanzenschutzmitteln enthalten und haben keinen Bezug zum Neutralitätsrecht (s.o. Nr. A, I, 1 b).

(22) Vorschlag zur Festsetzung von Höchstgehalten an Rückständen von Schädlingsbekämpfungsmitteln in Futtermitteln tierischer Herkunft: In diesem Bereich liegt vor ein Kommissionsvorschlag für eine Richtlinie des Rates zur Änderung der Richtlinie 74/63/EWG über die Festlegung von Höchstgehalten an unerwünschten Stoffen und Erzeugnissen in Futtermitteln und zur Änderung der Richtlinie 70/737/EWG über die Einführung gemeinschaftlicher Probenahmeverfahren und Analysemethoden für die Untersuchung von Futtermitteln.

KOM (77) 337 endg. (Fehler im Weißbuch) = ABl. 1977, Nr. C 197, S. 21 ff.

Die Richtlinie soll gesundheitsrechtliche Vorschriften über die Verwendung von Pflanzenschutzmitteln enthalten und hat keinen Bezug zum Neutralitätsrecht (s.o. Nr. A, I, 1 b).

(23) Vorschlag zur Änderung des Anhangs der Richtlinie Nr. 76/895/ EWG über die Festsetzung von Höchstgehalten an Rückständen von Schädlingsbekämpfungsmitteln auf und in Obst und Gemüse (Äthoxiquin und Diphenylamin): In diesem Bereich liegt vor ein Kommissionsvorschlag für eine Richtlinie des Rates zur Änderung von Anhang II der Richtlinie Nr. 76/895/EWG über die Festsetzung von Höchstgehalten an Rückständen von Schädlingsbekämpfungsmitteln auf und in Obst und Gemüse.

KOM (82) 883 endg. = ABl. 1982, Nr. C 95, S. 6 ff.

Die Richtlinie soll gesundheitsrechtliche Vorschriften über die Verwendung von Pflanzenschutzmitteln enthalten und hat keinen Bezug zum Neutralitätsrecht (s.o. Nr. A, I, 1 b).

(24) Vorschlag zur Änderung des Anhangs der Richtlinie 79/117/EWG über das Verbot bestimmter Pflanzenschutzmittel (Äthylenoxid): Der Vorschlag der Kommission wurde inzwischen angenommen als Richtlinie Nr. 86/214/EWG des Rates vom 26. Mai 1986 zur Änderung der Richtlinie 79/117/EWG über das Verbot des Inverkehrbringens und der Anwendung von Pflanzenschutzmitteln, die bestimmte Wirkstoffe enthalten.

ABl. 1986, Nr. L 152, S. 45.

Die Richtlinie enthält gesundheitsrechtliche Vorschriften über die Verwendung von Pflanzenschutzmitteln und hat keinen Bezug zum Neutralitätsrecht (s.o. Nr. A, I, 1 b).

(25) Vorschlag für das Inverkehrbringen von Pflanzenschutzmitteln: In diesem Bereich liegt vor ein Kommissionsvorschlag für eine Richtlinie des Rates über das Inverkehrbringen von EWG-zugelassenen Pflanzenschutzmitteln.

KOM (76) 427 endg. = ABl. 1976, Nr. C 212, S. 3 ff.

Die Richtlinie soll gesundheitsrechtliche Vorschriften über die Verwendung von Pflanzenschutzmitteln enthalten und hat keinen Bezug zum Neutralitätsrecht (s.o. Nr. A, I, 1 b).

2) Personenkontrolle

(26) Sechste Richtlinie betreffend Befreiungen im grenzüberschreitenden Reiseverkehr: Erhöhung auf 400 ECU: Der Vorschlag der Kommission wurde inzwischen beschlossen als Richtlinie Nr. 85/348/EWG des Rates vom 8. Juli 1985 zur Änderung der Richtlinie 69/169/EWG zur Harmonisierung der Rechts- und Verwaltungsvorschriften über die Befreiung von den Umsatzsteuern und Sonderverbrauchssteuern bei der Einfuhr im grenzüberschreitenden Reiseverkehr.

ABl. 1985, Nr. L 183, S. 24 ff.

Die Richtlinie erhöht die Freigrenzen für die Umsatz- und Sonderverbrauchssteuern im grenzüberschreitenden Reiseverkehr und hat keinen Bezug zum Neutralitätsrecht. Zudem kommt ihr nur Übergangscharakter zu bis zur Schaffung des Binnenmarktes im Bereich der indirekten Steuern (s.o. Nr. A, III).

(27) Siebente Richtlinie über die Befreiung von den Umsatzsteuern im grenzüberschreitenden Reiseverkehr: tax-free-Einkäufe: In diesem Bereich liegt vor ein Kommissionsvorschlag für eine siebente Richtlinie des Rates zur Änderung der Richtlinie 69/169 EWG zur Harmonisierung der Rechts- und Verwaltungsvorschriften über die Befreiung von den Umsatzsteuern und Sonderverbrauchssteuern bei der Einfuhr im grenzüberschreitenden Reiseverkehr.

KOM (83) 166 endg. und KOM (84) 102 endg. = ABl. 1983, Nr. C 114, S. 7 f. und ABl. 1984, Nr. C 72, S. 8.

Die Richtlinie soll die Bedingungen für den Verkauf und die Einfuhr von tax-free-Waren regeln und hat keinen Bezug zum Neutralitätsrecht.

(28) Steuerbefreiungen bei der Einfuhr von Waren in Kleinsendungen nichtkommerzieller Art: Der Vorschlag der Kommission wurde inzwischen beschlossen als Richtlinie Nr. 85/349/EWG des Rates vom 8. Juli 1985 zur Änderung der Richtlinie 74/651/EWG über Steuerbefreiungen bei der Einfuhr von Waren in Kleinsendungen nichtkommerzieller Art innerhalb der Gemeinschaft.

>ABl. 1985, Nr. L 183, S. 27 f.

Die Richtlinie erhöht die Freibeträge für Kleinsendungen nichtkommerzieller Art und hat keinen Bezug zum Neutralitätsrecht. Zudem kommt ihr nur Übergangscharakter zu bis zur Schaffung des Binnenmarktes im Bereich der indirekten Steuern (s.o. Nr. A, III).

(29) Richtlinie über die Erleichterung der Kontrollen an den innergemeinschaftlichen Grenzen: In diesem Bereich liegt vor ein Kommissionsvorschlag für eine Richtlinie des Rates zur Erleichterung der für die Staatsangehörigen der Mitgliedstaaten geltenden Kontrollen und Förmlichkeiten an den innergemeinschaftlichen Grenzen.

>KOM (84) 749 endg. (Fehler im Weißbuch) und KOM (85) 224 endg. = ABl. 1985, Nr. C 47, S. 5 ff. und ABl. 1985, Nr. C 131, S. 5 ff.

Die Richtlinie soll Vorschriften über die Erleichterung der Grenzkontrollen und -förmlichkeiten im Straßenverkehr (grüne Plakette, optische Kontrolle), auf Flughäfen und Häfen sowie im Zug- und Omnibusverkehr enthalten. Sie regelt lediglich das Verfahren der Kontrollen, hebt diese aber nicht auf. Daher hat die Richtlinie keinen Bezug zum Neutralitätsrecht. Ein solcher wäre erst bei einer gänzlichen Beseitigung der Kontrollen gegeben (s.o. Nr. A, I, 1 a und Nr. A, I, 2).

II. BESEITIGUNG DER TECHNISCHEN SCHRANKEN

1) Freier Warenverkehr

(30) Allgemeine Richtlinie für Stichprobennahme und Analysenverfahren: Der Vorschlag der Kommission wurde inzwischen als Richtlinie Nr. 85/591/EWG des Rates vom 20. Dezember 1985 zur Einführung gemeinschaftlicher Probenahmeverfahren und Analysemethoden für die Kontrolle von Lebensmitteln beschlossen.

> ABl. 1985, Nr. L 372, S. 372 ff.

Die Richtlinie enthält Vorschriften über die analytische Kontrolle von Lebensmitteln zwecks Einhaltung der einschlägigen Rechtsvorschriften und hat keinen Bezug zum Neutralitätsrecht (s.o. Nr. A, II, 1).

(31) Allgemeine Richtlinie für tiefgefrorene Lebensmittel: In diesem Bereich liegt vor ein Kommissionsvorschlag für eine Richtlinie des Rates zur Angleichung der Rechtsvorschriften der Mitgliedstaaten über tiefgefrorene Lebensmittel.

> KOM (84) 489 endg. und KOM (85) 514 endg. = ABl. 1984, Nr. C 267, S. 6 ff. und ABl. 1985, Nr. C 267, S. 7 f.

Die Richtlinie soll Vorschriften über die allgemeinen Grundsätze enthalten, denen tiefgefrorene Lebensmittel entsprechen müssen (Kerntemperatur, Unterbrechen der Gefrierkette etc.). Sie hat keinen Bezug zum Neutralitätsrecht (s.o. Nr. A, II, 1).

(32) Aromen: In diesem Bereich liegt vor ein Kommissionsvorschlag für eine Richtlinie des Rates zur Angleichung der Rechtsvorschriften der Mitgliedstaaten über Aromen zur Verwendung in Lebensmitteln und über Ausgangsstoffe für ihre Herstellung.

> KOM 80 (286) endg. und KOM (82) 166 endg. = ABl. 1980, Nr. C 144, S. 9 ff. und ABl. 1982, Nr. C 103, S. 7.

Die Richtlinie soll Vorschriften über den Zusatz von Aromen in Lebensmitteln enthalten und dient überwiegend dem Gesundheitsschutz. Sie hat keinen Bezug zum Neutralitätsrecht (s.o. Nr. A, II, 1).

(33) Extraktionslösungsmittel: In diesem Bereich liegt vor ein Kommissionsvorschlag für eine Richtlinie des Rates zur Angleichung der Rechtsvorschriften der Mitgliedstaaten über Extraktionslösungsmittel, die bei der Herstellung von Lebensmitteln und Lebensmittelzutaten verwendet werden.

> KOM (83) 626 endg. und KOM (85) 79 endg. = ABl. 1983, Nr. C 312, S. 3 ff. und ABl. 1985, Nr. C 77, S. 7 f.

Die Richtlinie soll Vorschriften über die Verwendung von Extraktionslösungsmitteln in Lebensmitteln enthalten und dient überwiegend dem Gesundheitsschutz. Sie hat keinen Bezug zum Neutralitätsrecht (s.o. Nr. A, II, 1).

(34) Konservierungsmittel (Änderung): Der Vorschlag der Kommission wurde inzwischen beschlossen als Richtlinie Nr. 85/585/EWG des Rates vom 20. Dezember 1985 zur Änderung der Richtlinie 64/54/EWG zur Angleichung der Rechtsvorschriften der Mitgliedstaaten für konservierende Stoffe, die in Lebensmitteln verwendet werden dürfen.

ABl. 1985, Nr. L 372, S. 43.

Die Richtlinie regelt die Verwendung von konservierenden Stoffen in Lebensmitteln und dient überwiegend dem Gesundheitsschutz. Sie hat keinen Bezug zum Neutralitätsrecht (s.o. Nr. A, II, 1).

(35) Emulgatoren (Änderung): Der Vorschlag der Kommission wurde inzwischen beschlossen als Richtlinie Nr. 86/102/EWG vom 24. März 1986 zur vierten Änderung der Richtlinie 74/329/EWG zur Angleichung der Rechtsvorschriften der Mitgliedstaaten für Emulgatoren, Stabilisatoren, Verdickungs- und Geliermittel, die in Lebensmitteln verwendet werden dürfen.

ABl. 1986, Nr. L 88, S. 40 f.

Die Richtlinie regelt die Verwendung der aufgezählten Stoffe und dient überwiegend dem Gesundheitsschutz. Sie hat keinen Bezug zum Neutralitätsrecht (s.o. Nr. A, II, 1).

(36) Säuglingsfertignahrung und Folgemilch (Diätlebensmittel): In diesem Bereich liegt vor ein Kommissionsvorschlag für eine Richtlinie des Rates zur Angleichung der Rechtsvorschriften der Mitgliedstaaten für Säuglingsfertignahrung und Folgemilch.

KOM (84) 703 endg. = ABl. 1985, Nr. C 28, S. 3 ff.

Die Richtlinie soll Rechtsvorschriften über die Grundzusammensetzung von Säuglingsfertignahrung und Folgemilch enthalten und dient überwiegend dem Gesundheitsschutz. Sie hat keinen Bezug zum Neutralitätsrecht (s.o. Nr. A, II, 1).

(37) Kakao- und Schokoladekonsolidierung: In diesem Bereich liegt vor ein Kommissionsvorschlag einer Richtlinie des Rates zur Angleichung der Rechtsvorschriften der Mitgliedstaaten für zur Ernährung bestimmte Kakao- und Schokoladeerzeugnisse.

KOM (83) 787 endg. = ABl. 1984, Nr. C 32, S. 3 ff.

Die Richtlinie soll Vorschriften über Zusammensetzung, Aufmachung, Kennzeichnung etc. von Kakao- und Schokoladeerzeugnissen enthalten. Sie dient dem Gesundheits- und Verbraucherschutz und hat keinen Bezug zum Neutralitätsrecht (s.o. Nr. A, II, 1).

(38) Kaffee-Extrakte und Zichorien-Extrakte (Änderung): Der Vorschlag der Kommission wurde inzwischen beschlossen als Richtlinie Nr. 85/573/ EWG des Rates vom 19. Dezember 1985 zur Änderung der Richtlinie 77/ 436/EWG betreffend die Angleichung der Rechtsvorschriften der Mitgliedstaaten über Kaffee-Extrakte und Zichorien-Extrakte.

ABl. 1985, Nr. L 372, S. 22 ff.

Die Richtlinie regelt Produktions- und Vermarktungsgrundsätze von Kaffee- und Zichorienextrakten. Sie dient der Erhaltung der Wettbewerbsfähigkeit der Produktion in den Mitgliedstaaten und dem Verbraucherschutz. Sie hat keinen Bezug zum Neutralitätsrecht.

(39) Verpflichtung zur Angabe der Inhaltsstoffe und des Alkoholgehalts: Der Vorschlag der Kommission wurde inzwischen beschlossen als Richtlinie Nr. 86/197/EWG des Rates vom 26. Mai 1986 zur Änderung der Richtlinie 79/112/EWG zur Angleichung der Rechtsvorschriften der Mitgliedstaaten über die Etikettierung und Aufmachung von für den Endverbraucher bestimmten Lebensmitteln sowie die Werbung hierfür.

ABl. 1986, Nr. L 144, S. 38 f.

Die Richtlinie regelt die Angabe des Alkoholgehalts auf den Etiketten alkoholischer Getränke und dient dem Verbraucherschutz. Sie hat keinen Bezug zum Neutralitätsrecht.

(40) Forderungen bei der Etikettierung von Lebensmitteln: In diesem Bereich liegt vor ein Kommissionsvorschlag für eine Richtlinie des Rates zur Angleichung der Rechtvorschriften der Mitgliedstaaten über Werbebehauptungen in der Etikettierung und Aufmachung von für den Endverbraucher bestimmten Lebensmitteln sowie in der Werbung hierfür.

KOM (81) 159 endg. = ABl. 1984, Nr. C 198, S. 4 ff.

Die Richtlinie soll Vorschriften über zulässige Werbebehauptungen enthalten und dient dem Verbraucherschutz. Sie hat keinen Bezug zum Neutralitätsrecht.

(41) Simulanzlösungsmittel (Plastikstoffe, die mit Lebensmitteln in Berührung kommen): Der Vorschlag der Kommission wurde inzwischen beschlossen als Richtlinie Nr. 85/572/EWG des Rates vom 19. Dezember 1985 über die Liste der Simulanzlösemittel für die Migrationsuntersuchungen von Materialien und Gegenständen aus Kunststoff, die dazu bestimmt sind, mit Lebensmitteln in Berührung zu kommen.

ABl. 1985, Nr. L 372, S. 14 ff.

Die Richtlinie regelt die Art und die zulässige Konzentration der Simulanzlösemittel für die Migrationsuntersuchungen der aufgeführten Materialien. Sie dient überwiegend dem Gesundheitsschutz und hat keinen Bezug zur Neutralität (s.o. Nr. A, II, 1).

(42) Geänderte Stärke: In diesem Bereich liegt vor ein Kommissionsvorschlag für eine Richtlinie des Rates zur Angleichung der Rechtsvorschriften der Mitgliedstaaten für zur menschlichen Ernährung bestimmte modifizierte Stärken.

KOM (84) 726 endg. (Fehler im Weißbuch) = ABl. 1985, Nr. C 31, S. 6 ff.

Die Richtlinie soll Vorschriften über den Zusatz von modifizierten Stärken in Lebensmitteln enthalten und dient überwiegend dem Gesundheitsschutz, aber auch dem Verbraucherschutz. Sie hat keinen Bezug zum Neutralitätsrecht (s.o. Nr. A, II, 1).

(43) Vorschlag für eine Richtlinie zur Änderung der Richtlinie 79/581/ EWG über Verbraucherschutz und Preisauszeichnung: In diesem Bereich liegt vor ein Kommissionsvorschlag für eine Richtlinie des Rates zur Änderung der Richtlinie 79/581/EWG über den Schutz der Verbraucher bei der Angabe der Lebensmittelpreise.

    KOM (84) 23 endg. und KOM (85) 398 endg. = ABl. 1984, Nr. C 53, S. 7 ff. und ABl. 1985, Nr. C 205, S. 5 f.

Die Richtlinie soll Vorschriften über die Preisangaben je Maßeinheit bei Lebensmitteln enthalten. Sie dient dem Verbraucherschutz und hat keinen Bezug zum Neutralitätsrecht.

(44) Vorschläge für eine Richtlinie betreffend das Inverkehrbringen technologisch hochwertiger Arzneimittel, insbesondere solcher, die mit Hilfe biotechnologischer Prozesse hergestellt werden: In diesem Bereich liegt vor ein Vorschlag für eine Richtlinie des Rates zur Angleichung der einzelstaatlichen Maßnahmen betreffend das Inverkehrbringen technologisch hochwertiger Arzneimittel, insbesondere solcher, die mit Hilfe biotechnologischer Prozesse hergestellt werden.

    KOM (84) 437 endg. und KOM (86) 117 endg. = ABl. 1984, Nr. C 293, S. 1 ff. und ABl. 1986, Nr. C 122, S. 6.

Die Richtlinie soll Vorschriften über das Inverkehrbringen von Arzneimitteln enthalten und dient dem Gesundheitsschutz und der Entwicklung der pharmazeutischen Forschung. Sie hat keinen Bezug zum Neutralitätsrecht (s.o. Nr. A, II, 1).

(45) Vorschlag zur Änderung der Richtlinie 75/318/EWG über Versuche mit Arzneimittelspezialitäten: In diesem Bereich liegt vor ein Kommissionsvorschlag für eine Richtlinie des Rates zur Änderung der Richtlinie 75/318/EWG zur Angleichung der Rechts- und Verwaltungsvorschriften der Mitgliedstaaten über die analytischen, toxikologisch-pharmakologischen und ärztlichen oder klinischen Vorschriften und Nachweise über Versuche mit Arzneimittelspezialitäten.

    KOM (84) 437 endg. und KOM (86) 117 endg. = ABl. 1984, Nr. C 293, S. 4 ff. und ABl. 1986, Nr. C 122, S. 6.

Die Richtlinie soll Vorschriften über die Anpassung der Versuche mit Arzneimittelspezialitäten enthalten und dient überwiegend dem Gesundheitsschutz, aber auch der Entwicklung der pharmazeutischen Forschung. Sie hat keinen Bezug zum Neutralitätsrecht (s.o. Nr. A, II, 1).

(46) Vorschlag zur Änderung der Richtlinie 81/852/EWG betreffend Tierarzneimittel: In diesem Bereich liegt vor ein Kommissionsvorschlag für eine Richtlinie des Rates zur Änderung der Richtlinie 81/852/EWG über die analytischen, toxikologisch-pharmakologischen und tierärztlichen oder klinischen Vorschriften und Nachweise über Versuche mit Tierarzneimitteln.

> KOM (84) 437 endg. und KOM (86) 117 endg. = ABl. 1984, Nr. C 293, S. 6 ff und ABl. 1986, Nr. C 122, S. 7.

Die Richtlinie soll Vorschriften über die Anpassung der Versuche mit Tierarzneimitteln enthalten und dient überwiegend dem Gesundheitsschutz, aber auch der Entwicklung der pharmazeutischen Forschung. Sie hat keinen Bezug zum Neutralitätsrecht (s.o. Nr. A, II, 1).

(47) Vorschlag für eine Empfehlung des Rates zu den Versuchen mit Arzneispezialitäten im Hinblick auf deren Inverkehrbringen: In diesem Bereich liegt vor ein Kommissionsvorschlag für eine Empfehlung des Rates zu den Versuchen mit Arzneispezialitäten im Hinblick auf deren Inverkehrbringen.

> KOM (84) 437 endg. und KOM (86) 117 endg. = ABl. 1984, Nr. C 293, S. 8 ff. und ABl. 1986, Nr. 122, S. 7.

Die Empfehlung bezieht sich auf die bei Anträgen auf Genehmigung für das Inverkehrbringen von Arzneispezialitäten zu beachtenden Grundsätze für die Versuche. Sie ist nicht verbindlich und hat zudem inhaltlich keinen Bezug zum Neutralitätsrecht.

(48) Vorschlag für eine Richtlinie des Rates zur Änderung der Richtlinie 65/65/EWG betreffend Arzneispezialitäten: In diesem Bereich liegt vor ein Kommissionsvorschlag für eine Richtlinie des Rates zur Änderung der Richtlinie 65/65/EWG zur Angleichung der Rechts- und Verwaltungsvorschriften über Arzneispezialitäten.

> KOM (84) 437 endg. = ABl. 1984, Nr. C 293, S. 43 f.

Die Richtlinie soll Vorschriften über die Angabe der Versuchsergebnisse bei Genehmigung von Arzneispezialitäten enthalten. Sie dient dem Gesundheitsschutz und der Förderung der pharmazeutischen Forschung und hat keinen Bezug zum Neutralitätsrecht (s.o. Nr. A, II, 1).

(49) Richtlinie des Rates für Beschränkungen des Inverkehrbringens und der Verwendung von PCB (Polychlorierte Biphenyle): Der Vorschlag der Kommission wurde inzwischen beschlossen als Richtlinie Nr. 85/467/ EWG des Rates vom 1. Oktober 1985 zur sechsten Änderung (PCB/PCT) der Richtlinie 76/769/EWG zur Angleichung der Rechts- und Verwaltungsvorschriften der Mitgliedstaaten für Beschränkungen des Inverkehrbringens und der Verwendung gewisser gefährlicher Stoffe und Zubereitungen.

ABl. 1985, Nr. L 269, S. 56 f.

Die Richtlinie regelt die Verwendungsfälle von PCB/PCT und dient dem Gesundheits- und Umweltschutz. Sie hat keinen Bezug zum Neutralitätsrecht (s.o. Nr. A, II, 1).

(50) Richtlinie des Rates für Beschränkungen des Inverkehrbringens und der Verwendung von Asbest: In diesem Bereich liegt vor ein Kommissionsvorschlag für eine Richtlinie des Rates zur Änderung der Richtlinie 76/ 769/EWG zur Angleichung der Rechts- und Verwaltungsvorschriften der Mitgliedstaaten für Beschränkungen des Inverkehrbringens und der Verwendung gewisser gefährlicher Stoffe und Zubereitungen.

KOM (83) 556 endg. = nicht im ABl.

Zudem wurde in diesem Bereich inzwischen beschlossen die Richtlinie Nr. 85/610/EWG des Rates vom 20. Dezember 1985 zur siebenten Änderung (Asbest) der Richtlinie 76/769/EWG zur Angleichung der Rechts- und Verwaltungsvorschriften der Mitgliedstaaten für Beschränkungen des Inverkehrbringens und der Verwendung gewisser gefährlicher Stoffe und Zubereitungen.

ABl. 1985, Nr. L 375, S. 1 f.

Der Vorschlag und die Richtlinie behandeln das Inverkehrbringen von gefährlichen Stoffen (in der Richtlinie speziell Asbest) und dienen dem Gesundheitsschutz. Sie haben keinen Bezug zum Neutralitätsrecht (s.o. Nr. A, II, 1).

(51) Anionische Detergentien (Änderung der derzeitigen Richtlinie): Der Vorschlag der Kommission wurde inzwischen beschlossen als Richtlinie Nr. 86/94/EWG des Rates vom 10. März 1986 zur zweiten Änderung der Richtlinie 73/404/EWG zur Angleichung der Rechtsvorschriften der Mitgliedstaaten über Detergentien.

ABl. 1986, Nr. L 80, S. 51.

Die Richtlinie behandelt Ausnahmen von den Mindestanforderungen an die biologische Abbaubarkeit der in Detergentien enthaltenen grenzflächenaktiven Substanzen und dient überwiegend dem Gesundheitsschutz. Sie hat keinen Bezug zum Neutralitätsrecht (s.o. Nr. A, II, 1).

(52) Beteiligung an dem Europäischen Übereinkommen über Detergentien: In diesem Bereich geht es um den Beitritt der EWG zum Europäischen Übereinkommen über die Beschränkung der Verwendung bestimmter Detergentien in Wasch- und Reinigungsmitteln vom 16. September 1968. Dies hätte nur innergemeinschaftliche Wirkungen. Der Inhalt des Übereinkommens, das dem Gesundheitsschutz dient, hat zudem keinen Bezug zum Neutralitätsrecht. Österreich ist dem Übereinkommen bislang noch nicht beigetreten.

Text in: BGBl. (BRD) 1972 II, S. 554 ff.

(53) Geräuschemissionen von Haushaltsgeräten: In diesem Bereich liegt vor ein Kommissionsvorschlag für eine Richtlinie des Rates über die Geräuschemission von Haushaltsgeräten.

KOM (81) 811 endg. und KOM (83) 649 endg. = ABl. 1982, Nr. C 181, S. 1 ff. und ABl. 1983, Nr. C 334, S. 15.

Die Richtlinie soll Vorschriften über Messung, Kontrolle und Information von Geräuschemissionen von Haushaltsgeräten enthalten und dient dem Verbraucherschutz. Sie hat keinen Bezug zum Neutralitätsrecht.

(54) Sicherheit von Spielzeug: In diesem Bereich liegt vor ein Kommissionsvorschlag für eine Richtlinie des Rates zur Angleichung der Rechtsvorschriften der Mitgliedstaaten über die Sicherheit von Spielzeug.

> KOM (83) 323 endg. und KOM (83) 323 endg. 2 = ABl. 1983, Nr. C 203, S. 1 ff.

Die Richtlinie soll technische Sicherheitsnormen für Spielzeug enthalten. Sie hat keinen Bezug zum Neutralitätsrecht (s.o. Nr. A, II, 1).

(55) Meßinstrumente und Methoden der metrologischen Kontrolle: elektronische Vorrichtungen (Änderungen zu 71/316/EWG) — Luftdruckmeßgeräte — Messung des Kohlenmonoxidgehalts: In diesem Bereich liegen drei Kommissionsvorschläge für Richtlinien des Rates vor: Richtlinie zur Änderung der Richtlinie 71/316/EWG zur Angleichung der Rechtsvorschriften der Mitgliedstaaten betreffend gemeinsame Vorschriften über Meßgeräte sowie über Meß- und Prüfverfahren.

> KOM (80) 850 endg. und KOM (81) 808 endg. = ABl. 1980, Nr. C 356, S. 11 ff. und ABl. 1982, Nr. C 44, S. 6.

Richtlinie zur Angleichung der Rechtsvorschriften der Mitgliedstaaten über Luftdruckmeßgeräte für Kraftfahrzeugreifen.

> KOM (80) 850 endg. = ABl. 1980, Nr. C 356, S. 17 ff.

Richtlinie zur Angleichung der Rechtsvorschriften der Mitgliedstaaten über Instrumente zur Messung des Kohlenmonoxidgehalts der Abgabe aus Kraftfahrzeugmotoren mit Fremdzündung.

> KOM (80) 850 endg. = ABl. 1980, Nr. C 356, S. 21 ff.

Die Richtlinien sollen Vorschriften über die Zulassung zum Vertrieb und zur Inbetriebnahme der aufgeführten Geräte und Instrumente enthalten. Sie regeln überwiegend Fragen der technischen Beschaffenheit und Sicherheit und haben keinen Bezug zum Neutralitätsrecht (s.o. Nr. A, II, 1).

(56) Hydraulikbagger: In diesem Bereich liegt vor ein Kommissionsvorschlag einer Richtlinie des Rates betreffend den zulässigen Schallemissionspegel von Hydraulik- und Seilbaggern, Planiermaschinen und Ladern.

> KOM (80) 468 endg. und KOM (81) 541 endg. (Zitat im Weißbuch unvollständig) = ABl. 1980, Nr. C 356, S. 3 ff. und ABl. 1981, Nr. C 302, S. 7 ff.

Die Richtlinie soll Vorschriften über den zulässigen Schalleistungspegel der angeführten Maschinen enthalten. Sie dient dem Gesundheits- und Umweltschutz und hat keinen Bezug zum Neutralitätsrecht (s.o. Nr. A, II, 1).

(57) Brandschutz von Hotels (Vorschlag für eine Empfehlung): In diesem Bereich liegt vor ein Kommissionsvorschlag für eine Empfehlung des Rates über den Brandschutz in Hotels.

> KOM (83) 751 endg. und KOM (86) 231 endg. (Zitat im Weißbuch unvollständig) = ABl. 1984, Nr. C 49, S. 7 ff. und ABl. 1986, Nr. C 131, S. 5.

Die Empfehlung enthält Mindestvorschriften für den Brandschutz. Sie hat keinen Bezug zum Neutralitätsrecht und ist zudem nicht verbindlich.

(58) Vorschlag für eine Überprüfung von Kap. 6 des EAG-Vertrages betreffend nukleare Stoffe: Der Vorschlag bezieht sich auf den EAG-Vertrag und gehört daher nicht zum Bereich der gegenständlichen Untersuchung.

(59) Vorschlag für eine Verbraucherschutz-Richtlinie über die Preisauszeichnung für Nicht-Lebensmittel: In diesem Bereich liegt vor ein Kommissionsvorschlag einer Richtlinie des Rates über den Schutz der Verbraucher bei der Angabe der Preise von anderen Erzeugnissen als Lebensmittel.

> KOM (83) 754 endg. und KOM (85) 398 endg.= ABl. 1984, Nr. C 8, S. 2 ff. und ABl. 1985, Nr. C 205, S. 5.

Die Richtlinie soll Preisangabevorschriften für non-food-Waren enthalten und dient dem Verbraucherschutz. Sie hat keinen Bezug zum Neutralitätsrecht.

2) Öffentliches Auftragswesen

Für diesen Bereich nennt das Weißbuch keine bereits vorliegenden Kommissionsvorschläge.

3) Freizügigkeit der Arbeitnehmer und der Selbständigen

(60) Vorschlag zur Beseitigung der restlichen Hemmnisse im Zusammenhang mit der Bewegungsfreiheit und dem Aufenthalt von Wanderarbeitnehmern aus Gemeinschaftsländern: In diesem Bereich hat die Kommission Leitlinien für eine Wanderungspolitik der Gemeinschaft erarbeitet und dem Rat zugeleitet.

KOM (85) 48 endg.

Die Leitlinien beschreiben die beabsichtigte Politik der Kommission in diesem Bereich. Sie enthalten auch einen Vorentwurf einer diesbezüglichen Entschließung des Rates.

Die Leitlinien haben keinen Bezug zum Neutralitätsrecht und sind zudem nicht verbindlich (s.o. Nr. A, II, 3).

(61) Vorschlag zur Ermöglichung der Beseitigung der Besteuerungsprobleme der Grenzgänger: In diesem Bereich liegt vor ein Kommissionsvorschlag einer Richtlinie des Rates zur Harmonisierung von Regelungen im Bereich der Einkommensteuer im Hinblick auf die Freizügigkeit der Arbeitnehmer in der Gemeinschaft.

KOM (79) 737 endg. = ABl. 1980, Nr. C 21, S. 6 ff.

Die Richtlinie soll steuerrechtliche Vorschriften für die Grenzgänger enthalten und hat keinen Bezug zum Neutralitätsrecht (s.o. Nr. A, II, 3).

(62) Vorschlag betreffend die Vergleichbarkeit beruflicher Ausbildung und Abschlüsse: Der Vorschlag der Kommission wurde inzwischen beschlossen als Entscheidung Nr. 85/368/EWG des Rates vom 16. Juli 1985 über die Entsprechungen der beruflichen Befähigungsnachweise zwischen Mitgliedstaaten der Europäischen Gemeinschaften.

ABl. 1985, Nr. L 199, S. 56 ff.

Die Entscheidung regelt ein Verfahren zur Verbesserung der gegenseitigen Anerkennung der beruflichen Befähigungsnachweise und hat keinen Bezug zum Neutralitätsrecht (s.o. Nr. A, II, 3).

(63) Vorschlag für eine Richtlinie betreffend Übergangsmaßnahmen für den Zugang zu technischen Tätigkeiten und ihre Ausübung: In diesem Bereich liegt vor ein Kommissionsvorschlag einer Richtlinie des Rates zur Festsetzung der Einzelheiten der Übergangsmaßnahmen für die Tätigkeiten der Forschung, der Gestaltung, der Beratung und der Anwendung auf technischem Gebiet.

KOM (69) 334 endg. = ABl. 1969, Nr. C 99, S. 5 ff.

Die Richtlinie soll Vorschriften über gewisse gegenseitige Anerkennungen der von anderen Mitgliedstaaten ausgestellten Befähigungsnachweise betreffend die Tätigkeiten in den aufgezählten Gebieten enthalten. Sie hat keinen Bezug zum Neutralitätsrecht (s.o. Nr. A, II, 3).

(64) Vorschlag für eine Richtlinie zur Koordinierung der Vorschriften für die Ausbildung der Ingenieure: In diesem Bereich liegt vor ein Kommissionsvorschlag einer Richtlinie des Rates zur Koordinierung der Rechts- und Verwaltungsvorschriften über die Ausbildung des Ingenieurs.

KOM (69) 334 endg. = ABl. 1969, Nr. C 99, S. 7 f.

Die Richtlinie soll Vorschriften für die gemeinschaftsweite Angleichung der Ingenieurausbildung enthalten. Sie hat keinen Bezug zum Neutralitätsrecht (s.o. Nr. A, II, 3).

(65) Vorschlag für eine Richtlinie zur Koordinierung betreffend Handelsvertreter: In diesem Bereich liegt vor ein Kommissionsvorschlag einer Richtlinie des Rates zur Koordinierung der Rechte der Mitgliedstaaten die (selbständigen) Handelsvertreter betreffend.

KOM (76) 670 endg. und KOM (78) 773 endg. = ABl. 1977, Nr. C 13, S. 2 ff. und ABl. 1979, Nr. C 56, S. 5 ff.

Die Richtlinie soll die Rechtsvorschriften über das Verhältnis zwischen selbständigen Handelsvertretern und ihren Unternehmern harmonisieren. Sie hat keinen Bezug zum Neutralitätsrecht.

(66) Vorschlag für eine Richtlinie zur Koordinierung der Vorschriften für bestimmte pharmazeutische Tätigkeiten: Der Vorschlag der Kommission wurde inzwischen beschlossen als Richtlinie Nr. 85/432 des Rates vom 16. September 1985 zur Koordinierung der Rechts- und Verwaltungsvorschriften über bestimmte pharmazeutische Tätigkeiten.

ABl. 1985, Nr. L 253, S. 34 ff.

Die Richtlinie regelt die ausbildungsmäßigen Voraussetzungen und das Mindesttätigkeitsfeld für die Inhaber pharmazeutischer Befähigungsnachweise. Sie hat keinen Bezug zum Neutralitätsrecht. (s.o. Nr. A, II, 3).

(67) Geänderter Vorschlag für eine Richtlinie betreffend die gegenseitige Anerkennung der Apothekerdiplome: Der Vorschlag der Kommission wurde inzwischen beschlossen als Richtlinie Nr. 85/433 des Rates vom 16. September 1985 über die gegenseitige Anerkennung der Diplome, Prüfungszeugnisse und sonstigen Befähigungsnachweise des Apothekers und über Maßnahmen zur Erleichterung der tatsächlichen Ausübung des Niederlassungsrechts für bestimmte pharmazeutische Tätigkeiten.

ABl. 1985, Nr. L 253, S. 37 ff.; ABl. 1985, Nr. L 372, S. 42.

Die Richtlinie regelt Bedingungen zur Ausübung der Freizügigkeitsrechte selbständiger und angestellter Apotheker. Sie hat keinen Bezug zum Neutralitätsrecht (s.o. Nr. A, II, 3).

(68) Vorschlag für eine Richtlinie des Rates über eine spezifische Ausbildung in der Allgemeinmedizin: In diesem Bereich liegt vor ein Kommissionsvorschlag für eine Richtlinie des Rates über eine spezifische Ausbildung in der Allgemeinmedizin.

KOM (84) 654 endg. und KOM (86) 217 endg. = ABl. 1985, Nr. C 13, S. 3 ff. und ABl. 1986, Nr. C 125, S. 8 f.

Die Richtlinie soll Vorschriften über die gemeinschaftsweite Angleichung der Ausbildung der Ärzte in der Allgemeinmedizin enthalten. Sie hat keinen Bezug zum Neutralitätsrecht (s.o. Nr. A, II, 3).

(69) Aufenthaltsrecht für Staatsangehörige von Mitgliedstaaten, die noch nicht oder nicht mehr in einem Beschäftigungsverhältnis stehen: In diesem Bereich liegt vor ein Kommissionsvorschlag für eine Richtlinie des

Rates über das Aufenthaltsrecht der Staatsangehörigen der Mitgliedstaaten im Hoheitsgebiet eines anderen Mitgliedstaates.

> KOM (79) 215 endg. und KOM (80) 358 endg. und KOM (80) 649 endg. und KOM (85) 292 endg. = ABl. 1979, Nr. C 207, S. 14 ff. und ABl. 1980, Nr. C 188, S. 7 ff. und ABl. 1980, Nr. C 292, S. 3 f. und ABl. 1985, Nr. C 171, S. 8.

Die Richtlinie soll ein Aufenthaltsrecht der Gemeinschaftsbürger unabhängig von irgendeiner Erwerbstätigkeit festlegen. Sie hat keinen Bezug zum Neutralitätsrecht.

4) Dienstleistungen

(70) Vorschlag für eine Richtlinie über die Jahresabschlüsse von Banken: In diesem Bereich liegt vor ein Kommissionsvorschlag einer Richtlinie des Rates über die Jahresabschlüsse von Banken und anderen Finanzinstitutionen.

> KOM (81) 84 endg. und KOM (84) 124 endg. und KOM (85) 755 endg. = ABl. 1981, Nr. C 130, S 1. ff. und ABl. 1984, Nr. C 83, S. 6 ff. und ABl. 1985, Nr. C 351, S. 24 ff.

Die Richtlinie soll die Rechtsvorschriften der Mitgliedstaaten über die Jahresabschlüsse von Finanzinstitutionen harmonisieren und dient vorwiegend dem Schutz von Gläubigern, Schuldnern, Gesellschaftern und der Öffentlichkeit. Sie hat keinen Bezug zum Neutralitätsrecht (s.o. Nr. A, II, 4 b).

(71) Vorschlag einer Richtlinie über die Niederlassungsfreiheit und den freien Dienstleistungsverkehr auf dem Gebiet der hypothekären Darlehen: In diesem Bereich liegt vor ein Kommissionsvorschlag für eine Richtlinie des Rates über die Niederlassungsfreiheit und den freien Dienstleistungsverkehr auf dem Gebiet des Hypothekarkredits.

> KOM (84) 730 endg. = ABl. 1985, Nr. C 42, S. 4 ff.

Die Richtlinie soll die rechtlichen Rahmenbedingungen für die Ausübung der Freizügigkeitsrechte der Kreditinstitute schaffen. Sie hat keinen Bezug zum Neutralitätsrecht.

(72) Vorschlag für eine Richtlinie zur Erleichterung des freien Dienstleistungsverkehrs im Versicherungswesen außer für Lebensversicherungen: In diesem Bereich liegt vor ein Kommissionsvorschlag einer zweiten Richtlinie des Rates zur Koordinierung der die direkte Schadensversicherung betreffenden Rechts- und Verwaltungsvorschriften und zur Erleichterung des freien Dienstleistungsverkehrs im Versicherungswesen.

> KOM (75) 516 endg. und KOM (78) 63 endg. = ABl. 1976, Nr. C 32, S. 2 ff. — Änderung nicht im ABl.

Die Richtlinie soll Vorschriften über die Koordinierung der Rechtsvorschriften der Mitgliedstaaten über die Aufnahme und Ausübung der Tätigkeit der Direktversicherung und die entsprechenden Dienstleistungen enthalten. Sie hat keinen Bezug zum Neutralitätsrecht.

(73) Vorschlag für eine Richtlinie zur Koordinierung der Rechtsvorschriften für die Rechtsschutzversicherung: In diesem Bereich liegt vor ein Kommissionsvorschlag für eine Richtlinie des Rates zur Koordinierung der Rechts- und Verwaltungsvorschriften über die Rechtsschutzversicherung.

> KOM (79) 396 endg. und KOM (82) 43 endg. = ABl. 1979, Nr. C 198, S. 2 ff. und ABl. 1982, Nr. C 78, S. 9 ff.

Die Richtlinie soll insbesondere Vorschriften über die Koordinierung der Rechtsvorschriften der Mitgliedstaaten über Buchführung und Gestaltung der Versicherungsverträge bei den Rechtsschutzversicherungsunternehmen enthalten. Sie hat keinen Bezug zum Neutralitätsrecht.

(74) Vorschlag für eine Richtlinie betreffend die Kreditversicherung: In diesem Bereich liegt vor ein Kommissionsvorschlag für eine Richtlinie des Rates zur Änderung der ersten Richtlinie 73/239/EWG zur Koordinierung der Rechts- und Verwaltungsvorschriften betreffend die Aufnahme und Ausübung der Tätigkeit der Direktversicherung (mit Ausnahme der Lebensversicherung) hinsichtlich der Kreditversicherung.

> KOM (79) 459 endg. und KOM (82) 255 endg. = ABl. 1979, Nr. C 245, S. 7 ff. und ABl. 1983, Nr. C 5, S. 2 ff.

Die Richtlinie soll insbesondere Vorschriften über die Koordinierung der Rechtsvorschriften der Mitgliedstaaten über die Höhe des Garantiefonds und die Bildung einer Schwankungsrückstellung enthalten. Sie hat keinen Bezug zum Neutralitätsrecht.

(75) Vorschlag für eine Richtlinie für Versicherungsverträge: In diesem Bereich liegt vor ein Kommissionsvorschlag für eine Richtlinie des Rates zur Koordinierung der Rechts- und Verwaltungsvorschriften betreffend die Aufnahme und Ausübung der Tätigkeit der Direktversicherung.

KOM (79) 355 endg. und KOM (80) 854 endg. = ABl. 1979, Nr. C 190, S. 2 ff. und ABl. 1980, Nr. C 355, S. 30 ff.

Die Richtlinie soll Vorschriften über die Koordinierung der Rechtsvorschriften der Mitgliedstaaten für bestimmte Versicherungsverträge enthalten. Sie hat keinen Bezug zum Neutralitätsrecht.

(76) Vorschlag für eine Richtlinie zur Koordinierung der Rechts- und Verwaltungsvorschriften betreffend die Organismen für gemeinsame Anlagen in Wertpapieren: Der Vorschlag der Kommission wurde inzwischen beschlossen als Richtlinie Nr. 85/611 des Rates vom 20. Dezember 1985 zur Koordinierung der Rechts- und Verwaltungsvorschriften betreffend bestimmte Organismen für gemeinsame Anlagen in Wertpapieren (OGAW).

ABl. 1985, Nr. L 375, S. 3 ff.

Die Richtlinie koordiniert die Rechtsvorschriften der Mitgliedstaaten für die genannten Organismen (Zulassung, Aufsicht, Struktur etc.). Sie hat keinen Bezug zum Neutralitätsrecht (s.o. Nr. A, II, 4 b).

(77) Vorschlag einer Richtlinie zur Koordinierung der Bedingungen für die Erstellung der Kontrolle und die Verbreitung des Prospekts, der im Fall von öffentlichen Zeichnungs- und Verkaufsangeboten zu veröffentlichen ist: In diesem Bereich liegt vor ein Kommissionsvorschlag für eine Richtlinie des Rates zur Koordinierung der Bedingungen für die Erstellung der Kontrolle und die Verbreitung des Prospekts, der im Falle von öffentlichen Zeichnungs- oder Verkaufsangeboten zu veröffentlichen ist.

KOM (80) 893 endg. und KOM (82) 441 endg. = ABl. 1980, Nr. C 355, S. 39 ff. und ABl. 1982, Nr. C 226, S. 4 ff.

Die Richtlinie soll Vorschriften über die Koordinierung der Rechtsvorschriften der Mitgliedstaaten über den Prospekt bei öffentlichen Zeichnungs- und Verkaufsangeboten enthalten. Sie dient dem Schutz der Anleger und hat keinen Bezug zum Neutralitätsrecht.

(78) Luftverkehr: Flugtarife: In diesem Bereich liegt vor ein Kommissionsvorschlag für eine Richtlinie des Rates über Tarife im Linienflugverkehr zwischen Mitgliedstaaten.

>KOM (81) 590 endg. (Fehler im Weißbuch) und KOM (84) 72 endg. = ABl. 1982, Nr. C 78, S. 6 ff. — KOM (84) 72 endg. nicht im ABl.

Die Richtlinie soll Vorschriften für gemeinsame Regeln enthalten, die bei der Festsetzung von Flugtarifen von den Mitgliedstaaten zu beachten sind. Sie hat keinen Bezug zum Neutralitätsrecht (s.o. Nr. A, II, 4 c).

(79) Luftverkehr: bilaterale Abkommen, Vereinbarungen und Abmachungen zwischen Mitgliedstaaten: In diesem Bereich liegt vor ein Kommissionsvorschlag für eine Entscheidung des Rates über bilaterale Abkommen, Vereinbarungen und Abmachungen zwischen Mitgliedstaaten über den Luftverkehr.

>KOM (84) 72 endg. = ABl. 1984, Nr. C 182, S. 1 f.

Die Richtlinie soll es den Mitgliedstaaten untersagen, Verträge zwischen den Fluggesellschaften über Kapazitäts- und Einnahmeaufteilung zu verlangen, Kapazitätserhöhungen abzulehnen oder Kapazitätsbeschränkungen aufzuerlegen. Unter Berücksichtigung der oben genannten Kriterien berührt sie das Neutralitätsrecht nicht (s.o. Nr. A, II, 4 c).

(80) Luftverkehr: Anwendung von Artikel 85 EWG: In diesem Bereich liegt vor ein Kommissionsvorschlag für eine Verordnung des Rates über die Modalitäten der Anwendung der für die Luftverkehrsunternehmen geltenden Wettbewerbsregeln.

>KOM (81) 396 endg. und KOM (84) 72 endg. = ABl. 1981, Nr. C 291, S. 4 ff. und ABl. 1984, Nr. C 182, S. 2.

Die Verordnung soll die Modalitäten der Anwendung der Artikel 85 und 86 des EWG-Vertrages auf den Luftverkehr regeln und berührt insoweit nur den Privatrechtsbereich. Sie hat daher keinen Bezug zum Neutralitätsrecht.

(81) Gemeinschaftskontingent für den Güterkraftverkehr zwischen den Mitgliedstaaten: Endphase: In diesem Bereich liegt vor ein Kommissionsvorschlag für eine Verordnung des Rates zur Änderung der Verordnung (EWG) Nr. 3164/76 über das Gemeinschaftskontingent für den Güterkraftverkehr zwischen den Mitgliedstaaten.

KOM (83) 340 endg. = ABl. 1983, Nr. C 179, S. 6 ff.

Die Verordnung soll ein gemeinschaftliches Kontingentierungssystem schaffen, das in der Endphase zur Abschaffung der nationalen Kontingentierungssysteme führen soll. Unter Berücksichtigung der oben genannten Kriterien berührt die Verordnung das Neutralitätsrecht nicht (s.o. Nr. A, II, 4 c).

(82) Zugang zum Binnenschiffsgüterverkehrsmarkt: In diesem Bereich liegt vor ein Kommissionsvorschlag für eine Verordnung des Rates zur Festlegung der Bedingungen für die Zulassung von Verkehrsunternehmern zum Güter- und Personenverkehr in der Binnenschiffahrt innerhalb eines Mitgliedstaates, in dem sie nicht ansässig sind.

KOM (85) 610 endg. (Weißbuch überholt) = ABl. 1985, Nr. C 331, S. 2 ff.

Die Verordnung soll für die nicht gebietsansässigen Binnenschiffahrtsunternehmen bei der Erbringung von Verkehrsleistungen die Inländergleichbehandlung festlegen. Unter Berücksichtigung der oben genannten Kriterien berührt sie das Neutralitätsrecht nicht (s.o. Nr. A, II, 4 c).

(83) Zulassung von Verkehrsunternehmern zu bestimmten Betätigungen im Binnenverkehr innerhalb eines Mitgliedstaates, in dem sie nicht ansässig sind: In diesem Bereich liegt vor ein Kommissionsvorschlag für eine Verordnung des Rates zur Festlegung der Bedingungen für die Zulassungen von Verkehrsunternehmern zum Güterkraftverkehr innerhalb eines Mitgliedstaates, in dem sie nicht ansässig sind.

KOM (85) 611 endg. (Weißbuch überholt) = ABl. 1985, Nr. C 331, S. 26 ff.

Die Verordnung soll für die nicht gebietsansässigen Landverkehrsunternehmer bei der Erbringung von Verkehrsleistungen die Inländergleichbehandlung festlegen. Unter Berücksichtigung der oben genannten Kriterien berührt sie das Neutralitätsrecht nicht (s.o. Nr. A, II, 4 c).

(84) Seeverkehr (freier Dienstleistungsverkehr im Seeverkehr): In diesem Bereich liegt vor ein Kommissionsvorschlag einer Verordnung des Rates zur Anwendung des Grundsatzes des freien Dienstleistungsverkehrs auf die Seeschiffahrt.

KOM (85) 90 endg. = ABl. 1985, Nr. C 212, S. 4 ff.

Die Verordnung soll die Dienstleistungsfreiheit in der innergemeinschaftlichen Seeschiffahrt herstellen. Sie kann daher naturgemäß keinen Bezug zur österreichischen Neutralität haben. Sie könnte nur österreichische natürliche und juristische Personen begünstigen.

5) Kapitalverkehr

(85) Liberalisierung von Einheiten in Organismen für gemeinsame Anlagen in Wertpapieren: Der Vorschlag der Kommission wurde inzwischen beschlossen als Richtlinie Nr. 85/583/EWG des Rates vom 20. Dezember 1985 zur Beseitigung der Devisenbeschränkungen für die Anteilsscheine von Einrichtungen für gemeinsame Wertpapieranlagen.

ABl. 1985, Nr. L 372, S. 39 ff.

Die Richtlinie ergänzt die Richtlinie Nr. 85/611 (s.o. Nr. (76)) und beseitigt die Hemmnisse für den freien Verkehr der Anteile der OGAWs. Sie hat keinen Bezug zum Neutralitätsrecht (s.o. Nr. A, II, 5).

6) Industrielle Zusammenarbeit

(86) Vorschlag für eine Verordnung für eine Europäische Kooperationsvereinigung: Der Vorschlag der Kommission wurde inzwischen beschlossen als Verordnung (EWG) Nr. 2137/85 des Rates vom 25. Juli 1985 über die Schaffung einer Europäischen wirtschaftlichen Interessenvereinigung (EWIV).

ABl. 1985, Nr. L 199, S. 1 ff.

Die Verordnung regelt die Voraussetzungen der Gründung einer EWIV und die Anerkennung ihrer Rechtspersönlichkeit durch die Mitgliedstaaten. Sie hat keinen Bezug zum Neutralitätsrecht (s.o. Nr. A, II, 6).

(87) Vorschlag für eine 5. gesellschaftsrechtliche Richtlinie (Struktur der Aktiengesellschaft): In diesem Bereich liegt vor ein Kommissionsvorschlag einer fünften Richtlinie des Rates nach Artikel 54 Absatz 3 Buchstabe g des Vertrages über die Struktur der Aktiengesellschaft sowie die Befugnisse und Verpflichtungen ihrer Organe.

> KOM (72) 887 endg. und KOM (83) 185 endg. (Fehler im Weißbuch) = ABl. 1972, Nr. C 131, S. 49 ff. und ABl. 1983, Nr. C 240, S. 2 ff.

Die Richtlinie soll die Rechtsvorschriften der Mitgliedstaaten über die Struktur der Aktiengesellschaft und die Rechte und Pflichten ihrer Organe koordinieren. Sie dient dem Schutz der Gesellschafter und Dritter und der Konkurrenzfähigkeit der Aktiengesellschaften und hat keinen Bezug zum Neutralitätsrecht (s.o. Nr. A, II, 6).

(88) Vorschlag für eine 10. Richtlinie über grenzüberschreitende Fusionen: In diesem Bereich liegt vor ein Kommissionsvorschlag einer 10. Richtlinie des Rates nach Artikel 54 Abs. 3 Buchstabe g des Vertrages über die grenzüberschreitende Verschmelzung von Aktiengesellschaften.

> KOM (84) 727 endg. = ABl. 1985, Nr. C 23, S. 11 ff.

Die Richtlinie soll die Rechtsvorschriften der Mitgliedstaaten über die grenzüberschreitende Verschmelzung von Aktiengesellschaften koordinieren. Sie hat keinen Bezug zum Neutralitätsrecht (s.o. Nr. A, II, 6).

(89) Änderung des Vorschlages für eine Verordnung über die Satzung einer Europäischen Gesellschaft: In diesem Bereich liegt vor ein Kommissionsvorschlag einer Verordnung des Rates für das Statut einer Europäischen Aktiengesellschaft.

> KOM (70) 600 endg. und KOM (75) 150 endg. = ABl. 1970, Nr. C 124, S. 1 ff. und BullEG, Beilage 4/75 (vereinheitlichte Fassung)

Die Richtlinie soll die Voraussetzungen für Gründung, Struktur, Arbeitsweise und Abwicklung einer Europäischen Aktiengesellschaft und die Anerkennung ihrer Rechtspersönlichkeit in den Mitgliedstaaten regeln. Sie hat keinen Bezug zum Neutralitätsrecht (s.o. Nr. A, II, 6).

(90) Geänderter Vorschlag für eine Verordnung über die Gemeinschaftsmarke: In diesem Bereich liegt vor ein Kommissionsvorschlag einer Verordnung des Rates über die Gemeinschaftsmarke.

> KOM (80) 635 endg. 2 und KOM (84) 470 endg. = ABl. 1980, Nr. C 351, S. 5 ff. und ABl. 1984, Nr. C 230, S. 1 ff.

Die Verordnung soll eine einheitliche Gemeinschaftsmarke einführen, so daß die Unternehmen diese Marken in einem einzigen Verfahren erwerben können und dann in der gesamten EWG Schutz genießen. Die Verordnung hat keinen Bezug zum Neutralitätsrecht (s.o. Nr. A, II, 6).

(91) Geänderter Vorschlag für eine erste Richtlinie zur Angleichung des innerstaatlichen Markenrechts: In diesem Bereich liegt vor ein Kommissionsvorschlag einer ersten Richtlinie des Rates zur Angleichung des Markenrechts der Mitgliedstaaten.

> KOM (80) 635 endg. 2 und KOM (85) 793 endg. = ABl. 1980, Nr. C 351, S. 1 ff. und ABl. 1985, Nr. C 351, S. 4 ff.

Die Richtlinie soll die Rechtsvorschriften der Mitgliedstaaten über die durch Eintragung erworbenen Marken angleichen. Sie hat keinen Bezug zum Neutralitätsrecht (s.o. Nr. A, II, 6).

(92) Schiedsverfahren betreffend die Vermeidung von Doppelbesteuerung: In diesem Bereich liegt vor ein Kommissionsvorschlag einer Richtlinie des Rates über Bestimmungen zur Vermeidung der Doppelbesteuerung für den Fall der Gewinnberichtigung zwischen verbundenen Unternehmen (Schiedsverfahren).

> KOM (76) 611 endg. = ABl. 1976, Nr. C 301, S. 4 ff.

Die Richtlinie soll für den Fall der Doppelbesteuerung im Zuge von Gewinnberichtigungen ein Schiedsverfahren einführen, an dem die Steuerverwaltungen zweier Staaten beteiligt sind, und in dem die Schiedskommission verbindliche Entscheidungen treffen kann. Letzteres beschränkt zwar die staatliche Steuerhoheit, hat aber hinsichtlich der Regelungsmaterie (Doppelbesteuerung) keinen Bezug zur Neutralität.

(93) Gemeinsames Steuersystem für Mutter- und Tochtergesellschaften: In diesem Bereich liegt vor ein Kommissionsvorschlag einer Richtlinie des Rates über das gemeinsame Steuersystem für Mutter- und Tochtergesellschaften verschiedener Mitgliedstaaten.

> KOM (69) 6 endg. und KOM (85) 360 endg. = ABl. 1969, Nr. C 39, S. 7 ff.— KOM (85) 360 nicht im ABl.

Die Richtlinie soll die Rechtsvorschriften der Mitgliedstaaten bei der Besteuerung von Mutter- und Tochtergesellschaften vereinheitlichen. Sie hat keinen Bezug zum Neutralitätsrecht (s.o. Nr. A, II, 6).

(94) Gemeinsames Steuersystem für Fusionen, Spaltungen und die Einbringung von Unternehmensteilen: In diesem Bereich liegt vor ein Kommissionsvorschlag einer Richtlinie des Rates über das gemeinsame Steuersystem für Fusionen, Spaltungen und die Einbringung von Unternehmensteilen, die Gesellschaften verschiedener Mitgliedstaaten betreffen.

> KOM (69) 5 endg. = ABl. 1969, Nr.C 39, S. 1 ff.

Die Richtlinie soll die Rechtsvorschriften der Mitgliedstaaten bei der steuerlichen Behandlung von Gesellschaften in den angeführten Fällen vereinheitlichen. Sie hat keinen Bezug zum Neutralitätsrecht (s.o. Nr. A, II, 6).

(95) Vorschläge zur Harmonisierung der Steuern auf Geschäfte mit Wertpapieren: In diesem Bereich liegt vor ein Kommissionsvorschlag für eine Richtlinie des Rates über die indirekten Steuern auf Geschäfte mit Wertpapieren.

> KOM (76) 124 endg. = ABl. 1976, Nr. C 133, S. 1 ff.

Die Richtlinie soll die Rechtsvorschriften der Mitgliedstaaten über die Steuern auf Geschäfte mit Wertpapieren vereinheitlichen. Sie hat keinen Bezug zum Neutralitätsrecht (s.o. Nr. A, II, 6).

III. BESEITIGUNG DER STEUERSCHRANKEN

1) Mehrwertsteuer

(96) Vorschlag für die vierzehnte Richtlinie: MwSt-Zahlungsaufschub: In diesem Bereich liegt vor ein Kommissionsvorschlag für die 14. Richtlinie des Rates zur Harmonisierung der Rechtsvorschriften der Mitgliedstaaten über die Umsatzsteuern — Zahlungsaufschub für die von den Steuerpflichtigen bei der Einfuhr geschuldete Steuer.

> KOM (82) 402 endg. = ABl. 1982, Nr. C 203, S. 11 ff.

Die Richtlinie soll die Rechtsvorschriften der Mitgliedstaaten über den Umsatzsteuerzahlungsaufschub harmonisieren. Sie hat keinen Bezug zum Neutralitätsrecht (s.o. Nr. A, III, 1).

(97) 7. MwSt-Richtlinie: Kunstgegenstände, Antiquitäten und Gebrauchtgegenstände: In diesem Bereich liegt vor ein Kommissionsvorschlag für eine siebente Richtlinie des Rates zur Harmonisierung der Rechtsvorschriften der Mitgliedstaaten über die Umsatzsteuern — Gemeinsame Regelung über die Anwendung der Mehrwertsteuer auf Umsätze von Kunstgegenständen, Sammlungsstücken, Antiquitäten und Gebrauchtgegenständen.

> KOM (77) 735 endg. und KOM (79) 249 endg. = ABl. 1978, Nr. C 26, S. 2 ff. und ABl. 1979, Nr. C 136, S. 8 f.

Die Richtlinie soll die Rechtsvorschriften der Mitgliedstaaten über die Anwendung der Mehrwertsteuer auf die aufgezählten Umsätze harmonisieren. Sie hat keinen Bezug zum Neutralitätsrecht (s.o. Nr. A, III, 1).

(98) 12. MwSt-Richtlinie über den Ausschluß des Vorsteuerabzugsrechts bei bestimmten Ausgaben: In diesem Bereich liegt vor ein Kommissionsvorschlag für eine zwölfte Richtlinie betreffend das gemeinsame Mehrwertsteuersystem: Ausschluß des Vorsteuerabzugsrechts bei bestimmten Ausgaben.

> KOM (82) 870 endg. und KOM (84) 84 endg. = ABl. 1983, Nr. C 37, S. 8 ff. und ABl. 1984, Nr. C 56, S. 7 f.

Die Richtlinie soll die Rechtsvorschriften der Mitgliedstaaten über das Vorsteuerabzugsrecht bei der Mehrwertsteuer harmonisieren. Sie hat keinen Bezug zum Neutralitätsrecht (s.o. Nr. A, III, 1).

(99) 13. MwSt-Richtlinie über Steuererstattungen an Steuerpflichtige, die nicht im Gebiet der Gemeinschaft ansässig sind: In diesem Bereich liegt vor ein Kommissionsvorschlag für eine dreizehnte Richtlinie des Rates zur Harmonisierung der Rechtsvorschriften der Mitgliedstaaten über die Umsatzsteuern — Modalitäten der Erstattung der Mehrwertsteuer an Steuerpflichtige, die nicht im Gebiet der Gemeinschaft ansässig sind.

KOM (82) 443 endg. und KOM (83) 413 endg. = ABl. 1982, Nr. 223, S. 5 ff. und ABl. 1983, Nr. C 196, S. 6.

Die Richtlinie soll die Rechtsvorschriften der Mitgliedstaaten über die Erstattung der Mehrwertsteuer an nicht gebietsansässige Steuerpflichtige harmonisieren. Sie hat keinen Bezug zum Neutralitätsrecht (s.o. Nr. A, III, 1).

(100) 16. MwSt-Richtlinie über von Endverbrauchern eingeführte Waren, die in einem anderen Mitgliedstaat bereits mit der MwSt belastet sind: In diesem Bereich liegt vor ein Kommissionsvorschlag einer sechzehnten Richtlinie des Rates zur Harmonisierung der Rechtsvorschriften der Mitgliedstaaten über die Umsatzsteuern — Gemeinsames Mehrwertsteuersystem: Gemeinsame Regelung für bestimmte Gegenstände, die endgültig mit der Mehrwertsteuer belastet worden sind und von einem Endverbraucher eines Mitgliedstaates aus einem anderen Mitgliedstaat eingeführt werden.

KOM (84) 318 endg. und KOM (86) 163 endg. = ABl. 1984, Nr. C 226, S. 2 ff. und ABl. 1986, Nr. 96, S. 5.

Die Richtlinie soll die Rechtsvorschriften der Mitgliedstaaten über die steuerliche Belastung bei Aus- und Einfuhren durch Endverbraucher harmonisieren. Sie hat keinen Bezug zum Neutralitätsrecht (s.o. Nr. A, III, 1).

(101) 17. MwSt-Richtlinie über die vorübergehende Einfuhr anderer Gegenstände als Verkehrsmittel: Der Vorschlag der Kommission wurde inzwischen beschlossen als siebzehnte Richtlinie Nr. 85/362/EWG des Rates vom 16. Juli 1985 zur Harmonisierung der Rechtsvorschriften der Mitgliedstaaten über die Umsatzsteuern — Mehrwertsteuerbefreiung der vorübergehenden Einfuhr anderer Gegenstände als Beförderungsmittel.

ABl. 1985, Nr. L 192, S. 21 ff.

Die Richtlinie harmonisiert die Rechtsvorschriften der Mitgliedstaaten über die Mehrwertsteuerbefreiung bei vorübergehender Einfuhr. Sie hat keinen Bezug zum Neutralitätsrecht (s.o. Nr. A, III, 1).

(102) 18. MwSt-Richtlinie über die Abschaffung bestimmter Abweichungen nach Artikel 28 Absatz 3 der Richtlinie 77/388/EWG: In diesem Bereich liegt vor ein Kommissionsvorschlag für eine achtzehnte Richtlinie des Rates zur Harmonisierung der Rechtsvorschriften der Mitgliedstaaten über die Umsatzsteuern — Beseitigung von bestimmten in Artikel 28 Absatz 3 der Richtlinie 77/388/EWG vorgesehenen Abwicklungen — gemeinsames Mehrwertsteuersystem.

>KOM (84) 649 endg. = ABl. 1984, Nr. C 347, S. 3 f.

Die Richtlinie soll die den Mitgliedstaaten während einer Übergangszeit zustehenden Abweichungsmöglichkeiten vom gemeinsamen Mehrwertsteuersystem verringern. Sie hat keinen Bezug zum Neutralitätsrecht (s.o. Nr. A, III, 1).

(103) 19. MwSt-Richtlinie: Verschiedene Bestimmungen zur Ergänzung und Änderung der Richtlinie 77/388/EWG. In diesem Bereich liegt vor ein Kommissionsvorschlag für eine neunzehnte Richtlinie des Rates zur Harmonisierung der Rechtsvorschriften der Mitgliedstaaten über die Umsatzsteuer zur Änderung der Richtlinie 77/388/EWG — gemeinsames Mehrwertsteuersystem.

>KOM (84) 648 endg. (Fehler im Weißbuch) = ABl. 1984, Nr. C 347, S. 5 ff.

Die Richtlinie präzisiert und ändert einige Bestimmungen der Richtlinie 77/388/EWG, die die einheitliche steuerliche Bemessungsgrundlage eingeführt hat. Sie hat keinen Bezug zum Neutralitätsrecht (s.o. Nr. A, III, 1).

(104) MwSt-Richtlinie zum Bordbedarf von Luft- und Wasserfahrzeugen sowie Zügen im grenzüberschreitenden Verkehr: In diesem Bereich liegt vor ein Kommissionsvorschlag für eine Richtlinie des Rates betreffend die gemeinschaftsrechtliche Regelung der Mehrwertsteuer und der Verbrauchssteuern auf den Bordbedarf von Luft- und Wasserfahrzeugen sowie Zügen im grenzüberschreitenden Verkehr.

>KOM (79) 794 endg. = ABl. 1980, Nr. C 31, S. 10 ff.

Die Richtlinie soll die Angleichung der Rechtsvorschriften der Mitgliedstaaten über die Befreiung des ein- und ausgeführten Bordbedarfs von der Mehrwertsteuer und den Verbrauchssteuern regeln. Sie hat keinen Bezug zum Neutralitätsrecht (s.o. Nr. A, III, 1).

2) Verbrauchssteuern

(105) Vorschläge zur Harmonisierung der Struktur der Verbrauchssteuern auf alkoholische Getränke. In diesem Bereich liegen vier Kommissionsvorschläge vor: Richtlinie des Rates zur Harmonisierung der Verbrauchssteuer auf Alkohol.

KOM (72) 225 endg. = ABl. 1972, Nr. C 43, S. 25 ff.

Entscheidung des Rates, mit der die französische Republik ermächtigt wird, in ihren überseeischen Departements und im französischen Mutterland in Abweichung von Artikel 95 des Vertrages auf den Verbrauch von in diesen Departements hergestelltem sogenannten „traditionellen" Rum einen ermäßigten Steuersatz anzuwenden.

KOM (82) 153 endg. = ABl. 1982, Nr. C 107, S. 6 f.

Richtlinie des Rates zur Festlegung bestimmter Regeln über indirekte Steuern, die den Verbrauch von alkoholischen Getränken belasten.

KOM (85) 150 endg. = ABl. 1985, Nr. C 114, S. 6 f.

Richtlinie des Rates über die Harmonisierung der Verbrauchssteuern auf aufgespriteten Wein und ähnliche Erzeugnisse.

KOM (85) 151 endg. = ABl. 1985, Nr. C 114, S. 7 ff.

Die Richtlinien sollen die Rechtsvorschriften der Mitgliedstaaten über die Verbrauchssteuern auf alkoholische Getränke harmonisieren. Sie haben keinen Bezug zum Neutralitätsrecht (s.o. Nr. A, III, 2). Die Entscheidung soll sich nur an Frankreich wenden und ist daher nicht weiter relevant.

(106) Vorschlag für eine Verbrauchssteuer auf Wein: In diesem Bereich liegt vor ein Kommissionsvorschlag für eine Richtlinie des Rates über eine harmonisierte Verbrauchssteuer auf Wein.

KOM (72) 225 endg. = ABl. 1972, Nr. C 43, S. 32 ff.

Die Richtlinie soll die Rechtsvorschriften der Mitgliedstaaten über die Verbrauchssteuer auf Wein harmonisieren. Sie hat keinen Bezug zum Neutralitätsrecht (s.o. Nr. A, III, 2).

(107) Vorschlag zur Einführung einer dritten Stufe hinsichtlich der Harmonisierung der Struktur der Verbrauchssteuern auf Zigaretten: In diesem Bereich liegt vor ein Kommissionsvorschlag für eine Richtlinie des Rates zur Änderung der Richtlinie 72/464/EWG über die anderen Verbrauchssteuern auf Tabakwaren als die Umsatzsteuer.

> KOM (80) 69 endg. = ABl. 1980, Nr. C 264, S. 7 ff.

Die Richtlinie soll die Rechtsvorschriften der Mitgliedstaaten über die Verbrauchssteuern auf Zigaretten näher angleichen. Sie hat keinen Bezug zum Neutralitätsrecht (s.o. Nr. A, III, 2).

(108) Vorschlag zur Harmonisierung der Struktur der Verbrauchssteuern auf Mineralöle: In diesem Bereich liegt vor ein Kommissionsvorschlag für eine Richtlinie des Rates betreffend die Harmonisierung der Steuern auf Mineralöle.

> KOM (73) 123 endg. (Fehler im Weißbuch) = ABl. 1973, Nr. C 92, S. 36 ff.

Die Richtlinie soll die Rechtsvorschriften der Mitgliedstaaten hinsichtlich der wichtigsten Aspekte der Mineralölsteuern harmonisieren. Sie hat keinen Bezug zum Neutralitätsrecht (s.o. Nr. A, III, 2).

§ 5 Freihandelsabkommen Österreich — EWG

A. GEGENWÄRTIGE PFLICHTEN — NEUTRALITÄTSRECHTLICHE BEURTEILUNG

I. ALLGEMEINE NEUTRALITÄTSVERTRÄGLICHKEIT DES FREIHANDELSABKOMMENS

(1) Ganz allgemein ist zur Frage der Verträglichkeit von dauernder Neutralität und dem Abschluß einer Zollunion bzw. Freihandelszone folgendes festzustellen: abstrakt gesprochen (quaestio iuris) steht die dauernde Neutralität dem Abschluß einer Zollunion/Freihandelszone grundsätzlich nicht entgegen, wenngleich im konkreten Einzelfall (quaestio facti) Unverträglichkeiten auftreten können, die durch die spezielle Situation beider Partner dieser Präferenzzonen oder deren spezifische Ausgestaltung gegeben sind. In diesem Sinne hat z.B. der Ständige Internationale Gerichtshof in seinem Rechtsgutachten vom 5. September 1931 entschieden, daß das geplante österreichisch-deutsche Zollunionsprojekt (Schober-Curtius-Plan vom 19. März 1931) mit der aus Art. I des Genfer Protokolls vom 4. Oktober 1922 resultierenden qualifizierten Unabhängigkeitsverpflichtung Österreich deswegen nicht vereinbar sei, weil es eine zu starke politische/wirtschaftliche Verflechtung mit Deutschland nach sich ziehen könnte. Im Lichte der damaligen manifesten/latenten „Anschlußbestrebungen" würde die geplante Zollunion insbesondere die wirtschaftliche Unabhängigkeit Österreichs gefährden.

    s. PCIJ, Series A/B, Nr. 41, S. 52; NEUHOLD/HUMMER/ SCHREUER, S. 412 f.; vgl. § 2, C, I, 1 g.

Wenngleich die damalige völkerrechtliche Stellung Österreichs aufgrund der Art. 88 des Staatsvertrags von St. Germain und des Genfer Protokolls vom 4. Oktober 1933 (sowie des Lausanner Protokolls vom 15. Juli 1932) mit dem Status der „dauernden Neutralität" nicht exakt vergleichbar war, wurden aus diesem Gutachten des Ständigen Internationalen Gerichtshofs später immer wieder Schlußfolgerungen bezüglich der Vereinbarkeit der dauernden Neutralität Österreichs mit einer Assoziierung/Mitgliedschaft bei den Europäischen Gemeinschaften gezogen.

(2) Die österreichische Bundesregierung hatte — ebenso wie im Falle des Beitritts Österreichs zur EFTA —

> Erläuternde Bemerkungen zur Regierungsvorlage betreffend die Gründung der EFTA, 156 Beilagen zu den stenographischen Protokollen des Nationalrats, IX. GP, S. 319.

auch beim Abschluß der Freihandelsabkommen mit der EGKS und der EWG keine neutralitätsrechtlichen Bedenken, da diese zum einen weniger weitgehend als die EFTA-Bestimmungen waren und zum anderen im Grunde den bereits in den Assoziationsgesuchen der drei neutralen Staaten Österreich, Schweiz und Schweden vom 15. Dezember 1961 formulierten folgenden drei **Neutralitätsvorbehalten** entsprachen:

(a) Beibehaltung der "treaty making power" im außenwirtschaftlichen Bereich;

(b) Recht, das Abkommen in Krisen- oder Kriegszeiten ganz oder teilweise suspendieren zu können, sowie Beibehaltung der Möglichkeit, sich auch in Friedenszeiten von wirtschaftlichen Maßnahmen kriegsähnlichen Charakters (Boykott, Embargo etc.) befreien zu lassen (right to withdraw);

(c) Möglichkeit, auch in Friedenszeiten die Basis für eine ausreichende Versorgung in Kriegszeiten aufrechterhalten zu können.

> MAYRZEDT/HUMMER, S. 367; HUMMER (4), S. 29.

In diesem Sinne formulierte die Bundesregierung auch: „Die genannten verfassungsändernden Bestimmungen sind viel weniger weitgehend als die verfassungsändernden Bestimmungen des EFTA-Übereinkommens, da der Gemischte Ausschuß nur einstimmige Beschlüsse fassen kann, also eine Normsetzung gegen den Willen österreichischer Organe nicht erfolgen kann, während nach dem EFTA-Übereinkommen auch Mehrheitsbeschlüsse vorgesehen sind. Eine die Unabhängigkeit und Neutralität Österreichs gefährdende Beschränkung der nationalen Souveränität ist durch diese Regelung ungeachtet des verfassungsändernden Charakters im Hinblick auf das Erfordernis der einvernehmlichen Beschlußfassung und damit der Sicherheit, daß Österreich ohne seine ausdrückliche Zustimmung keine Verpflichtungen auferlegt werden können, die nicht schon im vorliegenden Abkommen vorgesehen sind, sowie im Hinblick auf die Möglichkeiten, die durch Art. 21 zur Wahrung der Sicherheitsinteressen eingeräumt werden, und im Hinblick auf die Kündigungsmöglichkeit des Art. 34 nicht gegeben."

Erläuternde Bemerkungen zur Regierungsvorlage betreffend das Abkommen zwischen der Republik Österreich und der EWG, 485 Beilagen zu den Stenographischen Protokollen des Nationalrates, XIII. GP, S. 329 f.

Im einzelnen stellt die Bundesregierung in dieser ihrer Neutralitätsverträglichkeitsaussage auf folgende Bestimmungen des Freihandelsabkommens Österreich-EWG ab:

(a) Da sich der gemäß Art. 29 eingesetzte und gemäß Art. 30 Abs. 1 paritätisch zusammengesetzte „Gemischte Ausschuß" gemäß Art. 30 Abs. 2 nur „im gegenseitigen Einvernehmen" äußern kann, können in ihm nur einstimmige Entscheidungen getroffen werden. Damit kann aber jede Vertragspartei und damit auch Österreich formal jede neutralitätsrechtlich problematische Frage im Zuge der Anwendung des Abkommens durch sein „Veto" blockieren. Dies trifft insbesondere auch in den Fällen zu, in denen der Gemischte Ausschuß gemäß Art. 29 Abs. 1 Satz 3 ermächtigt ist, rechtsverbindliche Beschlüsse zu fassen.

(b) Die Flucht- bzw. Suspendierungsklauseln des Art. 21 ermöglichen es Österreich formal, alle Abkommensverpflichtungen zu übernehmen, ohne eine Neutralitätsgefährdung befürchten zu müssen.

(c) Die in Art. 34 vorgesehene Kündigungsmöglichkeit des Freihandelsabkommens trägt darüber hinaus auch einem neutralitätspolitischen Grundsatz Österreichs Rechnung, nämlich sich nicht unbeschränkt binden zu wollen.

vgl. dazu Art. 42 EFTA-Vertrag.

Da diese Vertragsbestimmungen in ihrer Gesamtheit ohne Zweifel geeignet sind, ausreichende Vorsorgen auch für die Führung einer eigenständigen Neutralitätspolitik zu treffen, ist der Rechtsansicht der österreichischen Bundesregierung von der vollen neutralitätsrechtlichen und -politischen Verträglichkeit des Freihandelsabkommens Österreich-EWG voll zuzustimmen.
Dies ist auch die Ansicht der herrschenden Lehre.

II. FREIHANDELSABKOMMEN UND STAATSVERTRAG

Nach diesen allgemeinen Ausführungen zur Vereinbarkeit der dauernden Neutralität Österreichs mit dem Abschluß eines Freihandelsabkommens mit der EWG ist aber auch noch die Verträglichkeit dieses Abkommens mit dem aus Art. 4 des Staatsvertrags vom 15. Mai 1955 resultierenden „Anschlußverbot" kurz zu erörtern, obwohl diese qualifizierte Unabhängigkeitsverpflichtung nicht spezifisch neutralitätsrechtlicher Natur ist. Danach darf Österreich keinerlei Maßnahmen treffen, „die geeignet wären, unmittelbar oder mittelbar eine politische oder wirtschaftliche Vereinigung mit Deutschland zu fördern oder seine territoriale Unversehrtheit oder politische oder wirtschaftliche Unabhängigkeit zu beeinträchtigen".

De iure ist dazu festzustellen, daß ein Freihandelsabkommen mit einer internationalen Organisation wie der EWG, in der die Bundesrepublik lediglich "pars inter pares" ist und keine hegemoniale Stellung einnimmt, ohne Zweifel weder einen „Anschluß" noch eine wie immer geartete politische oder wirtschaftliche **Vereinigung** mit Deutschland darstellt; die EWG als "aliud" zur Bundesrepublik und das Fehlen einer wirtschaftlichen Vorzugsbehandlung reziproker Natur zwischen Deutschland und Österreich (selbst im Falle eines EWG-Beitrittes Österreichs) räumt formal alle Kompatibilitätsbedenken aus.

De facto ist aber nicht zu leugnen, daß auf die Bundesrepublik nicht nur die größte Quote des intrazonalen Warenaustausches entfällt, sondern die Außenhandelsverflechtung Österreichs mit dem westdeutschen Markt gegenwärtig ca. 37 % des gesamten österreichischen Außenhandels beträgt.

> Statistisches Handbuch für die Republik Österreich 1984, S.367.

Mit der EWG insgesamt werden 65,6 % des österreichischen Außenhandels abgewickelt. Besonders signifikant ist allerdings, daß der Prozentsatz des österreichischen EWG-Handels, der in der Bundesrepublik Deutschland geht, 63,14 % beträgt.

> Zahlen nach EUROSTAT, External Trade, Statistical Yearbook 1986, S. 5 f. und daraus abgeleitete eigene Berechnungen.

Die sowjetischen Bedenken, die im Aide-mémoire der Regierung der UdSSR vom 18. August 1972 vorgetragen wurden, wurden österreichischerseits durch das Aide-mémoire der österreichischen Bundesregierung

vom 20. September 1972 mittels folgender Formulierung ausgeräumt:
„ ... Die österreichische Bundesregierung ist daher gerne bereit, auch gegenüber der Regierung der UdSSR offiziell ihren Standpunkt zu bestätigen, daß diese Abkommen Österreichs mit den Europäischen Gemeinschaften in keiner Weise den Umfang der Rechte und Pflichten der Partner am Staatsvertrag, betreffend die Wiederherstellung eines unabhängigen und demokratischen Österreich vom 15. Mai 1955, und auch der von Österreich freiwillig auf sich genommenen Verpflichtungen aus dem Bundesverfassungsgesetz über die immerwährende Neutralität Österreichs vom 26. Oktober 1955 abändern können oder sollen ... "

MAYRZEDT/HUMMER, S. 493.

Damit herrscht heute kein Zweifel mehr über die Verträglichkeit des Freihandelsabkommens Österreich-EWG mit dem „Anschlußverbot" des Art. 4 des Staatsvertrags vom 15. Mai 1955.

III. PRÜFUNGSGEGENSTAND

Von den gesamten, seitens Österreich mit der EGKS und der EWG abgeschlossenen Verträgen wird nachstehend nur das Globalabkommen Österreich-EWG (beispielhaft) behandelt (im folgenden als Freihandelsabkommen bezeichnet).

>Diese Verträge sind: Interimsabkommen Österreich-EGKS (BGBl. 1972, Nr. 358); Interimsabkommen Österreich-EWG (BGBl. 1972, Nr. 357); Globalabkommen Österreich-EGKS (BGBl. 1972, Nr. 467); Globalabkommen Österreich-EWG (BGBl. 1972, Nr. 466); Abkommen über das gemeinschaftliche Versandverfahren (BGBl. 1973, Nr. 599); EGKS-Tarifabkommen (BGBl. 1958, Nr. 63).

Ebenso wird auf das Freihandelsabkommen-Durchführungsgesetz und dessen bisher ergangene Novellierungen nicht näher eingegangen.

Das **Freihandelsabkommen Österreich-EWG** besteht aus folgenden Übereinkünften:

a) Vertragstext, bestehend aus 36 Artikel;

b) Anhang I: Liste der in Art. 2 genannten Waren (die vom Freihandelsabkommen ausgenommenen Waren der Kapitel 25-99 der Brüsseler Zollnomenklatur);

c) Protokoll 1: Sensible Produkte;

d) Protokoll 2: Landwirtschaftliche Verarbeitungsprodukte (Art. 1-3);

e) Protokoll 3: Ursprungsregelung (Art. 1-28);

f) Protokoll 4: Sonderregelung Irland;

g) Protokoll 5: Mengenmäßige Beschränkungen, die Österreich beibehalten kann.

Texte in: HANREICH/STADLER, Bd. 1.

IV. FREIER WARENVERKEHR

Als Mittel zur Erreichung des freien Warenverkehrs sieht das Freihandelsabkommen Österreich-EWG die Errichtung einer Freihandelszone (Art. 3-12) sowie die Abschaffung mengenmäßiger Einfuhrbeschränkungen oder Maßnahmen gleicher Wirkung (Art. 13) vor. Sachlich vom freien Warenverkehr umfaßt sind — soweit sie Ursprung in Österreich oder der EWG haben — gemäß Art. 2 die industriell-gewerblichen Waren der Kapitel 25-99 der Brüsseler Zollnomenklatur sowie jene landwirtschaftlichen Verarbeitungsprodukte, die im Protokoll 2 enthalten sind. Gemäß Art. 8 gelten für die in Protokoll 1 aufgelisteten sensiblen Produkte Sonderregelungen. Landwirtschaftliche (Primär-)Produkte (im Sinne der Kapitel 1-24 der Brüsseler Zollnomenklatur) sind gemäß Art. 2 vom Freihandelsabkommen nicht umfaßt und wurden einem eigenen Agrarbriefwechsel vorbehalten, der selbständige staatsvertragliche Pflichten für beide Partner stipuliert.

BGBl. 1972, Nr. 466 mit Änderungen; s.u. Nr. B, I, 3).

1. Errichtung einer Freihandelszone

Die Errichtung der Freihandelszone sowie die Beseitigung der entsprechenden Handelshemmnisse hat gemäß den Bestimmungen des Freihandelsabkommens schrittweise zu erfolgen. Dem zukünftigen Verzicht der

Einführung neuer Einfuhr- und Ausfuhrzölle (Art. 3 Abs. 1 und Art. 7 Satz 1) sowie der Abgaben zollgleicher Wirkung (Art. 6 Abs.1 und Art. 7 Satz 1) steht der Abbaurhythmus der gegenwärtigen Zollschranken gegenüber: Beseitigung der Ausfuhrzölle zum 1. Januar 1974 (Art. 7 Satz 2); Beseitigung der Einfuhrzölle und der Fiskalzölle (Art. 4 Abs. 1); Beseitigung der Abgaben zollgleicher Wirkung zum 1. Juli 1977 (Art. 6 Abs. 3). Ebenso wurde bei den landwirtschaftlichen Veredelungsprodukten der Zollschutz zum 1. Juli 1977 abgebaut.

Der Zollabbau fand im allgemeinen in fünf Stufen zu je 20 % der Ausgangszölle innerhalb einer Frist von 4 1/2 Jahren statt, wobei die Zollsenkungstermine folgende waren: Inkrafttreten der Interimsabkommen am 1. Oktober 1972 (Zollsenkung um 30 %), Jahresbeginn 1974 (10 %), 1975 (20 %), 1976 (20 %) und 1. Juli 1977 (20 %).

In Abweichung vom normalen Zollabbaukalender wurde für einige „sensible" Produkte (Stahl, gewisse Papiere, einzelne Metalle etc.) ein verlangsamter Zollabbau vorgesehen, der z. B. für Stahl erst am 1. Januar 1980 und für Papier am 1. Januar 1984 endete. Daneben wurde noch eine Begrenzung der Einfuhrpräferenzen durch Richtplafonds festgelegt. Diese Regelungen für sensible Produkte brachten eindeutige Vorteile für die EWG, da von der Einfuhr der EWG aus Österreich 11,9 % auf sensible Produkte, von der Einfuhr Österreichs aus der EWG hingegen nur 3,9 % auf sensible Produkte entfielen (1973).

> Die österreichischen Integrationsverträge mit den Europäischen Gemeinschaften, in: Monatsberichte des Österreichischen Instituts für Wirtschaftsforschung 2/1974, S. 82.

Neutralitätsrechtliche Beurteilung

Der bloße Abbau von (Binnen-)Zöllen und die Beseitigung von Abgaben zollgleicher Wirkung für die Binnenliberalisierung innerhalb einer Freihandelszone sind neutralitätsrechtlich unbedenklich, da für einen dauernd Neutralen in Friedenszeiten keine Paritätspflichten existieren; in Kriegszeiten gilt die allgemeine Suspendierungsklausel (s.u. Nr. X).

> s.o. § 2, C, I, 2.

Die oben konstatierte abstrakte Verträglichkeit von dauernder Neutralität und Mitgliedschaft in einer Freihandelszone kommt auch im Freihandelsverhältnis Österreich-EWG zum Tragen, das darüber hinaus ja auch keine gemeinsame Zollverwaltung kennt.

s.o. § 5, A, I.

2. Abschaffung mengenmäßiger Beschränkungen und Maßnahmen gleicher Wirkung

Art. 13 des Freihandelsabkommens sieht die Abschaffung mengenmäßiger (**Einfuhr-**) Beschränkungen vor, die zum 1. Januar 1973 abgeschlossen war. Die ebenfalls erforderliche Abschaffung aller Maßnahmen gleicher Wirkung wie mengenmäßige (Einfuhr-)Beschränkungen erfolgte am 1. Januar 1975. Damit war neben dem Zollabbau das zweite Element der Binnenliberalisierung durchgeführt. Der von der Schweiz im Jahre 1982 unternommene Versuch der Ausweitung ihres Abkommens um ein Verbot mengenmäßiger **Ausfuhr**beschränkungen blieb bisher ohne Erfolg.

Neutralitätsrechtliche Beurteilung

Auch diese nicht-tarifären Maßnahmen der Binnenliberalisierung stellen kein neutralitätsrechtliches Problem dar, da sie im Grunde wie die tarifäre Liberalisierung zu qualifizieren sind, die sie ergänzen, um Umgehungen zu verhindern.

s.u. § 7, B, IX.

V. WETTBEWERBSRECHT

Ordopolitisch gesehen dienen die Wettbewerbsregeln des Freihandelsabkommens dazu, den Grundgedanken des Freihandels nicht dadurch zunichte zu machen, daß durch private oder staatliche Wettbewerbsbeschränkungen de facto neue Handelsbarrieren errichtet werden. Zentrale Bestimmung dafür ist Art. 23, der ein System von Wettbewerbsregeln enthält, das insbesondere Kartelle und kartellähnliche Tatbestände, die mißbräuchliche Ausnützung von Marktmacht sowie wettbewerbsbeschränkende Beihilfen als mit dem guten Funktionieren des Freihandelsabkommens unvereinbar erklärt. Die in Frage stehende Praktik muß allerdings geeignet sein, den Warenverkehr zwischen Österreich und der Gemeinschaft zu beeinträchtigen. Diese Bestimmungen lehnen sich eng an die des EWG-Vertrages selbst an (Art. 85, 86, 90 und 92 EWGV), ohne jedoch deren Vollständigkeit zu erreichen. Insbesondere stellen sie im Gegensatz zur Verbotsregelung des Art. 85 Abs. 1 EWGV nur eine Mißbrauchsregelung dar.

> Art. 23 Abs. 1 Buchstabe i) und ii) kennt nur eine völkerrechtliche Sanktion, nämlich die Ergreifung von Schutzmaßnahmen gemäß Art. 27. Hinsichtlich der Ausgestaltung der Sanktionen nach dem österreichischen Kartellgesetz von 1972 sieht dieses für Vereinbarungen, die eine Wettbewerbsbeschränkung nur bewirken, ohne sie zu bezwecken, und gegenüber aufeinander abgestimmte Verhaltensweisen Sanktionen erst dann vor, wenn diese Praktiken vom Kartellgericht untersagt wurden, während es nach Art. 85 Abs. 2 EWGV eben nur auf die Erfüllung des Verbotstatbestandes ankommt, s. KOPPENSTEINER, S. 229.

Außerdem gingen die Bestimmungen des Art. 23 über die ursprünglichen Vorschriften des österreichischen Kartellgesetzes von 1959 hinaus. Zur Anpassung der österreichischen Rechtslage an diese Bestimmungen des Freihandelsabkommens wurde am 22. November 1972 das (neue) österreichische Kartellgesetz erlassen, das sich selbst als „Begleitgesetz" zu den Freihandelsverträgen sieht und neue Tatbestände, wie etwa „aufeinander abgestimmte Verhaltensweisen" enthält. Was die Durchführung der Wettbewerbsregeln des Art. 23 des Freihandelsabkommens durch das Kartellgesetz betrifft, so stellt dieses Gesetz ein wesentlich präziseres Instrument dar, als dies die von der EWG getroffenen Maßnahmen sind.

Trotz dieser, zumindest teilweisen Ausgestaltung des Art. 23 des Freihandelsabkommens durch das Kartellgesetz von 1972 gibt es in bezug auf Art. 23 noch eine Reihe von Problemen:

a) Es ist noch immer nicht eindeutig geklärt, ob Art. 23 unmittelbar anwendbar ist oder nicht.

> vgl. HUMMER (5); URLESBERGER, S. 51 ff.

Angesichts dieses Streits ist die Zurückhaltung, sich auf diesen Artikel zu berufen, verständlich.

> Art. 23 des Freihandelsabkommens Österreich-EWG wurde niemals, die parallele Bestimmung in den anderen Freihandelsabkommen der sonstigen Rest-EFTA-Staaten mit der EWG lediglich ein einziges Mal (!) angerufen, nämlich in der Causa Stanley Adams; auf der Tagung des Gemischten Ausschusses EWG/Schweiz vom 5. Juni 1975 und in den Debatten des Europäischen Parlaments vom 12. Januar 1977 (Anfrage des Abgeordneten PRESCOTT, ABl. 1977, Nr. C 211, S. 127) wurde versucht, das Verhalten Adams unter Hinweis auf Art. 23 des Freihandelsabkommens Schweiz-EWG zu rechtfertigen.

Dies gilt umso mehr, als die EWG auf dem Standpunkt des „Wirkungsprinzips" steht und für sich den Anspruch erhebt, Wettbewerbsverstöße auch dann zu ahnden, wenn der inkriminierte Sachverhalt zwar außerhalb der Gemeinschaft gesetzt wurde, die Wirkungen aber innerhalb des Gebietes derselben aufgetreten sind.

b) Damit im Zusammenhang steht ein anderes Problem. Durch eine einseitige Erklärung anläßlich des Abschlusses des Freihandelsabkommens hat die Kommission festgestellt, daß sie die Wettbewerbsbestimmungen des Freihandelsabkommens nach ihren eigenen Maßstäben auszulegen gedenkt.

> Erläuternde Bemerkungen zur Regierungsvorlage des Freihandelsabkommens Österreich-EWG, 485 der Beilagen zu den Stenographischen Protokollen des Nationalrates, XIII. GP, S. 331. Die Einzelheiten der EWG-internen Anwendung der in den Art. 22 bis 27 des Freihandelsabkommens vorgesehenen Schutzklauseln und Sicherungsmaßnahmen hat die EWG in der Verordnung des Rates Nr. 2837/72 vom 19. Dezember 1972 (ABl. 1972, Nr. L 300, S. 94 f.) geregelt.

Mit dieser Interpretation des Art. 23 im Sinne der Art. 85 und 86 EWGV schritt die Kommission bereits mehrfach (auch) gegen österreichische

Firmen ein (Vereinigte Metallwerke Ranshofen, Eisenwerk Sulzau-Werfen) und verhängte teilweise hohe Geldbußen.

> ABl. 1975, Nr. L 228, S. 3 ff.; ABl. 1983, Nr. L 317, S. 1 ff.

Österreich sah diese Entwicklung voraus und deponierte seinerseits gegen die einseitige Erklärung der Kommission eine Rechtsverwahrung, indem es erklärte, daß es Art. 23 Abs. 1 nach seinen eigenen Maßstäben handhaben wird.

> Erläuternde Bemerkungen zur Regierungsvorlage des Freihandelsabkommens Österreich-EWG, 485 der Beilagen zu den Stenographischen Protokollen des Nationalrates, XIII. GP., S. 331.

Dieses "agreement to disagree" trägt immer wieder die Gefahr in sich, daß sich die EWG der Schutzklauselregelungen bedient, wie sie sie in der bereits oben erwähnten Verordnung Nr.2837/72 ausgestaltet hat. Da aus österreichischer Sicht ein ausgeprägtes Interesse besteht, das Ergreifen von Schutzmaßnahmen seitens der EWG zu minimieren, wird sich Österreich wohl oder übel auf Sicht der gemeinschaftsrechtlichen Praxis angleichen müssen.

> Dieses Interesse Österreichs wird deutlich dokumentiert durch die ökonomischen Disparitäten zwischen dem „österreichischen EWG-Handel" und dem „Österreich-Handel der EWG" (s.o. § 5, A, II u. u. § 5, A, IX sowie § 5, B).

Auf die Schutzklauselproblematik selbst wird noch gesondert zurückzukommen sein.

c) Bestehen schon Zweifel über die direkte Anwendbarkeit der Bestimmungen des Art. 23 Abs. 1 Buchstabe i) und ii) des Freihandelsabkommens, so muß dann umsomehr der Bestimmung des Art. 23 Abs. 1 Buchstabe iii) über das Verbot staatlicher Beihilfen die direkte Anwendbarkeit abgesprochen werden, zumal nicht einmal die entsprechende einschlägige Bestimmung des Art. 92 EWGV direkt anwendbar ist.

> EuGH, Rs. 77/72, Capolongo/Azienda Agricola Maya, Rspr. 1973, S. 611 ff., 622.

Daher bedarf es einer Konkretisierung des Art. 23 Abs. 1 Buchstabe iii). Dies könnte so vor sich gehen, wie innerhalb der EWG das Verbot der staatlichen Beihilfen durch Rechtshandlungen allgemeiner Tragweite (Art. 94 EWGV) und durch Einzelfallentscheidungen (Art. 93 Abs. 2 EWGV) konkretisiert wird. Obwohl es bereits im März 1982 zu informellen Gesprächen über das Problem der Staatsbeihilfen für einige besonders sensible Industriezweige (Stahl, Papier, Textil, Schiffbau) kam, ist bis dahin aber noch ein weiter Weg zurückzulegen.

d) Was das öffentliche Auftrags- und Beschaffungswesen betrifft, so gingen beide Partner im Freihandelsabkommen davon aus, daß es davon nicht erfaßt wird. Mitte der 70er Jahre änderte die Kommission aber plötzlich ihre Meinung und remonstrierte — auf Betreiben einer holländischen Firma — gegen die Ausschreibungsbedingungen für Spitalsbetten für das Krankenhaus Zell am See. Zum Unterschied zu den gemeinschaftsrechtlichen Bestimmungen für das öffentliche Beschaffungswesen (s.o. § 4, A, II, 2) konnte sich die Kommission hier nicht auf ein auf Art. 13 des Freihandelsabkommens aufbauendes Instrument stützen, sondern mußte auf das Verbot staatlicher Beihilfen in Art. 23 Abs. 1 Buchst. iii) des Freihandelsabkommens abstellen. Dieses Problem war zwischenzeitlich mehrfach auf der Traktandenliste des Gemischten Ausschusses. Dabei argumentierte die EWG dahingehend, daß der Grundsatz der Nichtdiskriminierung nach dem Freihandelsabkommen auch auf öffentliche Aufträge Anwendung findet. Demgegenüber vertrat Österreich die Auffassung, daß das öffentliche Auftragswesen grundsätzlich nicht vom Freihandelsabkommen umfaßt werde, konkrete Fälle von Diskriminierung gemeinschaftlicher Unternehmungen — insbesondere bundesdeutscher — aber, bei Vorliegen entsprechender Reziprozität, sorgfältig geprüft werden würden.

Neutralitätsrechtliche Beurteilung

Weder das Verbot von **Vereinbarungen** und **aufeinander abgestimmten Verhaltensweisen** zwischen Unternehmen, die wettbewerbsbeschränkenden Charakter haben, noch das **Verbot mißbräuchlicher Ausnutzung einer marktbeherrschenden Stellung** — die noch dazu unter Umständen nicht unmittelbar anwendbar sind — stellen neutralitätsrechtlich relevante Vertragsabsprachen dar. Das Neutralitätsrecht ist (wirtschafts-)ordnungspolitisch völlig indifferent, die Beseitigung wettbewerbsbeschränkender Praktiken führt in der Regel zwar zu einer Ausweitung der wirtschaftlichen

Austauschbeziehungen, die aber als Konsequenz privater Handelstätigkeit unbeachtlich ist. Auch ist die Fortführung des courant normal eindeutig gestattet.

> vgl. o. § 2, B, I, 2 f.

Was die Beseitigung **staatlicher Beihilfen** betrifft, so ist festzustellen, daß sie ebenfalls neutralitätsrechtlich nicht zu beanstanden ist. Sie könnte zwar dann relevant werden, wenn Österreich im Neutralitätsfall staatliche Beihilfen für den Export in kriegführende Drittstaaten neu- oder weitergewähren würde. Obwohl damit gegen die wirtschaftliche Paritätspflicht verstoßen werden würde, wäre dies (nur) eine autonome Entscheidung Österreichs im Neutralitätsfall und hat mit dem Verbot der Gewährung staatlicher Beihilfen in Art. 23 Abs. 1 Buchstabe iii) des Freihandelsabkommens nichts zu tun.

> vgl.u. § 5, C, I, 5.

Hinsichtlich der **öffentlichen Aufträge** ist zu bemerken, daß es sich dabei um einen neutralitätsrechtlich nicht relevanten Bereich im Verhältnis Staat — ausländische natürliche oder juristische Person bzw. verstaatlichtes Unternehmen handelt. Die eventuelle Nichtzulassung dritter Bieter wäre diesbezüglich ebenso eine autonome Maßnahme Österreichs, die unter Umständen zwar neutralitätsrechtliche Paritätspflichten verletzen könnte, aber nicht aus einer Verpflichtung aus dem Freihandelsabkommen heraus erfolgt.

> vgl. u. § 5, C, I, 6.

VI. URSPRUNGSREGELN

Die Frage der Ausgestaltung der Ursprungsregeln für die Präferenzierung von Zonenprodukten war bereits eine der großen Streitfragen in den Debatten des Jahres 1957, als eine große gesamteuropäische Freihandelszone zur Diskussion stand.

> OEEC, Report on the Possibility of Creating a Free Trade Area in Europe, Paris 1957, S. 38 ff.

Im Memorandum der EWG-Kommission vom 26. Februar 1959 über die Probleme einer Freihandelszone wurde bereits festgestellt: „Lehnt man also ein sehr strenges System der Ursprungskontrolle ab, weil es den Handel eher hemmen als die Liberalisierung fördern würde ... ".

 zitiert nach EG-Magazin, Nr. 9-10 vom 15. Dezember 1986, S. 12.

Dennoch wurde im Freihandelsabkommen ein äußerst kompliziertes System von Ursprungsregeln verankert (Art. 11 i.V.m. Protokoll Nr. 3) nach dem — grob vereinfacht — eine Ware aufgrund eines der folgenden vier Kriterien in den Genuß des **Zonenursprungs** und damit der zollfreien Zirkulation innerhalb der Zone kommt:

1) Vollständige Erzeugung innerhalb der Zone.

2) Bilateraler Ursprung: Produkte, die in Österreich ausschließlich aus Ursprungserzeugnissen Österreichs und der EWG oder ausschließlich der EWG gefertigt werden.

3) Ausreichende Be- oder Verarbeitung: Kriterium ist hier der „Tarifsprung", d.h. ob die veredelte Ware unter eine andere Zolltarifnummer der Brüsseler Nomenklatur einzuordnen ist. Bei einer Reihe von Produkten („Liste A") genügt dieser Tarifsprung jedoch nicht; es müssen zusätzliche Verarbeitungskriterien erfüllt werden. Die in der „Liste B" angeführten Verarbeitungsvorgänge wiederum genügen bereits für sich allein, und es bedarf hierbei keines eigenen Tarifsprunges.

4) Kumulativer Ursprung: Eine Ware behält ihren österreichischen Ursprung, wenn sie aus Österreich in ein anderes EFTA-Land und von dort weiter in die EWG exportiert wird, sofern:

- dies ohne weitere Be- oder Verarbeitung geschieht oder

- diese Be- oder Verarbeitung nicht ausreicht, den Ursprung des weiterverarbeitenden Landes zu begründen; dies alles unter verschiedenen, restriktiven Bedingungen.

Analoges gilt selbstredend für den Import von Gemeinschaftswaren aus der EWG nach Österreich.

Da die Ursprungsregeln der EFTA (wonach zum Ursprungerwerb eine 50 %ige Wertschöpfungsquote im Veredelungsprozeß genügte) an diese neuen Regeln in den Freihandelsabkommen anzupassen waren — um insbesondere die Regelung des kumulativen Ursprungs richtig nützen zu können —, ersetzte die EFTA am 1. April 1973 ihre bisherigen Ursprungsregeln durch die des Protokolls 3 zu den Freihandelsabkommen. Zugleich wurde ein Ständiger Ausschuß der EFTA **(Komitee der Ursprungs- und Zollexperten)** eingesetzt, der für eine Reihe von koordinierenden Maßnahmen und der Nachvollziehung und Anpassung der Bestimmungen der EFTA an die der Freihandelsabkommen vorleistende Arbeiten erledigte.

Sowohl das Freihandelsabkommen als auch die EFTA-Konvention selbst sehen eine ausdrückliche Normsetzungsbefugnis der einzelnen Organe auf dem Sektor der Ursprungsregeln vor, ohne daß es einer Novellierung bzw. eines Ratifikationsverfahrens bedürfte. Diese Beschlußkompetenz hat der Gemischte Ausschuß bereits mehrfach ausgeübt.

Beschluß Nr. 3/73, 4/73, 6/73 etc. (BGBl. 1973, Nr. 316) zur Durchführung der Ursprungsregeln, der Festlegung des Verfahrens für den Postversand, Novellierung des Art. 25 Abs. 1 Protokoll Nr. 3; vgl. auch den Beschluß Nr. 10/73 (BGBl. 1974, Nr. 133) bezüglich der Ersetzung aller Formblätter für Warenverkehrsbescheinigungen durch ein einheitliches Formular EUR 1.

Dabei kam es insbesondere in der Neufassung des Art. 23 des Protokolls Nr. 3 hinsichtlich des "draw-back"-Verbotes durch den Beschluß Nr. 1/75 (BGBl. 1975, Nr. 659) zu einer wichtigen meritorischen Veränderung: Vormaterialien, die dem Freihandelsabkommen nicht unterliegen, sollen in den Genuß einer Zollrückvergütung kommen können. Diesbezüglich akzeptierte Österreich den Standpunkt der EWG, nachdem er von allen anderen EFTA-Staaten auch angenommen worden war. Die Änderungen in der Ursprungsregelung wurden schließlich so vielfältig, daß das gesamte Protokoll Nr. 3 im Jahre 1977 neu gefaßt werden mußte und 1984 neuerlich konsolidiert wurde.

BGBl. 1978, Nr. 216; ABl. 1984, Nr. L 323, S. 1 ff.

Obwohl sich EWG und EFTA in der Luxemburger Erklärung vom 9. April 1984 einvernehmlich zur Vereinheitlichung der Ursprungsregeln bekannt hatten, ist es bislang noch nicht dazu gekommen.

vgl. dazu u. § 5, C, I, 3.

Neutralitätsrechtliche Beurteilung

Die für die Qualifikation als Zonenprodukt innerhalb einer regionalen Präferenzzone notwendigen Ursprungsregeln werfen keine neutralitätsrechtlichen Probleme auf. Die zollpräferenzmäßige Einstufung von Waren durch die Ursprungsregeln hilft zwar mit, den courant normal auszugestalten, ist aber — falls dieser nicht in diskriminierender Weise umgestaltet wird (und gerade das verhindert ja ein etabliertes Ursprungssystem) — unbedenklich.

vgl. u. § 5, B, III.

VII. LANDWIRTSCHAFTLICHE VERARBEITUNGSPRODUKTE

Der Agrarsektor (Zolltarifkapitel 1-24) fällt mit Ausnahme bestimmter landwirtschaftlicher Verarbeitungsprodukte nicht unter das Freihandelsabkommen. Gemäß seinem Art. 15 erklären sich die Vertragsparteien aber bereit, die harmonische Entwicklung des Handels mit landwirtschaftlichen Erzeugnissen zu fördern. Im Rahmen eines eigenen Agrarbriefwechsels haben sich beide Partner einige punktuelle Konzessionen auf Reziprozitätsbasis zugestanden. Dabei besteht die Konzession der EWG in einer Verringerung der Abschöpfung bei Schlachtrindern und in einer Kontingenterhöhung sowie Zollsenkung bei Nutzrindern, Österreich hingegen gewährt Zugeständnisse im Bereich der Importkontingente und Zölle; im ersten Fall wird bei bestimmten Waren (Obst, Gemüse, Wein) ein Teil der Kontingente für die Einfuhr aus der EWG vorbehalten, im zweiten wird der Zoll für bestimmte Gartenbauprodukte, Wein, Wermut etc. reduziert bzw. ganz ausgesetzt. Dem österreichischen Wunsch auf Einbeziehung aller Agrarprodukte in das Freihandelsabkommen wurde allerdings seitens der EWG nicht zugestimmt.

Für einen Vergleich der Marktordnungssysteme Österreichs und der EWG (innerhalb derer etwa 94 % der Agrarerzeugnisse gemeinsamen Marktordnungen unterliegen) s. Beirat für Wirtschafts- und Sozialfragen, Die Verträge mit den Europäischen Gemeinschaften, Wien 1972, S. 41 ff.

Das Protokoll Nr. 2 sieht für landwirtschaftliche Verarbeitungsprodukte vor, daß der Ausgangszoll gespalten werden kann. Ein fester Teilbetrag entspricht dem Schutzzoll, während ein beweglicher Teilbetrag den Preisunterschied bei den verarbeiteten landwirtschaftlichen Rohstoffen ausgleichen soll. 1972 entfielen von den gesamten österreichischen Einfuhren aus der EWG auf landwirtschaftliche Verarbeitungsprodukte bloß 2,7 %, von den Einfuhren landwirtschaftlicher Produkte 10 % und von den Einfuhren industriell-gewerblicher Produkte 2,2 %.

Die österreichischen Integrationsverträge mit den Europäischen Gemeinschaften, in: Monatsberichte des Österreichischen Instituts für Wirtschaftsforschung 2/1974, S. 83.

Während der feste Teilbetrag bis 1. Juli 1977 abzubauen war, bleibt der bewegliche voll bestehen bis sich die Preisunterschiede für landwirtschaftliche Rohstoffe in den einzelnen Ländern ausgeglichen haben. Die äußerst komplizierte Regelung sieht in den Grundzügen folgendermaßen aus:

1) Diejenigen landwirtschaftlichen Verarbeitungsprodukte, die in einem Freihandelsabkommen zumindest eines der EFTA-Staaten mit der EWG aufscheinen, genießen im EFTA-Binnenhandel Zollfreiheit nur hinsichtlich des festen Teilbetrages. Nach Maßgabe der verarbeiteten landwirtschaftlichen Rohstoffe können jedoch Kompensationsbeträge eingehoben werden, die maximal die Differenz zwischen Inlands- und Weltmarktpreis dieser Rohstoffe abschöpfen. Sie dürfen aber nicht höher sein, als die Abschöpfungen, die beim Import dieser Erzeugnisse aus der EWG erhoben werden.

2) Für jene landwirtschaftlichen Verarbeitungsprodukte, die in der EFTA nicht zollfrei sind (Anhang D) und die zumindest von einem Freihandelsabkommen eines EFTA-Staates mit der EWG erfaßt werden, gilt, daß bei der Einfuhr aus einem anderen EFTA-Land keine ungünstigere Regelung als gegenüber der EWG gelten darf.

3) Für die Waren des ursprünglichen Anhangs D, die kein EFTA-Staat in das Protokoll Nr. 2 seines Freihandelsabkommens aufgenommen hat, trat keine Änderung ein.

Neutralitätsrechtliche Beurteilung

Weder der Ausschluß einer speziellen Warengruppe (landwirtschaftliche Rohstoffe), noch der Einbezug einer anderen (landwirtschaftliche Verarbeitungsprodukte) in das Präferenzregime einer Freihandelszone ist neutralitätsrechtlich relevant. Es gelten diesbezüglich die bereits unter § 5, A, IV, 1 gemachten Ausführungen.

VIII. GEMEINSAMES VERSANDVERFAHREN

Seit dem 1. Januar 1970 ist in der EWG ein besonderes Zollverfahren für die Versendung von Gütern in Kraft, dessen Ziel darin besteht, die Zollformalitäten zu vereinfachen.

> Ursprünglich: Verordnung Nr. 542/69 des Rates vom 18. März 1969, ABl. 1969, Nr. L 77, S. 1 ff. mit Änderungen; vgl. allgemein FUCHS.

Danach wird die Ware bei einem Zollamt zum Versandverfahren angemeldet (nach österreichischem Recht: Warenerklärung). Der Anmeldende ist Hauptverpflichteter für das gesamte Zollverfahren und hat grundsätzlich Sicherheit für die Eingangsabgaben zu leisten. Das abfertigende Zollamt ist Abgangszollstelle und hat die Überwachung über das gesamte Verfahren über. Es behält eine Ausfertigung der Versandanmeldung — die durch die zollamtliche Bestätigung zum Versandschein geworden ist — zurück und gibt zwei weitere Exemplare dem Hauptverpflichteten zur Vorlage bei der Bestimmungszollstelle. Beim Grenzeintrittszollamt ist ein Grenzübergangsschein abzugeben. Die Bestimmungszollstelle hat nach Überprüfung der Rechtmäßigkeit des Verfahrens ein Exemplar des Versandscheins der Abgangszollstelle zurückzusenden, ein Exemplar einzubehalten und der Partei die Stellung der Ware zu bestätigen.

Angesichts der besonderen geographischen Position Österreichs (und auch der Schweiz) hatte die EWG ein vitales Interesse daran, dieses ihr Versandverfahren beim Transit über diese Drittstaaten nicht unterbrechen zu müssen. Andererseits war aber auch für Österreich — insbesondere für die Verladewirtschaft in Tirol und Salzburg — eine Teilnahme an diesem gemeinschaftlichen Versandverfahren von Bedeutung, da ansonsten Sammelladungen nur im EWG-Raum zusammengestellt worden wären.

Österreich und die EWG nutzten daher die in Art. 8 der Verordnung Nr. 542/69 gegebene Möglichkeit einer Teilnahme von Drittstaaten an diesem Abkommen und schlossen am 30. November 1972 das Abkommen zur Anwendung der Bestimmungen über das gemeinschaftliche Versandverfahren, das am 1. Januar 1974 in Kraft trat.

    BGBl. 1973, Nr. 599; ABl. 1972, Nr. L 294, S. 87 ff.

Um die Möglichkeiten des Sammelverkehrs auch gegenüber den beiden assoziierten Ländern Türkei und Griechenland nützen zu können, schloß Österreich am 11. Juni 1975 mit der EWG das Abkommen zur Vereinfachung der Förmlichkeiten im Warenverkehr zwischen der EWG einerseits und Griechenland und der Türkei andererseits beim Weiterversand von Waren aus Österreich.

    ABl. 1975, Nr. L 188, S. 2 ff.; geändert nach dem Beitritt Griechenlands zur EWG, ABl. 1981, Nr. L 107, S. 3 ff.

Da auch die Schweiz am 23. November 1972 ein entsprechendes Abkommen geschlossen hatte (ABl. 1972, Nr. L 294, S. 2 ff.), bestand keine Möglichkeit mehr, Warentransporte die sowohl über schweizerisches als auch über österreichisches Gebiet gingen, nach dem gemeinschaftlichen Versandverfahren abzuwickeln. Diese Lücke wurde durch das Abkommen vom 12. Juli 1977 geschlossen, das auf Warenbeförderungen zwischen EG-Staaten über schweizerisches und österreichisches Gebiet — aber auch andere Beförderungen, die beide Territorien berühren — abstellt und die Möglichkeit eröffnet, diese nach dem gemeinschaftlichen Versandverfahren zu behandeln. Gem. Art. 4 des Abkommens ist auch Liechtenstein in diese Regelung miteinbezogen.

    ABl. 1977, Nr. L 142, S. 3 ff.; 1986, Nr. L 375, S. 2.

Da beide Vertragswerke, nämlich das Freihandelsabkommen und das Abkommen über das gemeinschaftliche Versandverfahren, rechtlich völlig unabhängig voneinander bestehen, müssen sie auch in der Vollziehung genau auseinandergehalten werden. Daher kann z.B. weder ein Versandschein des gemeinschaftlichen Versandverfahrens an die Stelle einer Warenverkehrsbescheinigung nach dem Freihandelsabkommen treten noch umgekehrt.

Gemäß Art. 15 des Abkommens über das gemeinschaftliche Versandverfahren ist ein eigener Gemischter Ausschuß vorgesehen, der sich im Februar 1974 konstituierte und sich mit Beschluß 5/1974 eine Geschäftsordnung gab. Durch Beschluß 1/77 (BGBl. 1977, Nr. 331) wurde das Abkommen über das gemeinschaftliche Versandverfahren an die gemeinschaftliche Novellierung der Verordnung über das Versandverfahren angepaßt.

> Verordnung Nr. 222/77 des Rates vom 13. Dezember 1976 mit zahlreichen Änderungen, vereinheitlichter Text in: v.d. GROEBEN u.a., Handbuch, Bd. 3, I A 42/4, S. 350 ff.

1985 beschloß die EWG, die über 70 verschiedenen Dokumente aller Mitgliedstaaten für den Außenhandel durch ein einheitliches Dokument **(Single Administrative Document, Einheitspapier = SAD)** zu ersetzen, das am 1. Januar 1988 in Kraft treten soll. Davon würde auch das gemeinschaftliche Versandverfahren betroffen werden.

> s. Verordnung Nr. 678/85 des Rates vom 18. Februar 1985 zur Vereinfachung der Förmlichkeiten im innergemeinschaftlichen Warenverkehr, ABl. 1985, Nr. L 79, S. 1 ff.; Verordnung Nr. 679/85 des Rates vom 18. Februar 1985 zur Festlegung des Musters des im innergemeinschaftlichen Warenverkehr zu verwendenden Anmeldungsvordrucks, ABl. 1985, Nr. L 79, S. 7 ff.; Durchführungsverordnung Nr. 2855/85 der Kommission vom 18. September 1985, ABl. Nr. L 274, S. 1 ff. Durch Verordnung Nr. 1900/85 des Rates vom 8. Juni 1985 über die Einführung gemeinschaftlicher Ausfuhr- und Einfuhranmeldungen, ABl. 1985, Nr. L 179, S. 4 ff., wurde die Verwendung des Einheitspapiers auf den Warenverkehr zwischen der Gemeinschaft und den Drittländern ausgedehnt.

Neutralitätsrechtliche Beurteilung

Beim gemeinschaftlichen Versandverfahren handelt es sich um ein (bloßes) Zollverfahren und nicht etwa um die Regelung von Verkehrs- und

Beförderungsrechten. Österreich kann daher im (isolierten) Hinblick auf dieses Versandverfahren seine Grenzen für den Verkehr mit allen oder bestimmten Waren völlig schließen oder ihn besonderen Kontrollen oder Bewilligungen im Interesse der Sicherung der dauernden Neutralität unterwerfen. Darüber hinaus bestimmt Art. 14 des Abkommens über das gemeinschaftliche Versandverfahren, daß die von Österreich erlassenen Ein-, Aus- und Durchfuhrverbote und -beschränkungen, die aus Gründen der öffentlichen Ordnung oder Sicherheit gerechtfertigt sind, unberührt bleiben. Diese Formel entspricht auch früheren zollrechtlichen Abkommen, und bisher wurden nie Bedenken gegen Kontrollen und Beschränkungen bei der Beförderung von Waffen, Munition, Kriegsgerät und Schieß- und Sprengmittel geäußert. Wenngleich Österreich im Krisen- bzw. Konfliktsfall mit seinen Beschränkungsverpflichtungen für kriegswichtige Güter (Konterbande) einen weit größeren Warenkreis erfassen müßte, würde das — im Lichte des oben Gesagten — ebensowenig durch das gemeinschaftliche Versandverfahren berührt werden.

Schließlich hat Österreich durch das Einstimmigkeitsprinzip für Beschlüsse im Gemischten Ausschuß des Versandabkommens ein absolutes Mitspracherecht bei der weiteren Ausgestaltung dieses Verfahrens.

vgl. FUCHS, S. 19; u. § 5, C, I, 2.

IX. SCHUTZKLAUSELN

Die besondere Bedeutung der Schutzklauseln im Freihandelsabkommen liegt darin, daß keine Schiedsinstanz existiert, und es daher den Vertragsparteien überlassen bleibt, Verstöße der jeweils anderen Partei mittels Anrufung der Schutzklauseln zu „ahnden". Das Freihandelsabkommen sieht Schutzklauseln für folgende Fälle vor:

a) Vertragsverletzung durch den Partner (Art. 22).

b) Probleme infolge Zolldisparitäten (Art. 24).

c) Dumping (Art. 25).

d) Regionale oder sektorielle Schwierigkeiten (Art. 26).

e) Zahlungsbilanzschwierigkeiten (Art. 28).

Eine Besonderheit der Schutzklauselanrufung liegt in der dadurch bedingten Zurückdrängung des Konsultationsmechanismus, insbesondere im Fall „außergewöhnlicher Umstände"; des öfteren wird auch nicht einmal die EWG — als Inhaberin der Schutzklauselmacht — konsultiert, sondern der betroffene Mitgliedstaat aktiviert selbst gegenüber Österreich eine Schutzklausel, d.h. er beschränkt z.B. die Importe aus Österreich. So ergriff Italien 1983 eine Schutzmaßnahme gegen Einfuhren von Rohformstücken aus schmiedbarem Eisen aus Österreich, ohne vorab die Kommission zu informieren. Österreich warf dieses Problem noch im selben Jahr im Gemischten Ausschuß auf und rief seinerseits die Schutzklausel des Art. 22 an. Als dies nichts nützte, verhängte Österreich einen Importschutz gegen italienische Lieferungen von Bolzen, Muttern und Schrauben, der schließlich Italien zwang, am 6. Oktober 1983 seine Maßnahmen wieder rückgängig zu machen. Ebenso remonstrierte Österreich gegen die Errichtung der sogenannten „spezialisierten Zollämter" (insbesondere durch Italien).

Im Gegensatz zur Schutzklausel des Art. 22 wurde die des Art. 24 nie angerufen.

Die Schutzklausel gegen Dumpingpraktiken (Art. 25) wurde seitens Österreichs (Dumpingeinfuhren von Baustahlgitter mit Ursprung in Italien im Jahre 1978) und seitens der EWG (Anti-Dumpingverfahren gegen österreichische Exporte von Eckenverstärkern für Container der VOEST nach Großbritannien zu Beginn des Jahres 1985) nur je einmal angerufen.

Am häufigsten ist die Schutzklausel des Art. 26 wegen regionaler und sektorieller Schwierigkeiten angerufen worden. Sowohl Art. XIX GATT als auch die österreichische Durchführung durch das Antimarktstörungsgesetz (BGBl. 1971, Nr. 393) sehen nur folgende drei Voraussetzungen für die Ergreifung entsprechender Schutzmaßnahmen vor:

- eine erhebliche Einfuhrsteigerung

- zu anormal niedrigen Preisen und

- drohende oder bereits eingetretene Nachteile daraus für die heimische Industrie.

Anrufungsfälle dieser Schutzklausel waren z.B. italienische Billigimporte von Strumpfhosen, auf die Österreich 1975 mit einer Richtpreisverordnung reagierte; Einfuhrbeschränkungen österreichischen Schleifholzes nach Deutschland, infolge der dortigen Windwurfschäden vom November 1972; Kontingentierung des österreichischen Nadelschnittholzexportes nach Frankreich, die am 31. Dezember 1984 aufgehoben wurde.

Die Zahlungsbilanzschutzklausel des Art. 28 wurde seitens Italiens im Jahre 1974 angerufen (Hinterlegung eines zinsenlosen Bardepots im Ausmaß von 50 % des cif-Wertes für 40 % der gesamten Wareneinfuhr auf die Dauer von 6 Monaten) und blieb bis zum 24. März 1975 auch gegenüber Österreich in Kraft. Am 15. Mai 1976 wurde die Bardepotpflicht wieder eingeführt und erst am 8. Februar 1982 endgültig abgeschafft.

Bei der Anrufung von Schutzklauseln hat man aber immer vorab die wirtschaftlichen Auswirkungen dieser zumindest im Falle des Art. 22 als „Repressalie" zu qualifizierenden Maßnahme zu beachten. Hält man sich die jeweiligen Prozentsätze des „EWG-Handels Österreichs" an seinem gesamten Außenhandel (65,6 %) sowie des „Österreich-Handels der EWG" an ihrem gesamten Außenhandel (3,9 % exklusive EWG-Binnenhandel, 1,85 % inklusive EWG-Binnenhandel) vor Augen, erkennt man die entsprechenden Größenverhältnisse: Österreich würde durch eine seitens der EWG angerufene Schutzklausel ungleich stärker getroffen werden als umgekehrt die EWG durch eine von Österreich aktivierte Schutzmaßnahme.

Zahlen nach EUROSTAT, External Trade, Statistical Yearbook 1986, S. 5 f.

Neutralitätsrechtliche Beurteilung

Die Schutzklauseln sind neutralitätsrechtlich unbedenklich, stellen sie doch lediglich Selbstbeurteilungs- und Selbstdurchsetzungsmechanismen — bei Fehlen einer objektiven Streitschlichtungsinstanz — für die Einhaltung von Vertragspflichten dar.

X. ALLGEMEINE SUSPENDIERUNGSKLAUSEL

Neben den speziellen Schutzklauseln kennt das Freihandelsabkommen in Art. 21 noch eine allgemeine Suspendierungsklausel, aufgrund derer eine Vertragspartei ermächtigt wird, Maßnahmen zu ergreifen,

- die sie für erforderlich erachtet, um die Preisgabe von Auskünften zu verhindern, die ihren wesentlichen Sicherheitsinteressen widerspricht;

- die den Handel mit Waffen, Munition oder Kriegsmaterial oder die zu Verteidigungszwecken unerläßliche Forschung, Entwicklung und Produktion betreffen, sofern diese Maßnahmen die Wettbewerbsbedingungen hinsichtlich der nicht eigens für militärische Zwecke bestimmten Waren nicht beeinträchtigen;

- die sie in Kriegszeiten oder im Falle schwerwiegender internationaler Spannungen als wesentlich für ihre eigene Sicherheit erachtet.

Neutralitätsrechtliche Beurteilung

Art. 21 des Freihandelsabkommens, im wesentlichen gleichlautend mit Art. 18 des EFTA-Vertrages, bietet Österreich hinreichend Gewähr für die Vermeidung künftiger Pflichtenkollisionen neutralitätsrechtlicher Natur. Die Befreiung von den Vertragspflichten im Falle von Kriegs- und Krisenlagen sowie die Möglichkeit, den Handel mit Kriegsmaterial entsprechend seinen Neutralitätspflichten regulieren zu können, bieten eine ausreichende neutralitätsrechtliche „Fluchtklausel".

s.o. § 2, B, I, 1 a und § 2, B, I, 2 a; vgl. auch FISCHER, S. 67, 81.

XI. GEMISCHTER AUSSCHUSS

Von den ambitionierten institutionellen Konzepten, die in der ersten Phase der österreichischen Assoziationsbemühungen Anfang der 60-er Jahre entwickelt wurden (Mitgliedschaft unter Neutralitätsvorbehalt, Assoziation mit Mitbestimmung, Schaffung eines Assoziationsgerichts, Teilnahme an der Europäischen Investitionsbank und am Europäischen Sozialfonds etc.),

Nachweise bei HUMMER (4), S. 77 Fn. 55 und 56.

blieb im Freihandelsabkommen ein eher kärglicher Rest, nämlich der Gemischte Ausschuß über, der als gemeinschaftliches internationales Organ nach den klassischen Völkerrechtsprinzipien der Bilateralität, Parität und Einstimmigkeit organisiert ist.

> Für einen Teil der Lehre stellt das „Assoziationsverhältnis Österreich-EWG" eine eigene internationale Organisation dar (s. SEIDL—HOHENVELDERN (5), Rdnr. 0126; GRILLER, S. 14 ff.), so daß der Gemischte Ausschuß dementsprechend das Organ dieser (namenlosen) internationalen Organisation wäre.
>
> Die herrschende Lehre sieht allerdings im Zusammenschluß bloß zweier Partner keine internationale Organisation entstehen, so daß der Gemischte Ausschuß ein bloßes Vertragsanwendungsorgan darstellt.

Seine Aufgaben liegen gemäß Art. 29 des Freihandelsabkommens in der Durchführung und ordnungsgemäßen Erfüllung des Freihandelsabkommens, zu welchem Zweck er — unverbindliche — Empfehlungen erlassen kann. In besonderen Fällen verfügt er aber auch über eine **verbindliche Beschlußkompetenz.**

> Art. 27 Abs. 3 Buchstabe a Unterabs. 3; Art. 27 Abs. 3 Buchstabe b Satz 1; Art. 29 Abs. 1 Satz 3; Art. 3 des Protokolls Nr. 2; Art. 28 des Protokolls Nr. 3 sowie der Notenwechsel betreffend Art. 3 des Protokolls Nr. 2.

Diese Beschlüsse sind von den Vertragsparteien „nach ihren eigenen Bestimmungen" durchzuführen. Des weiteren tauschen die Vertragspartner im Gemischten Ausschuß „zur guten Durchführung" (Art. 29 Abs. 2 des Freihandelsabkommens) Informationen aus und führen auf Antrag einer Vertragspartei Konsultationen durch. Die zentrale Frage dabei ist die, ob aus dieser allgemeinen Überwachungsaufgabe des Gemischten Ausschusses eine umfassende Kompetenz zur verbindlichen Auslegung und Erlassung konkretisierender „Durchführungsakte" desselben resultiert, oder ob diese Kompetenz weiterhin bei den Vertragsparteien verblieben ist. Dies ist aus zwei Gründen relevant: zum einen hängt damit die Enge und Weite der übertragenen Kompetenzen, zum anderen die Frage nach dem Inhaber der authentischen Interpretationskompetenz zusammen (der Gemischte Ausschuß selbst oder die Mitgliedstaaten außerhalb dieses Vertragsanwendungsorgans). Da es sich bei einer Reihe von Bestimmungen des Freihandelsabkommens um äußerst vage formulierte unbestimmte

Vertragsbegriffe handelt, die sehr interpretationsbedürftig sind, und denen unter Umständen keine unmittelbare Anwendbarkeit zukommt (s.o. § 5, A, V), ist diese Frage für die ordnungsgemäße Administrierung des Freihandelsabkommens von größter Bedeutung. In einer Reihe von Fällen werden einzelne Begriffe seitens der EWG mit einer gewissen „gemeinschaftsrechtlichen Aufladung" interpretiert, während Österreich sie wiederum im Lichte seiner eigenen Ausführungsgesetzgebung auszulegen versucht. Ein Beispiel für diese Divergenzen sind die beiden bereits erwähnten einseitigen Erklärungen der EWG und Österreichs zur Auslegung der Wettbewerbsbestimmungen des Art. 23 des Freihandelsabkommens, die im Grunde einen dilatorischen Formelkompromiß darstellen, hinter dem mehr Dissens als Konsens zu vermuten ist. Es zeugt schon von großer Pragmatik in der Anwendung des Freihandelsabkommens, daß im Gemischten Ausschuß dieser Art. 23 niemals zur Diskussion gestanden ist. Sollte es einmal aber dazu kommen, würde der Formelkompromiß sofort aufbrechen.

Obwohl aus den eben dargelegten Gründen eine Interpretations- und Ausführungskompetenz des Gemischten Ausschusses anzunehmen wäre, geht aus der Differenzierung zwischen „Beschlußfassung" und „Konsultation" bzw. aus dem Erfordernis einer besonderen Ermächtigung für die Beschlußfassung hervor, daß der Gemischte Ausschuß keine umfassende Befugnis zu verbindlicher Streitschlichtung und damit verbindlicher Abkommensinterpretation hat, sondern vielmehr nur über spezielle Kontroll- und Überwachungsaufgaben verfügt. So enthält z. B. Art. 27 Abs. 3 Buchstabe a des Freihandelsabkommens eine Ermächtigung zur Beschlußfassung, wenn gegen die Wettbewerbbestimmungen des Art. 23 zuwidergehandelt wird. Dabei ist aber bereits die Behauptung einer Verletzung von Art. 23 seitens einer der Vertragsparteien eine ausreichende Voraussetzung für die Kontrolltätigkeit des Gemischten Ausschusses, ohne daß durch ihn vorher eine Konkretisierung hätte stattfinden müssen.

s. GRILLER, S. 23; HUMMER (5); OVERBECK, S. 151.

Da es damit nicht Sache des Gemischten Ausschusses ist, durch konkretisierende „Durchführungsbeschlüsse" die Anwendung bestimmter Vertragsvorschriften zwischen den Parteien überhaupt erst zu ermöglichen, bliebe im Falle echter Interpretations- bzw. Anwendungsdivergenzen, die zwischen dem EuGH und den nationalen Höchstgerichten der EFTA-Staaten tatsächlich bestehen,

s. HUMMER (5); URLESBERGER, S. 41 ff.

nur die Möglichkeit einer einvernehmlichen (politischen) Lösung, die aber wiederum neue Probleme auslöst. Da die Vertreter beider Vertragsparteien im Gemischten Ausschuß ja an ihre eigene Judikatur und Doktrin gebunden sind und darüber hinaus im paritätisch zusammengesetzten und unter dem Prinzip der Einstimmigkeit stehenden Gemischten Ausschuß in ihrem Abstimmungsverhalten „vertragswidrige" Maßnahmen nicht decken dürfen — um damit den Kontrollauftrag des Art. 29 Abs. 2 bzw. Art. 26 Abs. 2 des Freihandelsabkommens nicht zu mißachten (!) — erscheint eine diesbezügliche Konsensfindung praktisch unmöglich. Dasselbe gilt für Interpretationsdivergenzen hinsichtlich der Durchführung von „Sanktionsbeschlüssen" des Gemischten Ausschusses in den jeweiligen Rechtsordnungen beider Vertragspartner. Aus der eben festgestellten Unzulässigkeit der Übergehung des Kontrollauftrages des Gemischten Ausschusses folgt auch hier, daß der (bloße) Hinweis auf das Einstimmigkeitsprinzip nicht durchschlägt und lediglich mit der Rechtsfigur der „nachfolgenden Praxis" als Interpretationshilfe gemäß Art. 31 Abs. 3 der Wiener Vertragsrechtskonvention von 1969 argumentiert werden könnte. Dabei stellt sich aber wieder die grundsätzliche Frage, ob in diesem Fall, in dem die Vertragspartner ja ein eigenes Organ für die Überwachung und Kontrolle des Vertrages eingesetzt haben, die Vertragspartner überhaupt — außerhalb dieses Organs — eine „eigene Praxis" entwickeln, oder dies nur im Schoß des Organs — nach dessen speziellem Prozedere — tun können.

Was die Inkorporation der Rechtsakte des Gemischten Ausschusses betrifft (insbesondere der verbindlichen Beschlüsse), so sind sie gemäß Art. 29 Abs. 1 letzter Satz des Freihandelsabkommens von den Vertragsparteien „nach ihren eigenen Bestimmungen durchzuführen".

Damit ist aber die Art, wie diese Beschlüsse in den Rechtsordnungen der beiden Vertragspartner Geltung erlangen, völlig verschieden. In der EWG wäre zwar dogmatisch eine unmittelbare Geltung gegeben, die Gemeinschaft „transformiert" aber die Beschlüsse der Gemischten Ausschüsse durch eine eigene Verordnung.

>vgl. grundsätzlich SCHWEITZER/HUMMER (1), S. 160 ff.

In Österreich werden die Beschlüsse des Gemischten Ausschusses hingegen „als solche" im BGBl. publiziert, womit sie für Österreich unmittelbar in Kraft treten. Diesem „Adoptionsprinzip" liegt die Prämisse zugrunde, daß Organbeschlüsse wie Staatsverträge inkorporiert werden können/müssen.

>Das B-VG enthält an sich nur Inkorporationsbestimmungen für die allgemein anerkannten Regeln des Völkerrechts (Art. 9 Abs. 1) sowie für Staatsverträge (Art. 50, 65 Abs. 1), nicht aber für Organbeschlüsse, für die lediglich einfachgesetzliche Kundmachungsvorschriften bestehen (§ 2 Abs. 1 Buchstabe c des Bundesgesetzes über das Bundesgesetzblatt, BGBl. 1972, Nr. 293).

Organbeschlüsse sind aber qualitativ keine „Staatsverträge" im Sinn des Völkerrechts, da sie ohne weiteres, d. h. ohne parlamentarische Genehmigung und anschließende Ratifikation, wie dies bei Staatsverträgen notwendig ist, in vereinfachter Form sofort — mit Beschlußfassung — verbindlich werden sollen. Es handelt sich also bei Organbeschlüssen dementsprechend um Rechtssatzformen "sui generis", hinsichtlich derer das Fehlen einer speziellen verfassungsrechtlichen Inkorporationsregelung aber nur bedeutet, daß die Inkorporation in Form einer Adoption ausgeschlossen ist. Die Möglichkeit einer speziellen Transformation bleibt dagegen unbenommen, so daß für die Inkorporation von Beschlüssen des Gemischten Ausschusses nur der Erlaß von (Verfassungs-)Gesetzen oder (Rechts- bzw. Verwaltungs-)Verordnungen in Frage kommt.

In der neuesten österreichischen Literatur wird die entgegenstehende österreichische Praxis (nämlich die Beschlüsse des Gemischten Ausschusses nur „als solche" im BGBl. kundzumachen) als verfassungswidrig angesehen und die Beschlüsse innerstaatlich als absolut nichtig qualifiziert.

>GRILLER, S. 56.

Diese Aussage gilt naturgemäß nicht für diejenigen Beschlüsse, die in korrekter Weise speziell transformiert wurden. Die meisten Durchführungsverordnungen ergingen diesbezüglich auf der Basis des § 13 des EG-Abkommendurchführungsgesetzes vom 25. Oktober 1972.

> BGBl. 1972, Nr. 468 mit Änderungen. Vereinheitlichter Text in: STADLER/HANREICH, Bd. 1, Nr. 1.1.1.

Die Aussage läßt auch nicht den Schluß zu, daß Österreich damit seinen völkerrechtlichen Verpflichtungen aus dem Freihandelsabkommen nicht nachkommt; die Vollzugspraxis erfolgt in Österreich ja auf der Grundlage der (adoptierten) kundgemachten Texte.

Neutralitätsrechtliche Beurteilung

Im Gegensatz zur früheren quantitativen Souveränitätsbetrachtung, d. h. daß es auf die Fülle und den Umfang der abgetretenen Hoheitsrechte ankomme, herrscht heute eine qualitative Betrachtung vor, d. h. es ist entscheidend, ob sich der Staat die „Kompetenz-Kompetenz" bewahrt hat, worunter man die Kompetenz versteht, allein über seine Kompetenzen bestimmen zu können, sie also im Anlaßfall wieder rückrufen zu können. Die Übertragung von — auch noch so vielen — Hoheitsrechten auf supranationale Organe ist nur dann bedenklich, wenn auch die „Kompetenz-Kompetenz" mitübertragen wurde bzw. verlorengegangen ist. Das würde also nur dann anzunehmen sein, wenn ein Staat seine verfassungsmäßige Kompetenz, sich Kompetenzen zu geben und sich ihrer wieder zu begeben, aus der Hand gegeben hätte. Lediglich für den Fall der Erreichung eines "point of no return" — den die Europäischen Gemeinschaften solange nicht erreicht haben, solange sie nicht von einem staatenbündischen zu einem bundesstaatlichen Gebilde erstarken — wäre diese „Gefahr" gegeben. Dies ist jedenfalls durch das Freihandelsabkommen noch nicht bewirkt worden. Die geringe Kompetenzabtretung Österreichs an den Gemischten Ausschuß ist eine in jeder Hinsicht tolerable und neutralitätsrechtlich völlig unbedenkliche.

> Verfassungsrechtlich wurde die Frage der Übertragung von Hoheitsrechten auf zwischenstaatliche Einrichtungen 1981 neu geregelt (Art. 9 Abs. 2 B-VG). Bis dahin mußte man die jeweiligen Vertragsbestimmungen stets in Verfassungsrang erheben.

B. DYNAMISIERUNGSMÖGLICHKEITEN DES FREIHANDELS-ABKOMMENS – NEUTRALITÄTSRECHTLICHE BEURTEILUNG

Das Freihandelsabkommen stellt – wie dargestellt – sowohl institutionell als auch materiell eine „Minimallösung" dar. Die ursprüngliche Konzeption im österreichischen Assoziationsgesuch von 1961 ging weit darüber hinaus, mußte im Laufe der Verhandlungen allerdings mehr und mehr zurückgenommen werden. Man behielt sich zwar durch die Aufnahme einer „**Evolutivklausel**" (Präambel, Art. 32 Abs. 1 des Freihandelsabkommens) die Möglichkeit der Weiterentwicklung des Freihandelsverhältnisses vor, dies aber nicht im Sinne eines automatischen Dynamisierungsmechanismus, sondern vielmehr nur aufgrund weiterer Übereinkünfte beider Partner. Ganz eindeutig stellt diesbezüglich Art. 32 Abs. 2 des Freihandelsabkommens fest: „Die Übereinkünfte, die aus den in Abs. 1 genannten Verhandlungen hervorgehen, bedürfen der Ratifizierung oder Genehmigung durch die Vertragsparteien nach ihren eigenen Verfahren." Das bedeutet, daß es nur durch neuerliche vertragliche Absprachen zu einer weiteren Ausgestaltung des gegenwärtigen Verhältnisses kommen kann. Alle weiteren Ausführungen sind unter diesem Aspekt des Zustimmungserfordernisses beider Partner zu sehen.

Alle bisher präsentierten Varianten, insbesondere die am konkretesten ausformulierte „Dreisprung-Theorie" von Andreas Khol bzw. der ÖVP müssen daher vorab die Billigung der EWG, faktisch aber wohl auch der anderen Freihandelspartner der EWG erhalten, da sich die Gemeinschaften zwar mit gewissen Besonderheiten in der Ausgestaltung der einzelnen Verträge der EFTA-Staaten mit ihnen einverstanden zeigen werden, eine zu große Abweichung aber wohl nicht toleriert werden dürfte.

> vgl. den bereits erwähnten Entschließungsantrag Nr. 175/A der Abgeordneten Dr. Steiner, Dr. Khol, Karas, Dr. Ermacora und Kollegen betreffend die österreichische Europapolitik vom 16. Dezember 1985 (II-3597 der Beilagen zu den Stenographischen Protokollen des Nationalrates, XVI. GP); KHOL (1); KHOL (2), S. 705 ff.

Die Dreisprungtheorie sieht folgendes vor:

> 1. Sprung: Weitgehende Ausnützung der gegenwärtig bestehenden Beziehungen und Instrumente.

2. Sprung: Teilintegration, insbesondere Mitarbeit bei der EPZ (exklusive Fragen sicherheitspolitischer Natur). Präinstitutionelle Zusammenarbeit im Bereich der Vollendung des Binnenmarktes. Beobachterstatus bei den Organen der EWG.

3. Sprung: Einbindung in das Beschlußverfahren der EWG durch einen besonderen Assoziationsvertrag auf der Basis von Art. 238 EWGV, der bis an eine Mitgliedschaft heranreichen kann.

Die Möglichkeit von abweichenden Verträgen der EFTA-Staaten wird inzwischen in der Literatur überhaupt in Frage gestellt, vgl. CURZON PRICE, S. 116 ff.

Insbesondere ist zu erwarten, daß die aus dem Status der dauernden Neutralität heraus erhobenen Sonderwünsche für Österreich, die Schweiz, Schweden (und Finnland) relativ uniform ausfallen, so daß hierbei nicht viel Raum für Sonderarrangements übrigbleiben dürfte.

Sog. „Geleitzugsidee", die auch von Österreich bejaht wird; so der damalige Außenminister Dr. Jankowitsch, s. Kronen-Zeitung vom 13. Dezember 1986, S. 4.

Wie das Beispiel der Schweiz allerdings zeigt, kann die Ausnützung des gegenwärtigen Spielraums viel weiter getrieben werden (insbesondere im nicht-politischen Bereich der technischen Zusammenarbeit), als dies von den anderen EFTA-Staaten bisher versucht wurde.

So hat die Schweiz mit den EG bereits ca. 100 Verträge geschlossen; Äußerungen des Schweizerischen Staatssekretärs Brunner und des Botschafters Levy in einer Diskussion am 17. November 1986 in der Aula der Genfer Universität zum Thema „Die Schweiz — zur Isolierung verurteilt?"

Während unter § 5, C die Möglichkeiten einer "géométrie variable" in den bi- und multilateralen Beziehungen zwischen den EFTA-Staaten und der EWG untersucht werden sollen, soll nachstehend der Frage der bloßen Dynamisierung des Freihandelsabkommens Österreich-EWG schwerpunktmäßig nachgegangen werden.

Vorab soll aber noch ein Blick auf die wirtschaftlichen Auswirkungen des Freihandelsabkommens geworfen werden, wobei alle weiterführenden Fragen, wie Strukturanpassungen etc. zurückgestellt und nur einige wenige Kenndaten aufgelistet werden sollen.

Eine Quantifizierung der Integrationsgewinne ist sehr schwer, und die Berechnung der "trade creating" bzw. "trade diverting"-Effekte kann nur näherungsweise erfolgen.

> Eine der letzten umfassenderen Studien ist die von BREUSS/ STANKOVSKY.

Dennoch kommt diesbezüglich der Veränderung der Außenhandelsströme eine wichtige Indikatorenfunktion zu: Seit 1972 sind die österreichischen Exporte in die EWG um 385 % gestiegen, die Importe haben hingegen nur um 275 % zugenommen.

> Interview mit dem Generalsekretär der Bundeskammer der Gewerblichen Wirtschaft, Dr. KEHRER, in: Kronen-Zeitung vom 20. Dezember 1986, Wirtschaftsmagazin.

Das Handelsdefizit am Agrarsektor ist hingegen in der Zeit von 1972 bis 1986 um das Zehnfache (!) gestiegen. Bis zum September 1986 betrug das bilaterale Handelsdefizit Österreichs im EWG-Handel 51 Milliarden Schilling.

> Die Presse vom 9. Dezember 1986, S. 9.

Dieser Umstand wird noch weiter verdeutlicht durch die Feststellung, daß Österreich exportseitig für die EWG den viertgrößten und importseitig den achtgrößten Außenhandelspartner darstellt.

> Export: 4,7 % = 17.873 Millionen ECU.

> Import: 3,1 % = 12.574 Millionen ECU.

Dies würde prima vista zwar für eine relativ starke "bargaining position" Österreichs gegenüber der EWG sprechen. Betrachtet man aber wiederum den **„Österreich-Anteil"** des gesamten **EWG-Außenhandels** in Größe von 3,9 % (exklusive EWG-Binnenhandel) bzw. 1,8 % (inklusive EWG-Binnenhandel), so wird dieses Argument wiederum relativiert. Ganz allgemein kann aber davon ausgegangen werden, daß die EWG hinsichtlich einer eventuellen „Dynamisierung" ihrer Freihandelsverträge mit den EFTA-Staaten wahrscheinlich wiederum einer gleichartigen „Globallösung" den Vorzug vor punktuell ausgehandelten Einzelabkommen geben wird.

vgl. CURZON PRICE, S. 116 ff.

I. FREIER WARENVERKEHR

1. Mengenmäßige Ausfuhrbeschränkungen

Hier ist eingangs noch einmal auf den Versuch der Schweiz hinzuweisen, im Jahre 1982 ihr Abkommen mit der EWG um das Verbot mengenmäßiger **Ausfuhr**beschränkungen zu erweitern. Eine solche Dynamisierungsmöglichkeit wäre auch für das Freihandelsabkommen Österreich-EWG denkbar.

s.o. § 5, Nr. A, IV, 2.

Neutralitätsrechtliche Beurteilung:

Sollte es zu einer solchen Erweiterung des sachlichen Geltungsbereiches des Freihandelsabkommens kommen, so würde dies keine neutralitätsrechtlichen Probleme aufwerfen. Denn im Neutralitätsfall bleibt es Österreich unbelassen, diese Ausfuhrliberalisierung auf alle Kriegführenden gleichmäßig anzuwenden. Insofern kann eine Verletzung neutralitätsrechtlicher Paritätspflichten jederzeit vermieden werden.

s.o. § 2, Nr. B. I, 2 a und f.

2. Umwandlung der Freihandelszone in eine Zollunion

Hinsichtlich einer eventuellen Umwandlung der Freihandelszone in eine Zollunion wird — allerdings unter einem multilateralen Gesichtspunkt — das Wesentliche unter § 5, Nr. D, III ausgeführt. Außerdem kann auf § 5, Nr. A, I, 1 und § 5, Nr. A, IV, 1 verwiesen werden. Aus all dem ergibt sich, daß die Errichtung einer Zollunion grundsätzlich neutralitätsrechtlich erlaubt sein kann. Selbst eine gemeinsame Zollverwaltung durch ein eigenes Vertragsanwendungsorgan würde im Prinzip keine neutralitätsrechtlichen Bedenken hervorrufen.

3. Agrarprodukte

Was die Ausdehnung des freien Warenverkehrs auch auf Agrarprodukte (Kapitel 1 bis 24 der Brüsseler Zollnomenklatur) betrifft, so hat Österreich seinen — außerhalb des Freihandelsabkommens stehenden und vertragsvölkerrechtlich selbständigen — Agrarbriefwechsel

s.o. § 5, Nr. A, IV.

seit 1972 ständig weiter ausgestaltet: am 21. Oktober 1981, am 12. Januar 1983 sowie am 14. Juli 1986 kam es zu weiteren Abkommen in Form von Briefwechseln. Die letzte Übereinkunft diente der Anpassung der bisherigen Übereinkünfte an den Beitritt Spaniens und Portugals und der Festlegung — im Geiste von Art. 15 des Freihandelsabkommens — einer neuen Handelsregelung für bestimmte landwirtschaftliche Erzeugnisse:

(1) Österreich und die EWG vereinbaren, daß sie ab 1. März 1986 die bisherigen gegenseitigen Zugeständnisse auf die erweiterte Gemeinschaft ausdehnen werden.

> Trotz des völkerrechtlichen Grundsatzes der beweglichen Vertragsgrenzen (s. VERDROSS/SIMMA, S. 613. § 982) verlangen die Gemeinschaften stets einen neuen Konsens bzw. sogar ein neues Übereinkommen oder Zusatzprotokoll, wie es zum Beispiel beim Beitritt Griechenlands der Fall war, wo Österreich (allerdings unter Rechtsverwahrung) „gezwungen" wurde, am 28. November 1980 mit der EWG ein eigenes Zusatzprotokoll zu schließen (BGBl. 35/1981).

Die mengenmäßigen Zugeständnisse für Obst und Gemüse, Wein sowie Rinder bestimmter Höhenrassen werden jedoch wie folgt geändert:

(a) Bei der Einfuhr nach Österreich: der der EWG vorbehaltene Anteil wird erhöht auf

- 88 % des österreichischen Gesamtkontingents für Frischobst;

- 80 % des österreichischen Gesamtkontingents für Frischgemüse;

- 72 % der jeweiligen österreichischen Gesamtkontingente für Faßweine und Flaschenweine (davon 20 %-Anteil für Spanien);

(b) bei der Einfuhr in die EWG: das jährliche Zollkontingent für Färsen und Kühe bestimmter Höhenrassen wird ab 1. Juli 1986 von 38.000 auf 42.600 Stück erhöht.

(2) Österreich gewährt ferner eine Reihe einseitiger Zollzugeständnisse.

(3) Die EWG gewährt Österreich einseitig ab 1. März 1986 ein jährliches Zollkontingent von 2.000 hl für konzentrierten Birnensaft zum Zollsatz von 30 %.

ABl. 1986, Nr. L 328, S. 58 ff.

Dazu kommt noch die befristete Vereinbarung einer abgestimmten Disziplin zwischen Österreich und der EWG betreffend den gegenseitigen Handel mit Käse vom 21. Oktober 1981, zuletzt geändert durch den Briefwechsel vom 20. März 1984.

ABl. 1984, Nr. L 72, S. 29.

Da diese Regelung am 31. Dezember 1986 abzulaufen drohte, wird sie durch die Verordnung Nr. 4053/86 des Rates vom 22. Dezember 1986 autonom beibehalten.

ABl. 1986, Nr. L 377, S. 34.

Neutralitätsrechtliche Beurteilung

Sollte es über die Einrichtung weiterer „abgestimmter Disziplinen" für andere, noch nicht erfaßte Produkte hinaus zu einer vollen Eingliederung der österreichischen Landwirtschaft in die Marktordnungssysteme der EWG (Art. 38 ff. EWGV) kommen, so wäre keine der in Art. 39 EWGV genannten Zielbestimmungen des Landwirtschaftskapitels unvereinbar mit der dauernden Neutralität. Auch keines der landwirtschaftlichen Lenkungsmittel (Preisfestsetzungen, Interventionen, Beihilfen, Abschöpfungen, Zölle etc.) ist neutralitätsrechtlich relevant.

vgl. u. § 7, Nr. B, X.

II. WETTBEWERBSRECHT

Sollte Österreich den gesamten „Stock" wettbewerbsrechtlicher Bestimmungen des EWGV

- das Kartellrecht (Art. 85, 87 — 89);
- den Mißbrauch marktbeherrschender Stellungen (Art. 86 — 89);
- das Verbot staatlicher Beihilfen (Art. 92 — 94);
- das Wettbewerbsrecht der öffentlichen Unternehmen (Art. 90)

übernehmen, würde es sich damit sowohl unter eine gemeinschaftliche Rechtsetzung als auch unter einen gemeinschaftsrechtlichen Vollzug begeben und dies alles noch unter der nachprüfenden Legalitätskontrolle durch den EuGH.

> SCHWEITZER/HUMMER (1), S. 283 ff.

Insbesondere würde das Kartell- und Monopolrecht von der Kommission selbst vollzogen werden. Diese hätte die dargestellte Kompetenz der Verhängung von Zwangsgeldern und Geldbußen, deren Zwangsvollstreckung dann nach den Vorschriften des Zivilprozeßrechts des Staates erfolgt, in dessen Hoheitsgebiet sie stattfindet (also u.U. Österreichs).

> s.o. § 3, Nr. B, V, 1 und SCHWEITZER/HUMMER (1), S. 287, 291.

Voraussetzung dafür ist die Erteilung der Vollstreckungsklausel durch diejenige Behörde, die jeder Mitgliedstaat zu diesem Zwecke bestimmt (Art. 192 Abs. 2 Satz 2 EWGV).

> s. SCHWEITZER/HUMMER (1), S. 108.

Neutralitätsrechtliche Beurteilung

Neutralitätsrechtlich relevant erscheint bei diesem unmittelbaren Vollzugsverfahren die Erteilung der Vollstreckungsklausel, d. h. die Zustimmung, daß die innerstaatlich zuständige Behörde Gemeinschaftsrecht unmittelbar vollzieht. Von der verfassungsrechtlichen Problematik abgesehen ist hier auf folgendes hinzuweisen:

Wenn die Möglichkeit neutralitätswidriger verbindlicher Beschlußfassung besteht, dann liegt darin die Unvereinbarkeit mit der dauernden Neutralität; auf die unmittelbare Geltung dieses Rechtsgutes kommt es dann nicht mehr an, ebensowenig wie für dessen unmittelbaren Vollzug.

> vgl. u. § 7, Nr. A, III.

Es kommt also nur darauf an, ob die wettbewerblichen Bestimmungen des EWGV selbst neutralitätsrechtlich relevant sind. Daß dies aber grundsätzlich nicht der Fall ist, wurde bereits unter § 5, Nr. A, V festgestellt und wird zudem auch von keiner Seite behauptet.

III. URSPRUNGSREGELN

Sollte es zu der bereits in der Luxemburger Erklärung vom 9. April 1984 vorgesehenen Vereinheitlichung der Ursprungsregeln zwischen EWG und EFTA kommen, so wäre dies neutralitätsrechtlich unbedenklich.

> vgl. dazu u. § 5, Nr. C, I, 3.

Zu erwähnen ist in diesem Zusammenhang aber auch noch die Variante der gänzlichen Abschaffung der Ursprungsregeln im Gefolge der Umwandlung des Freihandelszonenverbundes EWG-EFTA-Staaten in eine Zollunion.

> s.u. § 5, Nr. D, III.

Auch diesbezüglich würden sich keine neutralitätsrechtlichen Bedenken ergeben.

> s.o. § 5, Nr. A, I, 1 und § 5, Nr. A, IV, 1.

IV. LANDWIRTSCHAFTLICHE VERARBEITUNGSPRODUKTE

Eine Ausweitung der im Protokoll Nr. 2 zum Freihandelsabkommen angeführten landwirtschaftlichen Verarbeitungsprodukte

> Das Protokoll Nr. 2 erfuhr bisher kaum Änderungen; als eine der wenigen relevanten Erweiterungen sei z.B. die Einbeziehung von Sorbit u.a. erwähnt; Verordnung Nr. 2560/76 des Rates vom 20. Juli 1976, ABl. 1976, Nr. L 298, S. 1 ff.

würde keinen neutralitätsrechtlichen Bedenken begegnen. Es würde lediglich das bestehende neutralitätskonforme System um einige Produkte erweitert.

> vgl. o. § 5, Nr. A, VIII.

V. FREIZÜGIGKEIT

Das Freihandelsabkommen bezieht sich grundsätzlich nur auf den Warenverkehr und klammert den Dienstleistungsverkehr bzw. die Freiheit des Personenverkehrs gänzlich aus. Die Freiheit des Personenverkehrs läßt sich in der Struktur des EWG-Vertrages in folgende drei spezielle Freiheiten untergliedern:

(1) Freizügigkeit der Arbeitnehmer (Art. 48 — 51 EWGV).

(2) Niederlassungsfreiheit (Art. 52 — 58 EWGV).

(3) Freiheit des Dienstleistungsverkehrs (Art. 59 — 66 EWGV).

    s.o. § 3, Nr. B, III, 1, 2 und 3.

Es handelt sich dabei um unmittelbar anwendbares Gemeinschaftsrecht, das in den Fällen der Freizügigkeit der Arbeitnehmer und der Dienstleistungsfreiheit sogar Drittwirkung entfaltet, d.h. nicht nur im Verhältnis zwischen Staat und EG-Ausländern (öffentlichrechtlicher Bereich), sondern auch im Verhältnis zwischen natürlichen und juristischen Personen und EG-Ausländern (privatrechtlicher Bereich) wirkt. Materiell wird grundsätzlich Inländergleichbehandlung verbürgt.

Man könnte daran denken, diese Freizügigkeitsrechte insgesamt oder zum Teil auch durch das Freihandelsabkommen zu gewähren.

Neutralitätsrechtliche Beurteilung

Diese Freizügigkeitsrechte und Mobilitätserleichterungen für Personen und von ihnen erbrachte Dienstleistungen sind neutralitätsrechtlich unbedenklich. Das (klassische) Neutralitätsrecht stellt diesbezüglich ja vordringlich auf die Freizügigkeit der Waren (Konterbande) und daraus resultierende neutralitätswidrige Unterstützungshandlungen ab. Die berufliche Tätigkeit von Privaten hat damit nichts zu tun.

C. LUXEMBURGER ERKLÄRUNG — NEUTRALITÄTSRECHTLICHE BEURTEILUNG

Im Zusammenhang mit der Luxemburger Erklärung sind folgende Dokumente zu nennen:

(1) Die Gemeinsame Erklärung der Minister der Mitgliedstaaten der Europäischen Gemeinschaft und der Staaten der Europäischen Freihandels-

zone sowie der Kommission der Europäischen Gemeinschaften vom 9. April 1984 (sog. Luxemburger Erklärung).

Text in: BullEG 1984, Nr. 4, S. 10 f.

In der Luxemburger Erklärung wurde das Programm der zweiten Generation der Zusammenarbeit zwischen EG und EFTA formuliert. Es ist getragen von dem Willen nach Verstärkung der Zusammenarbeit auf allen Gebieten der Wirtschaftspolitik. Das Ziel ist die Schaffung eines dynamischen europäischen Wirtschaftsraumes.

(2) Die Luxemburger Erklärung wurde bekräftigt durch das Gemeinsame Pressekommuniqué der Zusammenkunft von EFTA-Ministern mit der Kommission der Europäischen Gemeinschaften vom 9. und 10. Mai 1985 (im folgenden genannt: Wiener Erklärung).

Text in: EA 1985, D. 342 f.

(3) Ergänzt werden die beiden Erklärungen durch die Mitteilung der Kommission an den Rat vom 13. Mai 1985: Die Gemeinschaft und die EFTA-Länder. Durchführung der Gemeinsamen Erklärung von Luxemburg vom 9. April 1984.

KOM (85) 206 endg.

In dieser Mitteilung unterbreitet die Kommission dem Rat ihre Vorstellung der Entwicklung der engeren Beziehungen zu den EFTA-Ländern.

(4) Die Vorlage der Kommission an den Rat zur Unterrichtung vom 19. Juni 1986: Beziehungen EG/EFTA-Länder: Durchführung der Erklärung von Luxemburg.

KOM (86) 298 endg.

In dieser Vorlage gibt die Kommission einen Bericht über die Entwicklung der Zusammenarbeit zwischen der EG und den EFTA-Ländern.

(5) Die gemeinsamen Schlußfolgerungen des Treffens zwischen EFTA-Ministern und Herrn Willy de Clercq von der EG-Kommission in Reykjavik vom 5. Juni 1986 (im folgenden genannt: Schlußfolgerungen von Reykjavik). In diesen Schlußfolgerungen wurde die Luxemburger Erklärung bekräftigt und hinsichtlich der globalen Zielsetzungen weitere Einzelheiten festgelegt.

Die neutralitätsrechtliche Beurteilung der Luxemburger Erklärung und der darin vorgesehenen Maßnahmen wird im folgenden an Hand dieser fünf Dokumente, insbesondere der Mitteilung der Kommission vom 13. Mai 1985, vorgenommen. Dies erscheint aus zwei Gründen angebracht. Zum einen ist die Luxemburger Erklärung so vage formuliert, daß konkrete neutralitätsrechtliche Aussagen kaum möglich sind. Zum anderen erscheint die neutralitätsrechtliche Beurteilung dessen, was die Kommission aus der Luxemburger Erklärung ableitet, von besonderer Bedeutung zu sein.

Die Untersuchung ist im Bereich des folgenden Abschnittes über den Abbau des Protektionismus dem Dokument Nr. (5) entsprechend am Stand vom Anfang Juni 1986.

I. ABBAU DES PROTEKTIONISMUS

Im Bereich des Abbaus des Protektionismus werden in der Luxemburger Erklärung unter Ziffer 3 die Bereiche aufgezählt, die insbesondere zu behandeln sind, um eine größere Freizügigkeit für gewerbliche Waren zu erreichen. Gleichzeitig werden ausdrücklich die in dieser Hinsicht besonders bedeutenden Bemühungen der Gemeinschaft um eine Stärkung ihres Binnenmarktes hervorgehoben. Insofern kann man davon ausgehen, daß die gemeinschaftlichen Pläne für die Errichtung des Binnenmarktes auch das Maximum darstellen, das man in die Luxemburger Erklärung hineinlesen kann.

Insofern kann auf die neutralitätsrechtliche Beurteilung des Weißbuchs der Kommission (s.o. § 4) verwiesen werden.

In der Wiener Erklärung wurde in Abs. 3 die Liberalisierung der Handelsströme innerhalb des EG-EFTA-Raumes als der Bereich bekräftigt, wo am ehesten konkrete Fortschritte durchführbar wären.

Die Kommission sieht in ihrer Mitteilung vom 13. Mai 1985 unter Ziffer I, 5 b die Beseitigung der technischen Handelshemmnisse und die Vereinfachung der Verwaltungsförmlichkeiten an den Grenzen als eine logische Fortschreibung der Freihandelsabkommen an und stellt ebenfalls die Verbindung mit der „progressiven Integration des Binnenmarktes der Gemeinschaft" her.

1) Normen und technische Hemmnisse

In der Wiener Erklärung wurde der Bereich der Normen und technischen Hemmnisse dahingehend spezifiziert, daß in Abs. 5 die Entschlossenheit festgestellt wurde, auf eine Normsetzung auf europäischer Ebene hinzuarbeiten.

Dabei wurde auch die Möglichkeit der Schaffung gemeinsamer Normen genannt und die Verstärkung der Tätigkeit der europäischen Normeninstitutionen angesprochen. Schließlich wurden die engen Verbindungen zwischen der Schaffung gemeinsamer Normen und der Anerkennung von Prüfverfahren und technischen Prüfzeugnissen anerkannt und die gegenseitige Anerkennung innerhalb des EFTA-EG-Raumes als Ziel vereinbart.

Die Kommission ist in Ziffer II, A, 3 a und b ihrer Mitteilung vom 13. Mai 1985 darüberhinaus der Auffassung, daß es unerläßlich sei, daß CEN und CENELEC „die Mittel an die Hand" bekommen müßten, die ihnen eine optimale Aufgabenerfüllung gestatteten. Das läuft auf eine im Binnenmarkt angestrebte „quasilegislative" Zuständigkeit dieser Gremien hinaus.

s.o. § 4, Nr. A, II, 1 a.

Speziell für den Bereich der Informationstechnologien und des Fernmeldewesens fordert die Kommission eine Verstärkung der Arbeit der CEPT, insbesondere dahingehend, daß „die Empfehlungen der CEPT die Form klarer und präziser Vorschriften annehmen".

Im Bereich der Prüfungsergebnisse und der Bescheinigung strebt die Kommission ebenfalls langfristig eine gegenseitige Anerkennung an (Ziffer II, A, 4 der Mitteilung vom 19. Mai 1985). In Ziffer II, 1.3.4. der Vorlage vom 19. Juni 1986 stellt sie darüberhinaus einen Bezug zum angestrebten gemeinschaftlichen Beglaubigungsverfahren der Zertifizierungsgremien und Prüfungslaboratorien her.

In den Schlußfolgerungen von Reykjavik wurde schließlich der Austausch von Informationen über den Erlaß von technischen Vorschriften und die Durchführung von Konsultationen für den Fall von zu erwartenden technischen Hemmnissen vereinbart (Ziffer 3 Gedankenstrich 2).

Neutralitätsrechtliche Beurteilung:

a) Die Schaffung gemeinsamer Normen im gegenseitigen Einvernehmen — sei es bilateral, sei es multilateral — ist neutralitätsrechtlich nicht relevant. Im Neutralitätsfall würde dadurch der courant normal nicht verändert werden, die Schaffung neuer Normen könnte wegen der Notwendigkeit des gegenseitigen Einvernehmens für den Fall neutralitätsrechtlicher Bedenken verhindert werden.

b) Die quasilegislative Tätigkeit europäischer Normierungsgremien, wie CEN und CENELEC, die mit qualifizierter Mehrheit beschließen, würde in Friedenszeiten neutralitätsrechtlich nicht relevant sein. Nach Eintritt des Neutralitätsfalles könnte sich dies allerdings ändern.

s.o. § 4, Nr. A, II, 1, Neutralitätsrechtliche Beurteilung a.

Würden nämlich die Normen geändert, um eine bewußte Diskriminierung eines kriegführenden Drittstaates herbeizuführen, könnte damit eine Handelsverlagerung zugunsten eines oder mehrerer kriegführender EWG-Mitgliedstaaten erreicht werden. Falls diese Handelsverlagerung so massiv wäre, daß sie in die Nähe einer Intervention kommen könnte, könnte dies gegen die generelle Abstinenzpflicht oder gegen die Pflicht zur Gleichbehandlung der Kriegführenden bei wirtschaftlichen Maßnahmen verstoßen.

s.o. § 2, Nr. B, I, 1 und 2 f.

Eine diesbezügliche Einbindung in das von der Kommission vorgeschlagene System müßte für Österreich also unter dem Vorbehalt stehen, daß die Beachtung einer nachträglichen Änderung der Normen für die Dauer eines Neutralitätsfalles ausgesetzt werden kann.

c) Was die Vorschläge der Kommission hinsichtlich der CEPT anbelangt, sind diese bei Beibehaltung der gegenwärtigen Organisationsstruktur der CEPT neutralitätsrechtlich nicht relevant, da diese Beschlüsse — außerhalb des organisationsinternen Bereichs — nur empfehlenden Charakter haben. Sollte die Kommission die Umwandlung der CEPT in eine supranationale Organisation mit — mit Mehrheit gefaßten — bindenden Beschlüssen anstreben, müßte die Neutralitätsfrage an Hand der dann der CEPT zu übertragenden Kompetenzen neu untersucht werden.

d) Die gegenseitige Anerkennung von Prüfverfahren und technischen Prüfzeugnissen ist neutralitätsrechtlich nicht relevant. Auch die Einbeziehung in ein gemeinschaftliches Beglaubigungsverfahren hat keinen Bezug zum Neutralitätsrecht. In keinem Fall würde sich im Neutralitätsfall etwas am courant normal ändern.

e) Die gegenseitige Information und Konsultation bezüglich technischer Vorschriften ist ebenfalls neutralitätsrechtlich nicht relevant. Sie hat keinen Einfluß auf den Handel.

2) Grenzabfertigung

Die in der Luxemburger Erklärung angesprochene Vereinfachung der Grenzabfertigung wird in Abs. 7 der Wiener Erklärung dahingehend spezifiziert, daß das Ziel in der Einführung eines Einheitsdokuments für das gesamte europäische Freihandelssystem besteht. Als Grundlage eines solchen Dokuments sollte das **SAD-Konzept** der Gemeinschaft dienen (= **Single Administrative Document, Einheitspapier**).

Die Kommission geht von der angestrebten schrittweisen Beseitigung der Kontrollen und Förmlichkeiten im innergemeinschaftlichen Warenverkehr aus (Erleichterung der Kontrollen und Förmlichkeiten an den Grenzen, Lockerung der Bestimmungen im Bereich des Gemeinschaftsversands, Verwendung des Einheitspapiers, Einführung einer einzigen Kontrolle durch die Zollbehörden des Einfuhrmitgliedstaates für die Rechnung der Zollbehörden des Ausfuhrmitgliedstaates). Sie vertritt in Ziffer II, A, 1 der Mitteilung vom 13. Mai 1985 die Auffassung, daß die Ausdehnung dieser Vereinfachungsmaßnahmen auf den Handel mit den EFTA-Ländern im gemeinsamen Interesse liege. Sie schlägt insbesondere die Verwendung eines Einheitspapiers vor. In ihrer Empfehlung an den Rat für die Erteilung eines Verhandlungsmandats hat die Kommission dies konkretisiert.

> Empfehlung für einen Beschluß des Rates zur Eröffnung der Verhandlungen mit Österreich, Finnland, Island, Norwegen, Schweden und der Schweiz über die Einführung eines Einheitspapiers für den Warenverkehr zwischen der Gemeinschaft und diesen Ländern, das an die Stelle der derzeit gültigen Anmeldung tritt, KOM (86) 8 endg. — inzwischen vom Rat beschlossen (BullEG 3-1986, Ziff. 2.1.53).

Sie geht davon aus, daß das Einheitspapier eine Weiterentwicklung des innergemeinschaftlichen Einheitspapiers sein müßte.

> s. Verordnung Nr. 678/85 des Rates vom 18. Februar 1985 zur Vereinfachung der Förmlichkeiten im innergemeinschaftlichen Warenverkehr, ABl. 1985, Nr. L 79, S. 1 ff.; Verordnung Nr. 679/85 des Rates vom 18. Februar 1985 zur Festlegung des Musters des im innergemeinschaftlichen Warenverkehr zu verwendenden Anmeldungsvordrucks, ABl. 1985, Nr. L 79, S. 7 ff.; Durchführungsverordnung Nr. 2855/85 der Kommission vom 18. September 1985, ABl. Nr. L 274, S. 1 ff. Durch Verordnung Nr. 1900/85 des Rates vom 8. Juni 1985 über die Einführung gemeinschaftlicher Ausfuhr- und Einfuhranmeldungen, ABl. 1985, Nr. L 179, S. 4 ff., wurde die Verwendung des Einheitspapiers auf den Warenverkehr zwischen der Gemeinschaft und den Drittländern ausgedehnt.

Neutralitätsrechtliche Beurteilung:

Die Einführung des Einheitspapiers ist neutralitätsrechtlich nicht relevant. Es werden lediglich die Förmlichkeiten, nicht aber die tatsächliche Durchführung des grenzüberschreitenden Warenverkehrs davon berührt. Daher könnten im Neutralitätsfall sowohl der courant normal beibehalten als auch neutralitätsrechtlich gebotene Änderungen des Warenverkehrs eingeführt werden. Selbst wenn das Einheitspapier gegenüber Drittländern nicht zur Anwendung gebracht würde, hätte eine solche Praxis keinen Bezugspunkt zur Neutralität.

3) Ursprungsregeln

Die in der Luxemburger Erklärung angesprochene Vereinfachung der Ursprungsregeln dient nach Abs. 6 der Wiener Erklärung der Ausschaltung unnötiger Kosten und Erschwerungen der Handelsströme. Die Kommission stellt in Ziffer II, A, 2 der Mitteilung vom 13. Mai 1985 in diesem Zusammenhang insbesondere ab auf eine Vereinfachung der Papiere für den Ursprungsnachweis und auf die Übermittlung der Daten für den Ursprung durch ein Telekommunikationssystem. Insbesondere will sie die Vereinfachung und Verbesserung des Kumulierungssystems herbeiführen. Gleichzeitig wird geprüft, ob eine Verschmelzung der Dokumente über den Ursprungsnachweis mit dem Einheitspapier möglich ist. Die Kommission schlägt diesbezüglich in Ziffer II, 1.2.3. der Vorlage vom 19. Juni 1986 vor, daß ein Papier verwendet wird, das an das Einheitspapier angeglichen und diesem beigefügt wird. Die EFTA-Länder neigen demgegenüber eher dazu, die Ursprungserklärung auf der Rechnung mit dem Einheitspapier zu kombinieren.

Neutralitätsrechtliche Beurteilung:

Der gesamte Bereich der Ursprungsregeln ist neutralitätsrechtlich nicht relevant. Da sie lediglich der Frage der zollmäßigen Einstufung von Waren dienen, berühren sie im Neutralitätsfall den courant normal nicht. Im übrigen ist der Komplex der Ursprungsregeln nicht von den Freihandelsabkommen zu trennen. Insofern unterliegen sie deren neutralitätsrechtlicher Einordnung.

s.o. § 5, Nr. A. VI.

Insbesondere gelten für sie im Rahmen der Freihandelsabkommen die neutralitätsrechtlichen Schutzklauseln.

Auch die Verschmelzung der Dokumente über den Ursprungsnachweis mit dem Einheitspapier hat keinen Bezug zur Neutralität, so daß auch von neutralitätsrechtlicher Seite beide vorgeschlagenen Systeme gleichermaßen erlaubt sind.

4) Unlautere Handelspraktiken

Die in der Luxemburger Erklärung angesprochene Beseitigung unlauterer Handelspraktiken wird in keinem weiteren Dokument mehr ausdrücklich erwähnt. Daher kann auch nicht näher Stellung genommen werden, zumal schon die Begrifflichkeit zu ungenau ist, um den exakten Umfang beschreiben zu können. Ganz allgemein läßt sich allerdings dazu ausführen, daß der Begriff der Beseitigung unlauterer Handelspraktiken im Rahmen der Luxemburger Erklärung **keinen eigenständigen Inhalt** haben dürfte.

Bezieht er sich auf **staatliche** Praktiken, dann ist er bereits größtenteils vom Freihandelsabkommen (Art. 13) oder von den anderen Zielen der Luxemburger Erklärung über den Abbau des Protektionismus umfaßt. Der dabei noch offenbleibende Bereich des Abbaus von mengenmäßigen

Ausfuhrbeschränkungen oder Maßnahmen gleicher Wirkung ist neutralitätsrechtlich nicht zu beanstanden. Er könnte zwar dann relevant werden, wenn Österreich im Neutralitätsfall diese Liberalisierung der Ausfuhr kriegführenden Drittstaaten gegenüber nicht anwenden würde. Denn damit könnte Österreich seine Paritätspflichten gemäß § 2, Nr. B, I, 2 a, e und eventuell f. verletzen. Dies wäre aber dann eine autonome Entscheidung Österreichs im Neutralitätsfall und hat damit mit dem Abbau dieser Beschränkungen im Verhältnis zur EG nichts zu tun. Daraus folgt die konstatierte neutralitätsrechtliche Unbedenklichkeit.

Bezieht sich der Begriff auf Praktiken **von Privaten,** dann ist er ebenfalls schon größtenteils vom Freihandelsabkommen (Art. 23) umfaßt. Der dabei noch offenbleibende Bereich (z.B. privates Dumping, Verbraucherschutz) ist aber, da er sich auf die privatrechtliche Ebene bezieht, neutralitätsrechtlich nicht relevant.

Der Begriff der Beseitigung unlauterer Handelspraktiken kann aber auch — beide Seiten umfassend — als Generalklausel verstanden werden. Er würde dann einer Dynamisierungsklausel im Rahmen der Luxemburger Erklärung entsprechen. Als solche ist sie einer neutralitätsrechtlichen Beurteilung nicht zugänglich, da sie keinen materiellen Inhalt hat. Lediglich die daraus durch Verhandlungen zu definierenden Kooperationsbereiche können neutralitätsrechtlich beurteilt werden.

5) Staatliche Beihilfen

Die staatlichen Beihilfen werden schon in der Luxemburger Erklärung mit den Freihandelsabkommen gekoppelt, indem in Ziffer 3 die Beseitigung „der den Freihandelsabkommen zuwiderlaufenden staatlichen Hilfen" angesprochen wird. Mit dieser Verklammerung wird auch die neutralitätsrechtliche Schutzklausel des Freihandelsabkommens mit angesprochen, so daß dieser Bereich — so gesehen — schon deshalb neutralitätsrechtlich abgesichert ist.

Der Bereich der Beseitigung staatlicher Beihilfen wird in keinem der übrigen Dokumente mehr erwähnt. Er bildet auch einen Fremdkörper in der Luxemburger Erklärung, da er nicht über das Freihandelsabkommen hinausgeht und daher allenfalls die Bedeutung haben kann, die Vertragspartner zur Einhaltung der Freihandelsabkommen anzuhalten.

Will man trotzdem darüber hinausgehen, so ist festzustellen, daß die Beseitigung staatlicher Beihilfen neutralitätsrechtlich nicht zu beanstanden ist. Sie könnte zwar dann relevant werden, wenn Österreich im Neutralitätsfall staatliche Beihilfen für den Export in kriegführende Drittstaaten neu- oder weitergewähren würde. Damit könnte gegen die wirtschaftliche Paritätspflicht verstoßen werden.

s.o. § 2, Nr. B, I, 2 f.

Dies wäre aber dann eine autonome Entscheidung Österreichs im Neutralitätsfall und hat damit mit der Beseitigung der Beihilfen im Verhältnis zur EG nichts zu tun. Daher ist die Beseitigung neutralitätsrechtlich unbedenklich.

6) Öffentliche Aufträge

Hinsichtlich des in der Luxemburger Erklärung genannten Zugangs zu öffentlichen Aufträgen will die Kommission gemäß Ziffer II, D, 1 der Mitteilung vom 13. Mai 1985 über die bereits geltenden Bestimmungen des GATT-Kodex hinausgehen, die für die Gemeinschaft und die EFTA-Länder verbindlich sind und für Staatskäufe gelten. Die Kommission strebt eine Regelung auch für die **regionalen** oder **lokalen Körperschaften** an. Insbesondere möchte sie allgemeine Regeln für die Ausschreibungsverfahren und die Zuschlagserteilung auch im Fernmeldeverfahren einführen.

Die EFTA-Länder bevorzugen demgegenüber ein **sektorales** Konzept, bei dem zunächst für den Telekommunikationssektor der Geltungsbereich der Empfehlung Nr. 84/550/EWG auf die EFTA-Länder ausgedehnt würde.

Empfehlung Nr. 84/550/EWG des Rates vom 12. November 1984 betreffend die erste Phase der Öffnung der öffentlichen Fernmeldemärkte, ABl.1984, Nr. L 298, S. 51 f. Danach sind 10 % der staatlichen Aufträge Unternehmen anderer Mitgliedstaaten zugänglich.

In Ziffer 4 Gedankenstrich 1 der Schlußfolgerungen von Reykjavik wird durch eine sehr allgemein gehaltene Formulierung vermieden, sich auf eines der beiden Konzepte festzulegen. Da die Kommission dem EFTA-Vorschlag ablehnend gegenübersteht, stagniert die Entwicklung.

s. Ziffer II, 3.1. der Vorlage vom 16. Juni 1986.

Neutralitätsrechtliche Beurteilung:

Das öffentliche Auftragswesen betrifft überwiegend das Verhältnis Staat — ausländische, natürliche oder juristische Personen (Anbieter können allerdings auch verstaatlichte Unternehmen sein). Es ist insgesamt neutralitätsrechtlich nicht relevant. Österreich wäre in diesem Bereich lediglich verpflichtet, Unternehmer aus der Gemeinschaft zu den öffentlichen Aufträgen zuzulassen. Über die Berücksichtigung von Unternehmen aus Drittstaaten ist damit nichts ausgesagt. Dies bleibt in der autonomen Entscheidungsbefugnis Österreichs, sodaß eine möglicherweise denkbare Verletzung irgendwelcher Paritätspflichten nicht aus einer Übereinkunft mit der EWG folgen kann.

II. AUSBAU DER ZUSAMMENARBEIT

Obwohl die in der Luxemburger Erklärung vom 9. April 1984 vereinbarte Verstärkung der gegenseitigen Zusammenarbeit erst nach fast einem Vierteljahrhundert parallelen Bestehens beider Integrationsräume erfolgte, waren sich EFTA und EWG der Bedeutung ihrer gegenseitigen Handelsbeziehungen immer bewußt. Von der EWG, einem Markt von über 320 Mio Menschen, werden rund 10 % ihres Gesamthandels (Binnen- und Außenhandel) mit der EFTA, einem Markt von 32 Mio Verbrauchern, abgewickelt. Da der EWG-Binnenhandel knapp 54 % des EWG-Gesamthandels umfaßt, beträgt der Binnenhandel das Fünffache des Warenverkehrs zwischen der EWG und der EFTA. Dabei darf aber nicht vergessen werden, daß in der EWG zehnmal mehr Menschen leben als in der EFTA. Die EFTA ist als Handelspartner der EWG wichtiger als z.B. die USA. Bei den EWG-Exporten sind EFTA und USA einander fast ebenbürtig (10,0 : 10,1 %), doch liefert die EFTA mehr in die EWG als in die USA (9,5 : 8,0 %). Auch im Vergleich zu Japan ist die EFTA überlegen: Die EWG importiert aus der EFTA dreimal mehr als aus Japan und exportiert achtmal so viel in die EFTA wie nach Japan. Insgesamt bestreitet die EWG 22 % ihres Außenhandels mit der EFTA.

Aus der Sicht der EFTA ist die EWG der weitaus wichtigste Markt: 56 % des EFTA-Gesamthandels werden mit der EWG abgewickelt. Dieser Prozentsatz ist sogar größer als der Binnenhandel der EWG (54 %), so daß man behaupten kann, daß die EFTA-Länder zumindest so eng mit den EWG-Ländern verbunden sind, wie die EWG-Länder untereinander. Im EWG-EFTA-Handel dominieren Industriegüter: 1985 hatten sie einen Anteil von beinahe drei Viertel am EWG-EFTA-Handel. Der tatsächliche Anteil (73 %) lag sogar leicht über dem entsprechenden Anteil des EWG-Binnenhandels (70 %). Diese starke Konzentration auf Industriegüter impliziert, daß beinahe ein Viertel des EWG-Industriegüterverkehrs mit Nicht-EWG-Ländern auf die EFTA entfällt.

> s. dazu im einzelnen UTNE.

In Anbetracht dieser besonderen Beziehungen haben die Minister der EFTA-Staaten jüngst auf ihrer Tagung in Genf vom 2./3. Dezember 1986 die positiven Initiativen in den Schlußfolgerungen begrüßt, die der Rat der EG am 15. September 1986 zu dem weiteren Vorgehen im Anschluß an die Luxemburger Erklärung vom 9. April 1984 genehmigt hat.

> Text der Stellungnahme des EFTA-Rates zur Verstärkung der Zusammenarbeit mit der EG, in: EFTA bulletin 4/86, S.2.

In diesem Zusammenhang begrüßen die EFTA-Minister die Stellungnahme des Rates der EG über die Teilnahme von EFTA-Ländern an Forschungs- und Entwicklungsprogrammen der EWG und lenken die Aufmerksamkeit auf die Aussichten einer erfolgreichen Kooperation im Rahmen von EUREKA. Die Minister erklären sich auch bereit, die Zusammenarbeit auf neue Bereiche „wie Kapitalverkehr, Dienstleistungen, staatliche Beihilfen, Zusammenarbeit im Bildungsbereich (zum Beispiel berufliche Ausbildung), Fragen im Zusammenhang mit Rechten geistigen und gewerblichen Eigentums, Erleichterungen von Grenzkontrollen für Personen und gewisse Bereiche der indirekten Besteuerung in bezug auf Freibeträge und Freigrenzen auszudehnen". Darüber hinaus wird die Notwendigkeit der Verbesserung der vorzeitigen gegenseitigen Informations- und Konsultationsverfahren zwischen beiden Integrationsräumen betont.

Nachstehend werden nun die wichtigsten Bereiche zukünftiger Kooperationen zwischen der EWG und den EFTA-Staaten einzeln dargestellt, ihr „Österreich-Bezug" untersucht und anschließend neutralitätsrechtlich beurteilt. Den Schwerpunkt bildet dabei der Forschungs- und Technologiebereich.

1) Forschung, Entwicklung und Technologie

a) Forschung, Entwicklung und Technologie als begleitende Politiken

Von vereinzelten Ansätzen abgesehen enthält der EWGV keine ausdrückliche Grundlage für eine allgemeine Forschungs-, Entwicklungs- und Technologiepolitik.

> z.B. Art. 41 EWGV und die Verordnung Nr. 1728/74 vom 27. Juni 1974 über die Koordinierung der Agrarforschung, ABl. 1974, Nr. L 182, S. 1 ff.

Sowohl die Kommission als auch das Europäische Parlament haben aber etwa seit 1965 immer wieder darauf hingewiesen, daß die Ziele des Art. 2 EWGV nicht erreicht werden können, wenn die Gemeinschaft nicht auch Aktivitäten auf dem Gebiet der wissenschaftlichen Forschung entwickelt.

> s. 2. Gesamtbericht über die Tätigkeit der Europäischen Gemeinschaften 1968, S. 217.

Nach einigen konkreten Entschließungen des Rates

> vgl. dazu GLAESNER.

leitete schließlich das Aktionsprogramm und die Entschließung des Rates vom 14. Januar 1971 über eine allgemeine Forschungspolitik der Gemeinschaft den Beginn einer eigenen, von der allgemeinen Wirtschaftspolitik unterschiedenen Gemeinschaftspolitik auf dem Gebiet der Forschung und Wissenschaft ein.

> ABl. 1974, Nr. C 7, S. 2 ff.

Eine weitere Entschließung des Rates vom selben Tag billigte die Beteiligung der Gemeinschaft an der Europäischen Wissenschaftsstiftung.

> ABl. 1974, Nr. C 7, S. 5.

Zur Unterstützung der Programmdurchführung wurden von der Kommission der Ausschuß für Forschung und Entwicklung (CERD = Comité Européen de la Recherche et du Devéloppement) und vom Rat der Ausschuß für wissenschaftliche und technische Forschung (CREST = Comité de la Recherche Scientifique et Technique) eingesetzt.

Aufgrund der Entschließung vom 14. Januar 1974 war die Kommission auch aufgerufen, einerseits die Verfahren auszuarbeiten, die zur Definition und Durchführung der neuen „begleitenden" Politik notwendig waren und andererseits konkrete Vorschläge für ein Rahmenprogramm vorzulegen. Da der EWG-Vertrag dafür keine Rechtsgrundlage enthielt, mußte sich der Rat dabei auf Art. 235 EWGV stützen. Auf dieser Grundlage hat der Rat am 25. Juli 1983 eine Entschließung über Rahmenprogramme für die Tätigkeiten der Gemeinschaft im Bereich Forschung, Entwicklung und Demonstration und das erste Rahmenprogramm 1984-1987 angenommen.

> ABl. 1983, Nr. C 208, S. 1 ff.

Da zur Durchführung konkreter Aktionen im gemeinschaftlichen Interesse Entschließungen nicht genügen — durch sie werden ja lediglich Politiken formuliert und die Kriterien für die Durchführung derselben festgelegt — bedarf es eigener **Programmbeschlüsse.** Die Rechtssatzform „Beschluß" kommt zwar im Rechtsquellenkatalog des Art. 189 EWGV nicht vor.

> s. SCHWEITZER/HUMMER (1), S. 96, 107.

Sie entfaltet aber im Lichte der Rechtsprechung des EuGH durchaus Rechtswirkung.

> s. z.B. Rs. 22/70, Kommission/Rat, Rspr. 1971, S. 263 ff., 278 f.

Bei der Durchführung der Programmbeschlüsse sind **direkte, indirekte und konzertierte Aktionen** zu unterscheiden:

a) Für die direkten Aktionen, die durch Mitarbeiter der EG selbst ausgeführt werden, steht den Gemeinschaften die Gemeinsame Forschungsstelle zur Verfügung, die anfangs nur Forschungsprogramme im Nuklearbereich durchführte.

> Errichtet aufgrund von Art. 8 EAGV. Sie besteht aus 4 Anlagen in Geel, Ispra, Karlsruhe und Petten; vgl. u. § 5, C, II, 1, b), (12).

In Verfolgung der Entschließung vom 14. Januar 1974 wurde sie aber auch zunehmend im nicht-nuklearen Bereich tätig. So entfielen z.B. in den Jahren 1984 — 1987 65 % des gesamten Tätigkeitsvolumens der Gemeinsamen Forschungsstelle auf den nuklearen und 35 % auf den nicht-nuklearen Bereich.

b) Für die indirekten Aktionen dient die sogenannte Vertragsforschung als Instrument. Hier vergibt die Kommission die Arbeit aufgrund von Verträgen an nationale Forschungseinrichtungen. Dieser Aktionstyp ist z. B. für mehrere Programme der EG charakteristisch: ESPRIT, RACE, BRITE, Biotechnologie, FAST II etc.

c) Daneben hat die Gemeinschaft auch sogenannte konzertierte Aktionen entwickelt, bei denen die Koordinierung von Gemeinschaftsprogrammen gegenüber ihrer Durchführung im Vordergrund steht (z.B. COST, INSIS, CADDIA, EUROTRA etc.).

Von der **Kontrolle** und Evaluierung der Forschungstätigkeit hängt die zukünftige Orientierung der Forschungspolitik ab. Institutionell obliegt die Auswertung der Forschungsergebnisse den Beratenden Verwaltungs- und Koordinierungsausschüssen, materiell legte der Rat durch seine Entschließung vom 28. Juni 1983 die Kriterien für die Bewertung von Forschungs- und Entwicklungprogrammen fest.

ABl. 1983, Nr. C 213, S. 1 ff.

Jede politische Entscheidung muß auf eine sorgfältige Analyse der gegenwärtigen Situation sowie eine sich daraus ergebende **Bewertung** zukünftiger Entwicklungen gegründet sein. Aus diesem Grund hat der Rat bereits 1978 ein Forschungsprogramm zur Vorausschau und Bewertung auf dem Gebiet der Wissenschaft und Technologie, genannt FAST, verabschiedet. Für die Periode 1983 — 1987 ist ein zweites FAST-Programm vom Rat am 17. Oktober 1983 angenommen worden.

ABl. 1983, Nr. L 293, S. 20 ff.

Seit 1978 war praktisch für jedes Programm der EG ein sogenannter Beratender Programmausschuß eingesetzt worden. Deren Vielzahl wurde aber durch Beschluß des Rates vom 29. Juni 1984 auf sieben reduziert, die jeweils für einen konkreten Sachbereich zuständig sind.

ABl. 1984, Nr. L 177, S. 25 ff.

Wie schnell die begleitende Politik „Forschung und Entwicklung" seit ihrem Beginn im Jahre 1974 gewachsen ist, soll ein Vergleich der jeweiligen

Haushaltsansätze verdeutlichen: 1973 = 70 Millionen ECU; 1984 = 477,2 Millionen ECU, wobei letztere Ziffer aber nur 1,63 %(!) des gesamten EG-Haushalts und nur 1,5 % der mitgliedstaatlichen Forschungsaufwendungen umfaßt.

GLAESNER, S. 78.

Am Sektor der Forschungs-, Entwicklungs- und Technologiekooperation ist grundsätzlich — je nach Provenienz der Projekte — folgende Unterscheidung zu machen: Projekte der EG bzw. innerhalb der EG (Gemeinschaftsprojekte) und Projekte außerhalb der EG, mit den EG oder solche einzelner Mitgliedstaaten der EG (Drittprojekte). Hierbei soll der Bereich der Forschungszusammenarbeit EG-EFTA-Staaten besonders hervorgehoben werden. So gesehen läßt sich folgender **Projektekatalog** erstellen:

> vgl. dazu: Wirtschafts- und Sozialausschuß (Hrsg.), Anlage II zu dem Informationsbericht der Fachgruppe Industrie, Handel, Handwerk und Dienstleistungen über die Neuen Technologien. Die Innovation in der Gemeinschaft: Organisation und Programme — CES (85) 723 vom 16. Januar 1986.

GEMEINSCHAFTSPROJEKTE

I. INFORMATIONS- UND TELEKOMMUNIKATIONS-TECHNOLOGIEN

(1) ESPRIT

(2) RACE

(3) INSIS

(4) CADDIA

(5) C. D.

(6) EUROTRA

II. AUSBILDUNG (INDUSTRIE/UNIVERSITÄTEN) IM BEREICH NEUER TECHNOLOGIEN

(7) COMETT

III. NEUE TECHNOLOGIEN UND TRADITIONELLE INDUSTRIEN

(8) BRITE

(9) SPRINT

IV. NEUE TECHNOLOGIEN UND ENERGIEPOLITIK

(10) Kohlenwasserstoffe

(11) JET

(12) Gemeinsame Forschungsstelle

(13) Alternative Energiequellen und Energieeinsparung

V. BIOTECHNOLOGIE

(14) Biotechnologie

VI. TECHNOLOGIE UND ENTWICKLUNG

(15) Wissenschaft und Technik im Dienst der Entwicklung

VII. ÜBERLEGUNGEN, VORAUSSCHÄTZUNGEN UND STRATEGIEN FÜR DIE NEUEN TECHNOLOGIEN DER GEMEINSCHAFTEN

(16) FAST II

(17) Plan zur Stimulierung von Zusammenarbeit und Austausch im wissenschaftlichen und technischen Bereich in Europa

(18) Rahmenprogramm für wissenschaftliche Forschung 1984/87

(19) CODEST

VIII. UMWELTSCHUTZ

(20) Umweltschutz

IX. MODERNE WERKSTOFFE

(21) EURAM

DRITTPROJEKTE

I. EUROPÄISCHE WELTRAUMINDUSTRIE

(22) ESA

(23) Columbus, Ariane 5, Hermes

(24) ARIANE—ESPACE

(25) EUTELSAT

(26) EUMETSAT

(27) APOLLO

II. FORSCHUNG UND ZUSAMMENARBEIT AUF EUROPÄISCHER NICHT-EG-EBENE IM NUKLEARBEREICH

(28) CERN

(29) SUPERPHENIX—NERSA

III. EUROPÄISCHE LUFTFAHRTINDUSTRIE

(30) AIRBUS-Industrie

FORSCHUNGSZUSAMMENARBEIT EG-EFTA-STAATEN

I. ZUSAMMENARBEIT EUROPÄISCHER INDUSTRIEN IM BEREICH DER HOCHTECHNOLOGIE

(31) EUREKA

II. ZUSAMMENARBEIT DER EG MIT EUROPÄISCHEN NICHT-EG-LÄNDERN

(32) COST

b) Gemeinschaftsprojekte

(1) ESPRIT: Europäisches Forschungs- und Entwicklungsprogramm auf dem Gebiet der Informationstechnologie 1984-1993.

Beschluß des Rates vom 28. Februar 1984, ABl. 1984, Nr. L 81, S. 1 ff.; 1985, Nr. L 365, S. 1 ff.

Ziel: Förderung der europäischen vorwettbewerblichen Forschung im Bereich der Informations- und Telekommunikationstechnologien; Innovationsimpuls für die europäische Industrie, den technologischen Vorsprung der USA und Japans im Laufe der nächsten 10 Jahre aufzuholen.

Beteiligung: Zusammenarbeit (Verträge) mit in der EWG ansässigen Unternehmen, einschließlich kleiner und mittlerer Unternehmen, Universitäten und anderer Stellen. An der Durchführung sollen mindestens 2 Industriepartner, die nicht alle im selben Mitgliedstaat ansässig sein dürfen, beteiligt sein. Die Forschungs- und Entwicklungsvorhaben müssen grundsätzlich in der EWG durchgeführt werden. Außerhalb der EWG ansässige Firmen können unter der Auflage zugelassen werden, daß sie in einem der Mitgliedstaaten über eine Forschungs- und Entwicklungseinrichtung verfügen, und daß die betreffenden Arbeiten innerhalb der Gemeinschaft durchgeführt werden. Das Programm wird von der Task Force „Informations- und Telekommunikationstechnologien" der Kommission verwaltet. In ESPRIT II soll der Kreis der Beteiligten erweitert werden.

s. KOM (86) 269 endg; KOM (86) 687 endg.

Budget: Kostenteilung: beteiligte Industrie = 50 % / EWG = 50 %. In der ersten Fünfjahresphase 1984 — 1989 beläuft sich das Budget auf 1,5 Milliarden ECU; die Hälfte der Kosten trägt der Gemeinschaftshaushalt.

(2) RACE: Forschungs- und Entwicklungsprogramm im Bereich der fortgeschrittenen Kommunikationstechnologien für Europa.

Beschluß des Rates vom 25. Juli 1985, Nr. L 210, S. 24 ff.; s. auch KOM (86) 547 endg.

Ziel: Stärkung der Stellung der Gemeinschaften im Bereich der grundlegenden neuen Informationstechnologien, die im Fernmeldewesen Anwendung finden.

Charakter und Beteiligung: RACE ist in drei Phasen untergliedert: Definitionsphase (1985 — 1986), Phase I (1986 — 1991), Phase II (1991 — 1996). Abschluß von Verträgen mit den Netzbetreibern, mit Forschungszentren, Unternehmen u.a. Die betreffenden Arbeiten sind jeweils in der EWG durchzuführen. EFTA-Beteiligung ist möglich, die Konditionen müssen noch ausgehandelt werden.

Budget: 42,9 Millionen ECU, wovon 22,1 Millionen ECU zu Lasten des Gemeinschaftshaushaltes gehen.

(3) INSIS: Interinstitutionelles dienstintegriertes Informationssystem der Gemeinschaft.

>Beschluß des Rates vom 13. Dezember 1982, ABl. 1982, Nr. L 368, S. 40 f.

Ziel: Einsatz neuer Informationstechnologien zur Integration von Diensten und Institutionen der Gemeinschaft und der Mitgliedstaaten.

Charakter: Koordinierung der Aktivitäten der Mitgliedstaaten und der Gemeinschaftsinstitutionen im Hinblick auf die Einführung neuer Informationstechnologien in ihren Verwaltungen. Die Kommission übermittelte dem Rat am 3. August 1985 einen Vorschlag für einen Beschluß zur Einsetzung eines Beratenden Koordinierungsausschusses.

>KOM (84) 380 endg.

Budget: 8 Millionen ECU pro Jahr.

(4) CADDIA: Zusammenarbeit bei der Automatisierung von Daten und Dokumentation für die Ein- und Ausfuhr und die Landwirtschaft.

>Beschluß des Rates vom 28. Juli 1982, ABl. 1982, Nr. L 247, S. 25; Beschluß des Rates vom 26. März 1985, ABl. 1985, Nr. L 96, S. 35 f.

Ziel: Umstellung der Daten für den (Außen-)Handelsverkehr und die Agrarmarktorganisationen auf EDV.

Budget: Für das Gesamtprogramm 1985 — 1990 sind 26,8 Millionen ECU vorgesehen.

(5) C. D.: Koordinierte Entwicklung von automatisierten Verwaltungsverfahren.

> Entschließung des Rates vom 15. Mai 1984, ABl. 1984, Nr. C. 137, S. 1; s. auch KOM (84) 556 endg. und KOM (85) 295 endg.

Ziel: Entwicklung automatisierter Verwaltungsverfahren im innergemeinschaftlichen Warenverkehr und im Warenverkehr mit Drittländern.

Charakter: Sub-Programm des CADDIA-Gesamtprogramms.

(6) EUROTRA: Automatisches Übersetzungssystem modernster Konzeption.

> Beschluß des Rates vom 4. November 1982, ABl. 1982, Nr. L 317, S. 19 ff.

Ziel: Überwindung der innergemeinschaftlichen Sprachbarrieren.

Charakter: Forschungsprogramm mit einer fünfeinhalbjährigen Laufzeit mit Beginn 13. November 1982.

Budget: 16 Millionen ECU.

(7) COMETT: Aktionsprogramm zur Aus- und Weiterbildung im Technologiebereich.

> Entschließung des Rates vom 19. September 1983, ABl. 1983, Nr. C 256, S. 1 f.; für COMETT II (1986 — 1989) Beschluß des Rates vom 24. Juli 1986, ABl. 1986, Nr. L 222, S. 17 ff.

Ziel: Förderung der Zusammenarbeit zwischen Universität und Wirtschaft im Bereich der fortgeschrittenen Ausbildung, die sich auf die Innovation sowie die Entwicklung der neuen Technologien bezieht.

Beteiligung: Die Kommission unterstützt Ausbildungspartnerschaften Universität—Wirtschaft, die sich wiederum verpflichten, den Professoren-, Studenten- und Fachkräfteaustausch sowie europäische Kooperationsvorhaben zu fördern.

Budget: Der Bedarf der 1. Phase 1986 — 1989 beläuft sich auf 80 Millionen ECU.

(8) BRITE: Forschungs- und Entwicklungsprogramm auf dem Gebiet der technologischen Grundlagenforschung und der Anwendung neuer Technologien 1985 — 1988.

Beschluß des Rates vom 12. März 1985, ABl. 1985, Nr. L 83, S. 8 ff.

Ziel: Schaffung fortgeschrittener Technologien, auf die sich die traditionellen Gemeinschaftsindustrien stützen können, um ihre internationale Wettbewerbsfähigkeit in den nächsten zehn Jahren zu behalten.

Beteiligung: An BRITE können sich Unternehmen aller Größen, Forschungsinstitute, Universitäten etc. aus der Gemeinschaft beteiligen. Die Arbeiten müssen innerhalb der EG durchgeführt werden. Die Beteiligung von Industrieunternehmen kann auch rein finanzieller Natur sein.

Budget: Das auf vier Jahre ausgelegte Programm ist mit einem Budget von 125 Millionen ECU ausgestattet, wobei die Gemeinschaft 50 % finanziert.

(9) SPRINT: Strategisches Programm für Innovation und Technologietransfer (neue Bezeichnung) bzw. Plan für die transnationale Entwicklung der Infrastruktur zur Unterstützung von Innovation und Technologietransfer (alte Bezeichnung).

Beschluß des Rates vom 25. November 1983, ABl. 1983, Nr. L 353, S. 15 ff.; s. auch DOK (85) 274 endg.

Ziel: Förderung des Technologietransfers an kleine und mittlere Unternehmen.

Charakter: Drei Hauptgruppen von Projekten: Aufbau transnationaler Netze von Beratungsstellen für Technologie und Management; Einrichtung eines telefax-Kommunikationsnetzes; verstärkte Konzertierung und Austausch von Technologie-Informationen.

Budget: 7,5 Millionen ECU.

(10) Kohlenwasserstoffe: Programm zur Unterstützung der technologischen Entwicklung im Bereich der Kohlenwasserstoffe.

Verordnung des Rates Nr. 3056/73 vom 9. November 1973, ABl. 1973, Nr. L 312, S. 1 ff.; Verordnung des Rates Nr. 3639/85 vom 20. Dezember 1985, ABl. 1985, Nr. L 350, S. 25 ff.

Ziel: Erhöhung der Versorgungssicherheit der EG im Energiesektor durch technologische Entwicklungen, die unmittelbar mit den Tätigkeiten des Aufsuchens, des Abbaus, der Lagerung oder des Transports von Kohlenwasserstoffen verbunden sind.

Charakter: Das Programm wird von der Kommission im Rahmen des Forschungsaktionsprogramms (FAP) für nicht-nukleare Energie durchgeführt, und zwar auf der Grundlage von Kostenteilungsverträgen.

Budget: Die Gemeinschaftsbeihilfen beliefen sich auf insgesamt 342 Millionen ECU für die Jahre 1973 — 1983 und betrafen 370 Vorhaben. Das Budget des Fünfjahresplanes 1985 — 1990 sieht Mittel in Höhe von 200 Millionen ECU vor.

(11) JET: Joint European Torus.

> Entscheidung des Rates vom 30. Mai 1978, Nr. L 151, S. 23 f. (EURATOM-Bereich); s. auch KOM (86) 416 endg.

Ziel: Erzeugung und Untersuchung eines Plasmas unter Bedingungen, die sich den in einem thermonuklearen Reaktor notwendigen Bedingungen annähern.

Charakter und Beteiligung: Gemeinsames Unternehmen im Sinne von Kap. V des EURATOM-Vertrags. Das Gemeinsame Unternehmen steht jedem Forschungsträger offen, der auf nützliche Art und Weise zur Zielverwirklichung beitragen kann.

Budget: Die für die Periode 1986 — 1989 veranschlagten Ausgaben belaufen sich auf insgesamt 770 Millionen ECU. 80 % dieser Kosten gehen zu Lasten des Gemeinschaftshaushalts, 20 % zu Lasten nationaler Verwaltungen bzw. Institutionen.

(12) Gemeinsame Forschungsstelle: Von der Gemeinsamen Forschungsstelle für die Europäische Atomgemeinschaft und für die Europäische Wirtschaftsgemeinschaft durchzuführendes Forschungsprogramm 1984 — 1987.

> Beschluß des Rates vom 22. Dezember 1983, ABl. 1984, Nr. L 3, S. 21 ff.; ABl. 1987, Nr. C 41, S. 5 ff.

Ziel: Forschungsprogramme für die Sicherheit und Entwicklung der Kernenergie sowie für nicht-nukleare Aktionen, die eine beständige und ausgewogene Wirtschaftsausweitung fördern.

Charakter: Nuklearer Forschungsbereich (Kernmessung, Kernfusion, Kernspaltung, Reaktorbetrieb); nicht-nuklearer Forschungsbereich (Referenzmaterialien, Hochtemperaturwerkstoffe, nicht-nukleare Energien, Umweltschutz). Die Tätigkeit der Gemeinsamen Forschungsstelle erfolgt in mehreren getrennten Anstalten: Geel (Belgien), Ispra (Italien), Karlsruhe (BRD), Petten (Niederlande).

Budget: Für die Durchführung des Mehrjahresprogramms 1984 — 1987 sind 700 Millionen ECU vorgesehen.

(13) Alternative Energiequellen und Energieeinsparung: Programm zur Gewährung einer finanziellen Unterstützung für Demonstrationsvorhaben auf dem Gebiet der Nutzung alternativer Energiequellen, der Energieeinsparung und der Substitution von Kohlenwasserstoffen.

> Verordnung des Rates Nr. 1972/83 vom 11. Juli 1983, ABl. 1983, Nr. L 195, S. 6 ff.

(14) Biotechnologie: Mehrjähriges Forschungs- und Aktionsprogramm der EWG auf dem Gebiet der Biotechnologie 1985 — 1989.

> Beschluß des Rates vom 12. März 1985, ABl. 1985, Nr. L 83, S. 1 ff.; s. auch EP-Dok. A 2-134/86. Die Kommission arbeitet an einer Weiterentwicklung des Programms mit der Bezeichnung BICEPS.

Ziel: Sicherung der Entwicklung der Basis-Biotechnologie in der EWG.

Beteiligung: Vertragsforschung, Ausbildungsmaßnahmen und konzertierte Aktionen gemeinschaftlicher Institutionen.

Budget: 55 Millionen ECU.

(15) Wissenschaft und Technik im Dienste der Entwicklung: Forschungs- und Entwicklungsprogramm unter dem Leitgedanken Wissenschaft und Technik im Dienste der Entwicklung 1983 — 1986.

> Beschluß des Rates vom 3. Dezember 1982, ABl. 1982, Nr. L 352, S. 24 ff.; s. auch KOM (86) 550 endg. (für 1987 — 1990).

Ziel: Vernetzung der Forschertätigkeiten von Wissenschaftlern der Ersten und Dritten Welt; Einführung einer wissenschaftlich/technischen Dimension in die von der Gemeinschaft unterstützten Entwicklungsprogramme.

Charakter und Beteiligung: Zwei Teilprogramme: (a) Tropische und subtropische Landwirtschaft; (b) Ärztliche Versorgung, Gesundheitswesen und Ernährung in tropischen und subtropischen Gebieten. Auf die beiden Kommissionsausschreibungen 1983/84 gingen 1940 Vorschläge (1280 in der Landwirtschaft und 660 im Programm Ärztliche Versorgung) ein. Unter den 1280 Vorschlägen für das erste Teilprogramm, die aus 73 Ländern kamen (darunter 9 EG-Länder), kamen 28,5 % direkt aus Entwicklungsländern. Unter den 660 Vorschlägen für das zweite Teilprogramm, die aus 65 Ländern kamen (darunter 9 EG-Länder), kamen 30,6 % direkt aus Entwicklungsländern.

s. KOM (86) 550 endg., S. 2.

Budget: Für beide Programme übernahm die Gemeinschaft Ausgabenverpflichtungen im Gesamtumfang von 40 Millionen ECU.

(16) FAST II: Forschungsprogramm der EWG zur Vorausschau und Bewertung auf dem Gebiet der Wissenschaft und Technologie 1983 — 1987.

Beschluß des Rates vom 17. Oktober 1983, ABl. 1983, Nr. L 293, S. 20 ff.

Ziel: Analyse des Wandels in Wissenschaft und Technologie, um dessen langfristigen Folgen für die Forschungs- und Entwicklungspolitik und die anderen Gemeinschaftspolitiken für die nächsten zehn Jahre auszurichten und rechtzeitig politische Optionen vorzuschlagen.

Charakter: 3 Hauptbereiche: Europa und das neue „Wachstum" (Beschäftigung, Arbeit, erneuerbare Ressourcen); neue strategische industrielle Systeme; Veränderungen der Dienstleistungen.

Budget: 8,5 Millionen ECU zu Lasten des Gemeinschaftshaushalts; 2,5 Millionen ECU zu Lasten nationaler Institutionen.

(17) Stimulierungsplan: Plan zur Stimulierung von Zusammenarbeit und Austausch im wissenschaftlichen und technischen Bereich in Europa (1985 — 1988).

Beschluß des Rates vom 12. März 1985, ABl. 1985, Nr. L 83, S. 13 ff.; s. auch KOM (86) 270 endg.

Ziel: Verbesserung der Effizienz des wissenschaftlichen und technischen Potentials der Gemeinschaft.

Charakter: Die Stimulierung erfolgt entweder durch multisektorale Aktionen (Laborpartnerschaften etc.) oder durch kontextuelle Maßnahmen zur Förderung der Mobilität der Wissenschaftler. Die Auswahl der Stimulierungsaktionen trifft die Kommission, die dabei vom Ausschuß für die europäische Entwicklung von Wissenschaft und Technologie (CODEST) unterstützt wird. Mit Unterstützung sektoraler beratender Verwaltungs- und Koordinierungsausschüsse und des Ausschusses für wissenschaftliche und technische Forschung (CREST) legt die Kommission den Maßnahmenkatalog fest, der der Förderung der sektoralen Programme dienen soll.

Budget: 60 Millionen ECU.

(18) Rahmenprogramm für die wissenschaftliche Forschung: Rahmenprogramm für eine europäische Strategie auf dem Gebiet der Wissenschaft und Technik 1984 — 1987.

> Entschließung des Rates vom 25. Juli 1983, ABl. 1983, Nr. C 208, S. 1 ff. Zum Rahmenprogramm 1987 — 1991 (noch nicht beschlossen) s. KOM (86) 129 endg.; KOM (86) 430 endg.

Ziel: Durchführung einer gemeinsamen Strategie im Bereich von Wissenschaft und Technologie in Übereinstimmung mit den übrigen Strategien und Politiken der Gemeinschaft. Die angestrebten Ziele sind dabei:

- Förderung der landwirtschaftlichen Wettbewerbsfähigkeit (Biotechnologie);
- Förderung der industriellen Wettbewerbsfähigkeit (C.D., BRITE, ESPRIT, INSIS);
- Verbesserung der Bewirtschaftung der Rohstoffe;
- Verbesserte Bewirtschaftung der Energieressourcen und Verringerung der Abhängigkeit von Energieimporten (JET, Kohlenwasserstoffe etc.);
- Verbesserung der Lebens- und Arbeitsbedingungen und Umweltschutz;
- Verbesserung des Wirkungsgrads des wissenschaftlich-technischen Potentials der EWG (Stimulierungsplan);
- Horizontale Maßnahmen.

Budget: Am Ende der Laufzeit des Programms (1987) sollen 4 % des Gemeinschaftshaushalts aufgewendet werden.

(19) CODEST: Ausschuß für europäische Entwicklung von Wissenschaft und Technologie.

> Beschluß der Kommission vom 6. Dezember 1982, ABl. 1982, Nr. L 350, S. 45 f.

Ziel: Unterstützung der Kommission bei der Bestimmung der gemeinsamen Forschungs- und Entwicklungsstrategie.

Charakter: Gruppe von Persönlichkeiten von hohem Rang (21 Mitglieder, österreichischer Repräsentant zur Zeit: Univ.-Prof. Dr. Fritz Paschke).

(20) Umweltschutz: Bündel von Aktions-, Forschungs- und Entwicklungsprogrammen.

> Aktionsprogramm für den Umweltschutz, Erklärung des Rates vom 22. November 1973, ABl. 1973, Nr. C 112, S. 1 f. (Fortschreibung am 17. Mai 1977, ABl. 1977, Nr. C 139, S. 1 ff.); Aktionsprogramm für den Umweltschutz 1982 — 1986, Entschließung des Rates und der im Rat vereinigten Vertreter der Regierungen der Mitgliedstaaten vom 7. Februar 1983, ABl. 1983, Nr. C 46, S. 1 ff.; Mehrjährige Forschungs- und Entwicklungsprogramme auf dem Gebiet der Umwelt 1986 — 1990, Beschluß des Rates vom 10. Juni 1986, ABl. 1986, Nr. L 159, S. 31 ff.; Gemeinsame Umweltaktionen, Vorschlag der Kommission für eine Verordnung des Rates, KOM (86) 729 endg. = ABl. 1987, Nr. C 18, S. 5 ff.

Ziel: Errichtung eines einheitlichen Kompetenz-, Zeit- und Finanzrahmens zur Durchführung von Vorhaben in den Bereichen Umweltschutz, Klimatologie und Naturrisiken.

Budget: 75 Millionen ECU, davon 3 Millionen für Pilotvorhaben zur Untersuchung größerer technologischer Risiken.

(21) EURAM: Europäische Forschung über moderne Werkstoffe.

> Beschluß des Rates vom 10. Juni 1986, ABl. 1986, Nr. L 159, S. 36 ff.

Ziel: Koordinierte Forschungsergebnisse über spezielle Materialien (Rohstoffe und moderne Werkstoffe).

Charakter und Beteiligung: EURAM besteht aus vier Teilprogrammen:

- Primäre Rohstoffe (Minerale).
- Sekundäre Rohstoffe.
- Holz, einschließlich Kork als erneuerbare Rohstoffe.
- Moderne Werkstoffe.

Gemeinschaftsfirmen können mit nur einer anderen Gemeinschaftsfirma an EURAM teilnehmen; Firmen aus Drittländern müssen sich zumindest je einen Partner aus zwei verschiedenen EG-Ländern suchen, um den EURAM-Regeln zu entsprechen.

Budget: 70 bzw. 140 Millionen ECU.

c) Drittprojekte

Der Vollständigkeit halber werden — mit Ausnahme von EUREKA und COST — im folgenden die wichtigsten Drittprogramme kurz dargestellt.

zu EUREKA und COST s.u. § 5, Nr. C, II, 1 d.

(22) ESA: Europäische Weltraumorganisation. Übereinkommen vom 31. Mai 1975. Die ESA ist die Nachfolgeorganisation der Europäischen Organisation für Entwicklung und den Bau von Raumfahrzeugträgern (ELDO 1961) und der Europäischen Weltraumforschungsorganisation (ESRO 1962). Österreich ist seit 1. Januar 1987 Vollmitglied der ESA. Es entrichtet dabei einen jährlichen Grundbeitrag in der Höhe von 92 Millionen Schilling sowie einen Projektbeitrag in der Höhe von 60 Millionen Schilling.

(23) Columbus, Ariane 5, Hermes: Neue ESA-Projekte, die am 31. Januar 1985 beschlossen wurden.

- Columbus: Verlängerung der Programme SPACELAB und EUREKA; Zusammenarbeit von ESA und NASA (USA) zur Entwicklung und Nutzung einer Weltraumstation.

- Ariane 5: Neue Trägerrakete, die gegen 1995 operationell sein dürfte; sie kann 8,5 t in den geostationären Orbit befördern. Gegen 1997 soll sie Raumflugzeuge (z. B. Hermes) in den Weltraum befördern.

- Hermes: Raumflugzeug für 2 — 6 Astronauten und eine Nutzlast von 4,5 t. Österreich will an diesem Projekt mitwirken, dessen Gesamtkosten auf 2 Milliarden ECU geschätzt werden. Die Entwicklung von Hermes erfolgt in Frankreich.

(24) **ARIANE—ESPACE:** ESA unterzeichnete am 15. Mai 1981 einen Vertrag mit ARIANE—ESPACE, einer privaten Gesellschaft französischen Rechts. Ziel ist die Entwicklung der europäischen Trägerrakete Ariane.

(25) **EUTELSAT:** Europäische Fermeldesatelliten-Organisation. Errichtet durch ein am 15. Juli 1982 unterzeichnetes und am 1. September 1985 in Kraft getretenes Abkommen, das durch eine eigene Betriebsvereinbarung ergänzt wird. Ziel ist der Aufbau eines europäischen Satelliten-Fernmeldesystems.

(26) **EUMETSAT:** Errichtet durch ein am 24. Mai 1983 unterzeichnetes Abkommen. Ziel ist die Schaffung von operationellen europäischen Wettersatellitensystemen unter Berücksichtigung der Empfehlungen der Weltmeteorologie-Organisation (WMO).

(27) **APOLLO:** Übereinkommen zwischen der Kommission der EG und der ESA vom 31. Juli 1985 mit einer Geltungsdauer von 4 Jahren. Ziel ist die Entwicklung eines Systems zur Datenübertragung durch Satelliten (ECS-Satelliten von EUTELSAT).

(28) **CERN:** Europäisches Laboratorium für Teilchenphysik. Übereinkommen vom 1. Juli 1953. Gegenwärtig 13 europäische Mitgliedsländer, darunter Österreich.

(29) **SUPERPHENIX—NERSA:** Schnell-Brüter-Kraftwerk in Creys-Malville (Frankreich). Private Gesellschaft des französischen Rechts. Vertrag vom 28. Dezember 1973. Ziel ist der Betrieb eines Schnellen Brüters von 1200 MW. Eigentümer/Betreiber ist die Société Nucléaire à Neutrons Rapides SA (NERSA).

(30) **AIRBUS-Industrie:** Eingetragen als „wirtschaftliche Interessengemeinschaft" französischen Rechts, die im Dezember 1970 gegründet wurde. Ziel ist der Bau großer Verkehrsflugzeuge (größter Typ: Airbus A 300-600 für 230-345 Passagiere).

d) Forschungszusammenarbeit EG-EFTA-Staaten

Nachstehend werden in breiter Form die beiden wichtigsten europäischen Forschungskooperationen außerhalb der EG (EUREKA und COST) dargestellt. Vorab wird allerdings noch auf einige grundsätzliche Probleme der Forschungskooperation der EG mit dritten Ländern einzugehen sein.

Die EG schicken sich gegenwärtig an, einen Großteil ihrer Bemühungen auf dem Forschungs- und Entwicklungssektor auf die schrittweise Verwirklichung der „Europäischen Technologiegemeinschaft" zu konzentrieren. Grundlage dafür war das Memorandum der Kommission „Auf dem Weg zu einer europäischen Technologiegemeinschaft", das vom Europäischen Rat in Mailand im Juni 1985 gebilligt wurde.

Auf der anderen Seite haben aber auch die EFTA-Staaten zu erkennen gegeben, daß sie an einer verstärkten Forschungskooperation mit der EG bzw. deren Mitgliedstaaten äußerst interessiert sind. Diesbezüglich einigten sie sich auf folgendes Forderungsprogramm:

- Öffnung einzelner Forschungsprogramme (z.B. Fernmeldewesen) für eine Beteiligung von EFTA-Staaten.

- Abschluß bilateraler Rahmenabkommen.

- Ausarbeitung gemeinsamer Standards und Normen für Forschungs- und Entwicklungsprogramme.

- Engere Zusammenarbeit des Ausschusses Hoher Beamter der COST mit den gemeinschaftlichen Forschungsbehörden und Koordinierung der EFTA-Staaten im COST-Rahmen.

- Eine Absichtserklärung der EFTA-Staaten, auch finanzielle Beiträge zu den gemeinschaftlichen Forschungsprogrammen zu leisten, wenn sie daran teilnehmen.

- Aktive Beteiligung am Stimulierungsprogramm.

- Organisation gemeinsamer Seminare zur Forschung und Entwicklung für die Industrie.

Die „Zweiteilung" in der europäischen Forschungskoordination drängt einerseits nach einer Vereinheitlichung der Forschungsvorhaben, andererseits nach einer engeren Zusammenarbeit und gemeinsamen Bewertung der einzelnen Projekte. Diesbezüglich hat der Rat nicht nur den genannten Plan zur Stimulierung von Zusammenarbeit und Austausch im wissenschaftlichen und technischen Bereich in Europa (1985 — 1988) erstellt,

s.o. § 5, Nr. C, II, 1 b (17).

sondern auch am 9. Dezember 1986 einen gemeinschaftlichen Aktionsplan betreffend die Bewertung von Forschungs- und Entwicklungstätigkeiten (1987 — 1991) beschlossen, der ältere Pläne ersetzt.

ABl. 1987, Nr. C 2, S. 1.

Die Kommission ihrerseits hat eine Mitteilung an den Rat über einen gemeinschaftlichen Aktionsplan betreffend die Bewertung von Forschungs- und Entwicklungstätigkeiten für den Zeitraum 1987 bis 1991 verabschiedet.

KOM (86) 660 endg. = ABl. 1987, Nr. C 14, S. 5 ff.

Neben dieser Mitteilung an den Rat über die ständige interne und externe Bewertung der Forschungs- und Entwicklungstätigkeiten hat die Kommission noch eine weitere Mitteilung verabschiedet, in der sie angibt, wie sie sich die Beziehungen zwischen den Forschungs- und Entwicklungsprogrammen (F & E-Programmen) der EG und den EUREKA-Vorhaben vorstellt.

KOM (86) 664 endg.

Vorab ist dazu festzustellen, daß die F & E-Programme der EG marktferner als die EUREKA-Vorhaben sind und hauptsächlich auf die Grundlagenforschung (JET), die vorwettbewerbliche und pränormative Forschung (ESPRIT; BRITE; RACE; EURAM etc.) und schließlich auf die „Synergie der Wissenschaftler" (Europa der Forscher) ausgerichtet sind.

Obwohl auf COST und EUREKA noch gesondert eingegangen wird, sollen schon hier die Gemeinsamkeiten und Unterschiede zwischen den F & E-Aktivitäten der „Europäischen Technologiegemeinschaft"

s. KOM (85) 530 endg.

und COST sowie EUREKA aufgezeigt werden. Die F & E-Aktivitäten weisen hinsichtlich der verfolgten Ziele, der erfaßten Technologiebereiche und der zur Verwirklichung dieser Ziele eingesetzten Verfahren (neben einer Reihe von Gemeinsamkeiten) eine Reihe von Unterschieden auf.

Die F & E-Aktivitäten sind überwiegend im vorwettbewerblichen Bereich angesiedelt. Ein Anteil von ca. 50 % ihrer Kosten werden aus öffentlichen Geldern (Gemeinschaftsmitteln) finanziert. Sie gehen aus einem strikten Bewertungsverfahren hervor. Sie beziehen sich meistens auf ein strategisches Programm; ihre Teilnehmer sind überwiegend Forschungsstätten.

So sind z.B. bei BRITE und ESPRIT 40 — 50 % der Teilnehmer Universitäten oder Forschungsinstitute (s. KOM (86) 664 endg., S. 6 f.).

COST ist ebenfalls überwiegend im vorwettbewerblichen Bereich angesiedelt. Die einzelnen Vorschläge werden von den Regierungen eingebracht. Die einzelnen Aktionen, deren Größenordnung eher bescheiden ist, betreffen im wesentlichen Tätigkeiten von Labors und Forschungsstätten. Die Abkommen im Rahmen von COST stehen allen ihren Mitgliedstaaten offen.

EUREKA betrifft hauptsächlich die Entwicklung von marktnahen Produkten, Systemen und Dienstleistungen. Die einzelnen Projekte werden vordringlich durch Firmen durchgeführt. Die Unterbreitung von Vorschlägen erfolgt durch Unternehmen. Sie beziehen sich nicht auf strategische Programme. Mehr als 80 % der Teilnehmer an EUREKA sind Unternehmen. Diese haben die Möglichkeit, die Zusammenarbeit auf Partner ihrer Wahl zu beschränken, die Projekte stehen daher nicht offen. Die Kosten der Projekte sind ziemlich hoch. Der Anteil an öffentlichen Geldern an diesen Kosten ist eher gering.

Inwieweit die bis Juni 1986 genehmigten 72 EUREKA-Programme den gemeinschaftlichen F & E-Programmen entsprechen, läßt sich sehr anschaulich den Anhängen zu DOK (86) 664 endg., S. 21 ff., entnehmen.

(31) EUREKA: Europäische Koordinierungs- und Forschungsstelle. EUREKA entsprang einer französischen Initiative und wurde als ziviles Forschungsprogramm lanciert. Es wurde auf der europäischen Technologiekonferenz am 17. Juli 1985 in Paris ins Leben gerufen und seine Zielsetzungen auf der Ministerkonferenz von Hannover vom 5./6. November 1985 präzisiert. Die von allen 18 Teilnehmern der Konferenz und der Kommission der EG unterzeichnete Grundsatzerklärung „EUREKA" stellt die Sicherung der Wettbewerbsfähigkeit der europäischen Unternehmen des Hochtechnologiebereichs gegenüber der amerikanischen SDI und der japanischen Herausforderung in den Mittelpunkt.

s. die Dokumentation in EA 1986, Nr. 2, D. 27-44.

Im Detail wurden folgende sektorale Kooperationsbereiche vereinbart:

- Informationstechnologie.

- Telekommunikation.

- Robotik.

- Neue Werkstoffe.

- Rechnerunterstützte Fertigung.

- Biotechnologie.

- Meerestechnologie.

- Lasertechnik.

- Umwelttechnologie.

- Verkehrsmittel.

Hinsichtlich der Verklammerung mit F & E-Aktivitäten der EG heißt es in der Grundsatzerklärung lediglich (Punkt V.1.): „EUREKA-Projekte sollen bestehende technologische Zusammenarbeit in Europa ... nicht ersetzen, sondern, so weit wie möglich, auf ihr aufbauen oder sie ergänzen".

Institutionell werden die EUREKA-Aktivitäten durch die Ministerkonferenz, eine Gruppe von Hohen Repräsentanten, einen Verwaltungsrat und ein Sekretariat administriert.

Die EUREKA-Ministerkonferenz fällt in zwei Sitzungen pro Jahr die wichtigsten Entscheidungen. Die Gruppe der Hohen Repräsentanten, in der Delegierte aller Mitgliedsländer vertreten sind, bereitet unter anderem die Ministerkonferenzen vor und prüft die eingelangten Projekt-Vorschläge. Des weiteren steuern die Arbeiten noch ein fünfköpfiger Verwaltungsrat sowie das Sekretariat.

Nach längeren Diskussionen konnte man sich im Oktober 1986 auf die Leitung, den Sitz und die Ausstattung dieses Sekretariats einigen: Den Vorsitz führt der Franzose Xavier Fels, dem 7 Experten (mit nur 7 Mitarbeitern) zur Seite stehen. Sitz ist Brüssel, womit auch „optisch" die Nähe zu den EG dokumentiert werden soll. Auf der dritten EUREKA-Ministerkonferenz am 30. Juni 1986 in London

s. EA 1986, Nr. 17, D. 489 ff.

wurden schließlich auch Verfahrensvorschriften für EUREKA-Projekte verabschiedet: Voraussetzung dafür, daß ein Projekt das Prädikat „EUREKA" bekommt, ist die Zusammenarbeit von Teilnehmern aus mehr als einem der 12 Mitgliedsländer, der Einsatz von Hochtechnologie, ein zu erwartender sichtbarer Nutzen aus der gemeinsamen Projektdurchführung und die Erzielung eines wesentlichen technologischen Fortschritts.

Als Unterstützung von EUREKA, das an sich ja nur über eine Starthilfe von 1 Milliarde Franc seitens Frankreichs verfügte, übernimmt die EG-Kommission 13,7 % der laufenden Kosten des Sekretariats, stellt einen Beamten dorthin ab und macht EUREKA seinen Datenbasendienst zugänglich.

Die von EUREKA aufzubauende Datenbank soll als Informationszentrale drei Gruppen von Interessierten dienen, deren Zugang aber unterschiedlich frei ist: Unbeschränkten Zugriff sollen die Teilnehmer selbst haben. Es folgt die Gruppe der Hohen Repräsentanten und an dritter Stelle kommen Unternehmen oder Laboratorien, die zwar interessiert sind, aber an den Projekten noch nicht mitmachen.

s. HANKE, S. 11.

Auf der vierten EUREKA-Ministerkonferenz in Stockholm im Dezember 1986 wurden weitere 40 neue Projekte präsentiert, so daß sich um die Jahreswende 1986/87 die Gesamtzahl der Projekte auf 110 erhöht hat.

Was die ohne Zweifel nicht ganz auszuschließenden militärischen Nebeneffekte mancher EUREKA-Projekte betrifft, so wird etwa in Berichten des Europäischen Parlaments darauf verwiesen, daß sie — insbesondere französischen Militärs — nicht „ungelegen kämen".

> Bericht von Herrn Glyn FORD im Namen des Ausschusses für Energie, Forschung und Technologie über den Vorschlag zur Schaffung einer europäischen Koordinierungs- und Forschungsstelle (EUREKA), Teil II. Begründung, Anlagen (EP DOK A-52/86/II) vom 28. Mai 1986.

Eureka und Österreich

Österreich war im Herbst 1986 an 7 Forschungsprojekten im Rahmen von EUREKA beteiligt, die insgesamt einen Umfang von 540 Millionen Schilling hatten. Rund 40 % davon sind der österreichische Anteil und 60 % entfallen auf die ausländischen Kooperationspartner. Die österreichische Produktpalette stellt eine Mischung aus zukunftsorientierter Universitätstechnologie mit Schwerpunkt Informationstechnik und Mikroelektronik und wichtigen Projekten aus den Bereichen Biotechnologie, neue Werkstoffe und umweltverbessernde Technologien dar.

Konkret arbeitet Österreich an folgenden Projekten mit:

- Ionenprojektionen.

- Chromfreie Ledergerbung.

- Höchstfeld-Supraleiter.

- Biotechnologische Massenzellkulturen.

- Feinkornkeramik.

Die ersten beiden Pilotprojekte Österreichs waren: EUROTRAC (Messung grenzüberschreitender Umweltemissionen) und COSINE bzw. früher EURONET (Europäisches Datennetz für Forschungsprojekte).

Bei der vierten EUREKA-Ministerkonferenz in Stockholm im Dezember 1986 präsentierte Österreich 6 von insgesamt 40 neuen Projekten.

An den österreichischen Projekten sind deutsche, spanische, schweizerische, französische und belgische Partner beteiligt.

Damit nimmt Österreich gegenwärtig an 13 EUREKA-Projekten teil, was einen Prozentsatz von rund 10 % aller EUREKA-Vorhaben ausmacht.

Die sechs neuen österreichischen EUREKA-Projekte sehen eine österreichische Beteiligung von 400 Millionen Schilling vor und beziehen sich auf folgende Vorhaben:

- Transpolis/Transpotel: Aufbau eines Informationssystems für die Verkehrswirtschaft.
- Eurolaser: Entwicklung eines Kohlendioxyd-Lasers.
- Famos: Entwicklung flexibler automatischer Montagesysteme.
- Atis: Aufbau einer Datenbank für Tourismus-relevante Informationen.
- Eurocare: Konservierung und Restaurierung von Bauten und Kunstdenkmälern.
- Oasis: Sicherheit in offenen Informationssystemen.

An diesen EUREKA-Projekten beteiligen sich österreichische Klein- und Mittelbetriebe, Großbetriebe aus der Verstaatlichten Industrie, Universitäts-Institute und andere Forschungseinrichtungen. Die österreichische Anlaufstelle für die Kontaktnahme mit dem EUREKA-Sekretariat, die diesem mittels Personal-Computer angeschlossen ist, ist die Forschungssektion des Bundesministeriums für Wissenschaft und Forschung.

Neutralitätsrechtliche Beurteilung

Wenngleich EUREKA als zivile Forschungskooperation ins Leben gerufen wurde, so kann nicht mit absoluter Sicherheit ausgeschlossen werden, daß einige Projekte zumindest als "by-product" auch eine militärische Nebenkomponente haben. Dennoch wäre dadurch das Neutralitätsrecht nicht berührt. Ein Neutraler hat keine Verpflichtung, sich in die Geschäftsführung privater Unternehmen einzumischen, solange er nicht seinerseits hoheitlich tätig wird.

Daran ändert auch die Tatsache nichts, daß ein österreichisches Projekt von der Regierung auf den EUREKA-Ministerkonferenzen vorgeschlagen wird. Insbesondere ist nicht die Paritätspflicht des Art. 9 i.V.m. Art. 7 des V. Haager Abkommens berührt.

   s.o. § 2, Nr. B, I, 2 a.

Bei einem solchen Vorschlag handelt es sich nicht um die Gleich- oder Ungleichbehandlung von Kriegsparteien im Bereich des privaten Außenhandels, sondern um die staatliche Unterstützung privater Industriekooperationen. Diese ist vom Neutralitätsrecht nicht umfaßt.

Im übrigen könnte sich die Regierung jeweils weigern, ein Projekt vorzuschlagen, das militärische Bezüge aufweist. Die bisherigen Projekte mit österreichischer Beteiligung weisen solche Bezüge jedenfalls nicht auf.

(31) COST: Europäische Zusammenarbeit auf dem Gebiet der wissenschaftlichen und technischen Forschung. COST wurde durch die Allgemeine Entschließung einer am 22./23. November 1971 in Brüssel durchgeführten Ministerkonferenz geschaffen. Aus dem Motivenbericht (Maréchal-Bericht) geht hervor, daß der Bereich der Spitzentechnologie ganz bewußt ausgeklammert wurde.

Im Rahmen von COST treffen sich die Regierungsvertreter der 19 Mitgliedstaaten, um Projekte der Zusammenarbeit auf dem Gebiet der wissenschaftlichen und technischen Forschung zu beraten, zu definieren und zur Abkommensreife zu bringen. Die COST-Abkommen werden formell in 4 Kategorien der Zusammenarbeit unterteilt:

> s. dazu 12. Gesamtbericht über die Tätigkeit der Europäischen Gemeinschaften 1978, Ziff. 425.

Kategorie I: Gemeinschaftliche Forschungs- und Entwicklungs-Programme (F & E), die auf der Basis der Verträge über die Gründung der Gemeinschaften erlassen werden, und an denen auch COST-Staaten, die nicht Mitglieder der EG sind, mitwirken können.

Kategorie II: Aktionen, die im COST-Rahmen eingeleitet werden, und an denen die Gemeinschaft als solche an der Seite von COST-Staaten, die nicht Mitglieder der EG sind, teilnimmt.

Kategorie III: Aktionen, die im COST-Rahmen eingeleitet werden und an denen die EG sowie Mitgliedstaaten und COST-Staaten, die nicht Mitglieder der EG sind, teilnehmen.

Kategorie IV: Aktionen, die im COST-Rahmen eingeleitet werden und an denen COST-Staaten, die entweder Mitglieder oder Nichtmitglieder der EG sind, nicht aber die EG als solche teilnehmen.

Inhaltlich umfassen die COST-Aktionen vordringlich folgende Bereiche:
- Informatik.
- Fernmeldewesen.
- Verkehrswesen.
- Ozeanographie.
- Metallurgie und Werkstoffkunde.
- Umwelt.
- Meteorologie.
- Landwirtschaft.
- Lebensmitteltechnologie.
- Forschung in Medizin und Gesundheitswesen.
- Holz.
- Rückgewinnung von Rohstoffen.
- Sozialtechnologische Systeme.

Institutionell koordiniert ein Ausschuß Hoher Beamter die COST-Aktivitäten und sucht auch die Kooperation mit den EG zu verdichten. Die EG haben für die COST-Zusammenarbeit besondere Bedingungen eingeräumt, übernehmen Sekretariatsdienste und stellen ihren technischen Apparat zur Verfügung. In diesem Zusammenhang beschloß der Ausschuß Hoher Beamter auf seiner Tagung in Wien am 23./24. Juni 1986 die künftige Rolle von COST.

>ABl. 1986, Nr. C 247, S. 2 ff.

Er stellte dazu fest (Punkt B, 2): „Der COST-Rahmen eignet sich vorzüglich für eine engere F & E-Zusammenarbeit zwischen der EWG und EFTA im Geiste der Luxemburger Erklärung vom 9. 4. 1984".

> vgl. dazu BullEG 7/8-1986, Ziff. 2.1.39; für eine komplette Zusammenstellung aller bisherigen COST-Aktionen siehe SEKRETARIAT COST/GENERALSEKRETARIAT DES RATES DER EG (Hrsg.), COST-Aktionen, Sammlung der Abkommen Bd. 1-3, Bd. 3 (1983-1984), Brüssel 1986.

COST und Österreich

Um das Interesse der einzelnen Staaten an COST-Aktionen bewerten zu können, wird man wohl die Beteiligung an den Aktionen der Kategorien III und IV untersuchen müssen, da die automatische Beteiligung der EG-Staaten an den Aktionen der Kategorien I und II das Bild verfälschen könnte.

Im ersten Jahrzehnt der COST-Aktionen (1971 — 1980) war Österreich nur an 6 Aktionen der Kategorien III und IV beteiligt. Im Vergleich dazu war die Beteiligung anderer Staaten wesentlich höher: Belgien 17, Schweden 16, Schweiz 11, Finnland 10. Das Interesse Österreichs lag damit gleichauf mit dem Jugoslawiens und wurde nur noch von der Türkei „untertroffen" (5). Aber auch die Beteiligung an den Aktionen der Kategorien I und II blieb weit hinter jener der Mehrzahl der anderen EFTA-Staaten zurück.

Ein zweiter Querschnitt durch die in den Jahren 1983/84 in Kraft stehenden Aktionen zeigt bei den Kategorien III und IV eine Beteiligung Österreichs an 12 Aktionen, Belgiens hingegen an 24, Schwedens an 30, der Schweiz an 21, Finnlands an 23 und Dänemarks ebenfalls an 23. Nur Norwegen und Island rangieren hinter Österreich.

Dieses relativ geringe Interesse Österreichs an COST ist verwunderlich, stellt COST doch aus folgenden Gründen einen idealen Rahmen für eine internationale Forschungskooperation dar:

- Konzentration auf Projekte der mittleren Technologie.
- Flexibilität der Beteiligung, die Streitigkeiten um den „gerechten Rückfluß" ausschalten kann.
- Zusammenlegung nationaler Forschungsvorhaben, wobei sogar bereits geplante nationale Projekte eingebracht werden können.

Neutralitätsrechtliche Beurteilung

Hier gilt dasselbe wie für EUREKA. Da es sich bei den COST-Aktivitäten um solche im Bereich mittlerer Technologie handelt, ist die Gefahr einer militärtechnologischen „Zweitnutzung" (noch) weniger als bei EUREKA gegeben. Die Teilnahme an COST-Abkommen ist freiwillig und von Fall zu Fall zu entscheiden. Die neutralitätsrechtliche Frage stellt sich daher allenfalls beim einzelnen COST-Projekt, nicht aber bei der Teilnahme an COST insgesamt.

e) Das Rahmenabkommen über wissenschaftlich-technische Zusammenarbeit zwischen den EG und Österreich

Seit 1971 schließen die EG Rahmenabkommen über wissenschaftlich-technische Zusammenarbeit mit Drittländern ab. Österreich unterzeichnete am 15. Juli 1986 — nachdem bereits die Schweiz, Schweden, Norwegen und Finnland ähnliche Verträge unterzeichnet hatten — mit den EG das „Rahmenabkommen über die wissenschaftlich-technische Zusammenarbeit mit den Europäischen Gemeinschaften."

> ABl. 1986, Nr. L 216, S. 8 ff.; s. auch KOM (86) 554 endg.

Das Abkommen setzt den Rahmen für die Entwicklung der wissenschaftlich-technischen Zusammenarbeit auf Gebieten gemeinsamen Interesses fest, die Gegenstand gemeinschaftlicher und österreichischer Forschungs- und Entwicklungsprogramme bilden. Die Zusammenarbeit, die von öffentlichen oder privaten Organisationen und Unternehmen durchgeführt werden kann, kann in folgenden Formen stattfinden (Art. 2):

- Regelmäßiger Gedankenaustausch über Orientierungen und Prioritäten der Forschungspolitik in Österreich und in den Gemeinschaften sowie über deren Planung.

- Gedankenaustausch über die Aussichten und Entwicklung der Zusammenarbeit.

- Übertragung von Informationen, die sich aus der in diesem Abkommen festgelegten Zusammenarbeit ergeben.

- Koordinierung der in Österreich und in den Gemeinschaften durchgeführten Programme und Vorhaben.

- Teilnahme an gemeinsamen Programmen oder Teilprogrammen und Durchführung gemeinsamer Aktionen in Österreich und in den Gemeinschaften.

Diese letzte Bestimmung bildet die Rechtsgrundlage für die Einbindung Österreichs in gemeinschaftliche Forschungsprojekte, die erstmals im Rahmen von EURAM erfolgte.

> s.o. § 5, Nr. C, II, 1 b (21).

Die Zusammenarbeit kann gemäß Art. 4 wie folgt durchgeführt werden:
- Gemeinsame Sitzungen.
- Besuche und Austausch von Forschern, Ingenieuren und Technikern.
- Regelmäßige und ständige Kontakte zwischen den Verantwortlichen der Programme und Vorhaben.
- Teilnahme von Sachverständigen an Seminaren, Symposien und Workshops.
- Beteiligung an gemeinsamen Programmen oder Teilprogrammen und gemeinsamen Aktionen.
- Bereitstellung von Dokumenten und Mitteilung der Ergebnisse der im Rahmen der Zusammenarbeit durchgeführten Arbeiten.

Eine Zusammenarbeit wird rechtstechnisch durch entsprechende Vereinbarungen (Art. 6) durchgeführt, die die Form und die Mittel jeder der Kooperationsaktionen festsetzen (Art. 7) und die von jeder Vertragspartei gemäß ihren eigenen Verfahren durchgeführt (Art. 8) und genehmigt werden (Art. 13). Gemäß Art. 10 wird ein Gemischter Ausschuß mit der Bezeichnung „Forschungsausschuß Österreich/Gemeinschaft" eingesetzt, um „ ... die Bereiche einer möglichen Zusammenarbeit festzustellen ... (und) ... einen regelmäßigen Gedankenaustausch über die Orientierungen und Prioritäten der Forschungspolitiken ... (zu führen)."

Damit wählte Österreich von den drei möglichen Alternativen einer Forschungspolitik

- sich Technologie über Lizenznahme zu besorgen,

- Forschung im Bereich mittlerer Technologien oder

- Forschung im Hochtechnologiebereich zu betreiben,

ausgerechnet die letzte und schwierigste Variante und will von der Möglichkeit, Abkommen über die Beteiligung an gemeinschaftlichen Programmen der Hochtechnologie zu schließen, in Zukunft verstärkt Gebrauch machen. In der jüngeren Vergangenheit hat die österreichische Industrie neue Verfahren vermehrt im Lizenzweg aus dem Ausland bezogen und nur relativ wenig eigenständig geforscht. Österreich, früher ein Land großer Forscher und mit einer sehr positiven „Patent- bzw. Lizenzbilanz" ausgestattet, weist gegenwärtig (1984) einen diesbezüglichen Negativsaldo von 1,5 Milliarden Schilling aus.

    s. Die Presse vom 21. Mai 1986, S. 7.

Während die USA und Schweden mehr als 100 %, Japan rund 90 % und die BRD 50 % ihrer Technologieimporte durch Technologieexporte dekken, beträgt dieser Deckungsgrad in Österreich nur 19 %(!).

    s. Die Presse vom 28. November 1986, S. 8.

Gemäß den OECD-Statistiken für 1981 gab z. B. nur noch Finnland, Italien, Irland, Spanien, Griechenland und Portugal weniger als Österreich für die Forschung je Industriebeschäftigtem aus. So lagen in Österreich z.B. die betrieblichen Ausgaben für Forschungsaufträge an Hochschulen 1984 bei 100 Millionen Schilling, von denen noch dazu vier Fünftel von Großfirmen stammten. Der Forschungskoeffizient, das ist der prozentuelle Anteil der Forschungsausgaben am Jahresumsatz der forschenden Unternehmen, betrug nur 2,4 %.

    s. Die Presse vom 21. Mai 1986, S. 7.

Die gesamten Forschungs- und Entwicklungsausgaben betrugen laut Schätzungen im Jahre 1986 18,7 Milliarden Schilling, was 1,26 % des Bruttoinlandsprodukts entspricht.

    s. Die Presse vom 21. Mai 1986, S. 7; Salzburger Nachrichten vom 18. Juli 1986, S. 4.

Zwar sind die Forschungs- und Entwicklungsausgaben von 1970 — 1983 in Österreich von 0,6 auf 1,24 % des Bruttoinlandsprodukts angehoben worden, der Durchschnitt der 24 OECD-Länder betrug in diesem Zeitraum allerdings 2,2 %.

    s. Die Presse vom 18. November 1986, S. 8.

Gemäß der OECD-Übersicht über die Streuung der Forschungsausgaben im Jahre 1985 sind die österreichischen Ausgaben breit gestreut, die schweizerischen weisen zum Vergleich jedoch einen eindeutigen Schwerpunkt bei den Heilmitteln (rund 40,5 %), in der Elektroindustrie (16,9 %) und bei Instrumenten (13 %) auf.

Da die direkte Forschungsförderung in Österreich überwiegend Hochschulforschungsförderung ist, während die indirekte Förderung einerseits die Grundstoffindustrie, andererseits die „verlängerten Werkbänke" (Aiginger) begünstigt, besteht auch die „Gefahr", daß an der geplanten Forschungszusammenarbeit mit den EG nur Hochschulinstitute teilnehmen und die österreichische Industrie nicht in der Lage sein wird, die Forschungsergebnisse entsprechend umzusetzen.

Ganz allgemein muß an dieser Stelle festgestellt werden, daß in Österreich für die Beteiligung österreichischer Stellen an Forschungsprogrammen der EG kein eigener „Finanztopf" geschaffen wurde, sondern daß sich die Beteiligungswerber aus den bestehenden „Töpfen" der österreichischen Forschungsfinanzierung bedienen müssen.

Hauptsächlicher Träger ist diesbezüglich der Forschungsförderungsfonds der Gewerblichen Wirtschaft, der — 1987 vom Bund mit 404 Millionen Schilling dotiert — unter der Aufsicht des Bundesministeriums für Wissenschaft und Forschung steht. Für die Technologieförderung steht für 1985 bis 1987 in Österreich eine Milliarde Schilling zur Verfügung, von der 250 Millionen als Forschungsförderung vom Bundesministerium für Wissenschaft und Forschung und 750 Millionen in Form von Anwendungsförderung vom Bundesministerium für öffentliche Wirtschaft und Verkehr vergeben werden. 1987 läuft die Mikroelektronikförderung aus, von der die bisherigen Technologieschwerpunkte Umweltschutz und neue Werkstoffe betroffen waren.

In der ersten Sitzung des „Forschungsausschusses Österreich/Gemeinschaft" am 25. November 1986 in Brüssel bekundete Österreich großes Interesse vor allem an einer Zusammenarbeit bei der Materialforschung (EURAM), bei ESPRIT II, bei RACE sowie bei der medizinischen Forschung und der Forschung für alternative Energiequellen. Des weiteren liegen Österreichs Prioritäten bei der Mikro-Elektronik, der Biotechnologie und der Umweltforschung.

s. Die Presse vom 27. November 1986, S. 2.

Berücksichtigt man, daß der Dienstleistungssektor in Österreich seit 1964 von 44 % auf über 56 % im Jahre 1984 (berechnet am Bruttoinlandsprodukt) zunahm und immer mehr auf „intelligente" Leistungen bzw. Produkte gesetzt wird, ergibt sich daraus ein Bild der Dynamik dieser zukünftigen Forschungskooperation.

Als erstes Forschungsprogramm, das auf der Basis des Rahmenabkommens seitens der EG für österreichische Interessenten geöffnet wurde, ist EURAM zu erwähnen.

> s.o. § 5, Nr. C, II, 1 b (21).

Bis zum 16. Oktober 1986 konnten österreichische Firmen (die über mindestens zwei EG-Partnerfirmen aus zwei EG-Ländern verfügen mußten) entsprechend Anträge deponieren. Bisher sind Projektvorschläge mit einem Gesamtvolumen von 132 Millionen Schilling (Industrie) und 29 Millionen Schilling (Universitäten) dem Bundesministerium für Wissenschaft und Forschung zugeleitet worden. Ein eigener Budgetposten wurde für EURAM nicht geschaffen, die Projekte müssen aus der allgemeinen Forschungsförderung finanziert werden. Die Förderungssätze reichen in Österreich von 20 — 100 %, der Höchstsatz ist aber nur Universitäts-Instituten zugänglich.

> s. Die Presse vom 12. August 1986, S. 7; Die Presse vom 1. September 1986, S. 7.

Insgesamt rechnet man mit rund 500 EURAM-Projekten, von denen die Kommission im Endstadium 80 — 100 auswählen wird. Österreichische Partner werden die Metallwerke Plansee Ges.m.b.H., die Chemie Linz, und die VEW sein. Österreich muß bei diesen Projekten anstelle der EG einer österreichischen Firma jene 50 % zuschießen, die EG-Firmen aus der gemeinschaftlichen Forschungsförderung erhalten würden. Für die Phase EURAM II (ab 1988) soll aber diese „Diskriminierung" beseitigt werden.

f) Neutralitätsrechtliche Beurteilung

Was die neutralitätsrechtliche Verträglichkeit einer Teilnahme Österreichs an Forschungs- und Entwicklungsprogrammen der EG betrifft, so ist die — abstrakte — Teilnahme an diesen Programmen unbedenklich. Erst im konkreten Fall einer Teilnahme an einer speziellen Forschungstätigkeit könnten unter Umständen Unverträglichkeiten entstehen, die aber von Fall zu Fall untersucht werden müßten.

Erst dann stellt sich auch die Frage, ob es sich bei der Forschungstätigkeit an österreichischen Hochschulinstituten oder von Unternehmen der Verstaatlichten Industrie um hoheitliche Tätigkeiten handelt, die der Republik Österreich zuzurechnen sind, oder nicht. Denn nur wenn eine solche Zurechenbarkeit anzunehmen ist, können neutralitätsrechtliche Abstinenzpflichten relevant werden. Paritätspflichten spielen bei der reinen Forschungstätigkeit keine Rolle. Diese werden erst bei der staatlichen Lenkung der Weitergabe von Forschungsergebnissen beachtlich. Diesbezüglich ist folgendes festzuhalten:

(1) Obwohl wissenschaftliche Forschung (auch) von Staatsorganen betrieben werden kann, handelt es sich bei einer konkreten wissenschaftlichen Forschungstätigkeit an einem Hochschulinstitut nicht um eine hoheitliche Tätigkeit "iure imperii". Denn da wissenschaftliche Forschung an sich auch von jedem Privaten betrieben werden kann, liegt eine eindeutige Substituierbarkeit dieser Tätigkeit durch Private vor, die dieser Tätigkeit ihren (scheinbaren) hoheitlichen Charakter nimmt.

> s. NEUHOLD/HUMMER/SCHREUER, S. 149 f.; vgl. OGH, Urteil vom 10. Februar 1961, JBl. 84 (1962), S. 43 ff.

Wissenschaftliche Forschung ist daher grundsätzlich nur dem Forscher selbst — als „privatwirtschaftliche" Tätigkeit — zuzurechnen.

(2) Was die Forschungstätigkeit und den Technologieaustausch von österreichischen Unternehmen der Verstaatlichten Industrie

> vgl. Bundesgesetz vom 4. April 1986 über die österreichische Industrieholding Aktiengesellschaft (ÖIAG-Gesetz), BGBl. 1986, Nr. 204

betrifft, so gilt grundsätzlich das eben Gesagte. Ganz allgemein muß zu den Exportgeschäften der Verstaatlichten Industrie gesagt werden, daß sie nur den einzelnen Unternehmen, nicht aber der Republik Österreich zuzurechnen sind, da die Republik Österreich nur Eigner des (Aktien-)Kapitals ist, gesellschaftsrechtlich aber keine Ingerenz auf das geschäftsführende Organ dieser Aktiengesellschaften, den Vorstand, hat (s. § 70 Aktiengesetz 1965, BGBl. 1965, Nr. 98 in der Fassung BGBl. 1982, Nr. 371).

Dieser ist nur dem Aufsichtsrat gegenüber verantwortlich, der wiederum von der Hauptversammlung gewählt wird, selber aber keinen Einfluß auf die Geschäftsführung hat (s. §§ 87, 90 Abs. 1 und 95 Abs. 5 Aktiengesetz).

Der Bundesminister für Finanzen kann, als Eigentümervertreter der Republik Österreich in der Hauptversammlung, in diesem Organ nur auf die Bestellung bzw. Zusammensetzung des Aufsichtsrates, nicht aber auf Fragen der Geschäftsführung Einfluß nehmen (s. § 103 Abs. 2 Aktiengesetz).

Der Vorstand tätigt oder unterläßt das konkrete Exportgeschäft und wird dafür von der Hauptversammlung gemäß § 104 Abs. 1 Aktiengesetz entlastet (oder nicht) — bzw. mittelbar vom Aufsichtsrat im Rahmen der Billigung des Jahresabschlusses gemäß § 125 Aktiengesetz. Trotzdem sind zwei Fälle einer (a) rechtlichen und (b) faktisch-politischen Einflußnahme auf die Geschäftsführung eines Verstaatlichten Unternehmens denkbar:

(a) Grundlage für eine mögliche **rechtlich zulässige** Beeinflussung der Geschäftsführung einzelner „ÖIAG-Töchter" bietet die in § 2 Abs. 1 ÖIAG-Gesetz 1986 verankerte „verbindliche Richtlinien"-Kompetenz des ÖIAG-Vorstandes hinsichtlich der Ausrichtung der generellen Geschäftspolitik.

> Ob daraus auch ein individuelles Weisungsrecht für einzelne Geschäftsfälle ableitbar ist, wird in der Literatur bezweifelt; Roth, G — Fitz, H. Leviathan und der Kleinaktionär, in: Recht der Wirtschaft 1985/4, S. 99 ff.; Roth, G. ÖIAG: Politischer Einfluß und konzernrechtliche Herrschaft, in: Recht der Wirtschaft 1986/3, S. 67 f..

Die Bundesregierung kann auf den Vorstand der ÖIAG ebenfalls keinen unmittelbaren Einfluß ausüben, ein „mittelbarer" könnte allenfalls in der Bestellung der Aufsichtsratsmitglieder aufgrund des überwiegenden Vorschlagsrechts derselben durch den Bundesminister für öffentliche Wirtschaft und Verkehr gemäß § 4 ÖIAG-Gesetz gesehen werden.

(b) **Faktisch-politisch** könnte durch eine direkte (unzulässige) Einflußnahme seitens der obersten Organe der Republik Österreich auf den Vorstand der ÖIAG oder eines einzelnen Verstaatlichten Unternehmens eingewirkt werden, was eine völkerrechtliche Zurechnung zur Republik Österreich und dementsprechend unter Umständen eine völkerrechtliche Verantwortlichkeit Österreichs für Exportgeschäfte der Verstaatlichten Industrie nach sich ziehen könnte (vgl. ZEMANEK (2)).

(3) Etwas anderes gilt, wenn sich Österreich wissenschaftliche Forschungsergebnisse zu eigen macht und über sie — als Staat — hoheitlich verfügt (z.B. Verwendung von erforschten Techniken und Materialien im kriegsmäßigen Einsatz). Dann könnte sich die neutralitätsrechtliche Frage der Abstinenzpflicht stellen.

Insgesamt läßt sich daher festhalten, daß die bloße Beteiligung an Forschungs- oder Entwicklungsprogrammen neutralitätsrechtlich erlaubt ist. Die neutralitätsrechtliche Frage der Abstinenz- und Paritätspflichten stellt sich immer erst bei einem konkreten Projekt innerhalb eines Forschungs- und Entwicklungsprogramms. Sie kann daher immer nur anhand des jeweiligen Projekts beantwortet werden.

2) Verkehr

Die verkehrspolitische Zusammenarbeit zwischen Österreich und den Europäischen Gemeinschaften reicht an sich weit zurück:

- 1957: Abkommen vom 26. Juli 1957 über die Einführung direkter internationaler Eisenbahntarife im Durchgangsverkehr mit Kohle und Stahl durch das Staatsgebiet der Republik Österreich (BGBl. 63/1958).

- 1974: Ergänzungsprotokoll vom 10. Oktober 1974 zum Abkommen vom 26. Juli 1957 (BGBl. 18/1979).

- 1975: Ermächtigung der Kommission durch den Rat vom 15. Oktober 1975, mit den in der Europäischen Verkehrsministerkonferenz vertretenen Drittstaaten Verhandlungen über den grenzüberschreitenden Personenverkehr aufzunehmen.

- 1975: Vorlage eines Kommissionsvorschlages vom 5. Mai 1975 betreffend ein Abkommen mit bestimmten Drittländern zur Regelung des kombinierten Güterverkehrs Schiene/Straße.

Die erste politische Initiative für eine engere verkehrspolitische Zusammenarbeit zwischen Österreich (und der Schweiz) mit den Europäischen

Gemeinschaften ging nicht von Österreich, sondern vom Europäischen Parlament mit einer Entschließung vom 6. April 1976 aus.

> Entschließung des Europäischen Parlaments zu Problemen des Verkehrs der Europäischen Gemeinschaft durch Österreich und die Schweiz, ABl. 1976, Nr. C 100, S. 12 f.

Darin fordert das Parlament im Punkt 5), „daß so bald wie möglich neue und engere Kontakte aufgenommen werden, um Österreich und die Schweiz zu informieren, damit diese beiden Länder sich rechtzeitig auf die bevorstehenden verkehrspolitischen Änderungen im Gemeinschaftsgebiet einstellen können, und um es der Gemeinschaft zu ermöglichen, soweit wie möglich die Wünsche dieser Länder bezüglich der späteren Entwicklung der gemeinsamen Verkehrspolitik zu berücksichtigen." Außerdem verlangte es in Punkt 6), „daß so bald wie möglich für das gesamte Alpengebiet eine ständige Zusammenarbeit zur Planung neuer Verbindungswege und zur Verbesserung der bestehenden Schienen- und Straßenverkehrsverbindungen eingeleitet wird." Schließlich forderte es in Punkt 8) „allseitige Anstrengungen zur Schließung der bestehenden Lücken im Autobahnnetz ... ".

Auf diese „Aufforderungen" hin wurde die Kommission tätig und legte dem Rat am 5. Juli 1976 einen Vorschlag einer Verordnung über die Unterstützung von Vorhaben von gemeinschaftlicher Bedeutung auf dem Gebiet der Verkehrsinfrastruktur vor.

> ABl.1976, Nr. C 207, S. 9 f.; modifiziert ABl. 1980, Nr. C 89, S. 4 f.

Darin wird in der Präambel festgestellt, daß es angebracht erscheine, „auf Grund bestimmter, ihrer spezifisch gemeinschaftlichen Auswirkungen wegen, ein Verfahren vorzusehen, das es der Gemeinschaft ermöglicht, eine Finanzhilfe zu gewähren, insbesondere, wenn davon ihre vorrangige Durchführung abhängt". In konkreter Umsetzung dieser Möglichkeit nahm die Kommission auch einen entsprechenden Mittelansatz in den Haushaltsplan auf

> Zuletzt Posten 5841 (vormals Artikel 584) — Finanzielle Unterstützung von Vorhaben der transalpinen Verkehrsinfrastruktur zur Erleichterung des Transits durch Österreich — im Haushaltsplan für 1986, ABl. 1985, Nr. L 358, S. 644.

und reservierte 4 Mio ECU (!) — das entspricht zur Zeit einem Gegenwert von ca. 57 Millionen Schilling — zur Erleichterung des Transits durch Österreich. Setzt man diese Ziffer mit den für die nächsten 10 bis 15 Jahre zu erwartenden gemeinschaftlichen Investitionskosten auf dem Sektor der Verkehrsinfrastruktur in Höhe von mehr als 20 Milliarden ECU in Relation, so erscheint diese Summe äußerst gering. Auf der anderen Seite darf aber nicht vergessen werden, daß es sich dabei um eine für die EG wichtige Präjudizentscheidung zugunsten von Drittstaaten handelt, bei der es — unbeschadet der Höhe der Zuschußsumme — bedeutsam ist, daß sie überhaupt ergangen ist.

Im Rahmen der gemeinsamen Verkehrspolitik der EG kommt dieser Verkehrsinfrastrukturpolitik eine besondere Bedeutung zu. Diesbezüglich wurde 1978 ein Beratungs- und Koordinierungsverfahren für Investitionsentscheidungen beschlossen.

> Entscheidung des Rates Nr. 78/174 vom 20. Februar 1978, ABl. 1978, Nr. L 54, S. 16 f.

Die Kommission hat nun ein mittelfristiges Verkehrsinfrastrukturprogramm ausgearbeitet

> KOM (86) 340 endg.

und es zugleich mit dem Verordnungs-Vorschlag über die Gewährung einer Finanzhilfe im Rahmen eines mittelfristigen Verkehrsinfrastrukturprogramms dem Rat zugeleitet. Gemäß Art. 1 des Verordnungs-Vorschlages gewährt die Gemeinschaft dann eine Finanzhilfe, wenn u.a. dadurch das Ziel einer Senkung der Kosten des Transitverkehrs in Zusammenarbeit mit den gegebenenfalls betroffenen dritten Ländern erreicht wird, insbesondere durch Infrastrukturmaßnahmen zur Förderung des kombinierten Verkehrs.

Am 16.Dezember 1981 erließ der Rat zum ersten Mal Direktiven für die Kommission für ihre Verhandlungen mit Österreich über gemeinsame verkehrspolitische Fragen.

> vgl. Generalsekretariat des Rates (Hrsg.), Zweiunddreißigster Überblick über die Tätigkeit des Rates 1.1.-31.12.1984, Ziff.186.

Am 23. Mai 1985 stellte der Rat dazu fest, daß aufgrund dieses Mandats mit Österreich keine Einigung erzielt werden konnte, d.h. daß Österreich kein Ungleichgewicht zu seinen Ungunsten in der Lastenbilanz für den Straßenverkehr nachweisen konnte. Da der Rat jedoch an einer Fortsetzung der Gespräche interessiert war, um die Probleme des Transitverkehrs durch Österreich im Rahmen eines Transitabkommens zu lösen, verabschiedete er am selben Tag ein neues Verhandlungsmandat, das allerdings dem österreichischen Wunsch nach Mitfinanzierung von Infrastrukturvorhaben zur Erleichterung des Alpentransits (Innkreis-Phyrnautobahn-Mitfinanzierung) nicht Rechnung trug. Auf der Ratstagung vom 24. Juni 1985 teilte die Kommission dem Rat mit, daß sich in der Zwischenzeit die Einstellung der österreichischen Behörden in wesentlichen Punkten geändert hätte, und Österreich daher nicht mehr bereit sei, auf der Grundlage des Verhandlungsmandats vom 23. Mai 1985 zu verhandeln. Auf dieser Tagung erteilte der Rat dann der Kommission die Zustimmung, mit Österreich über den Eisenbahn- und den kombinierten Verkehr zu verhandeln.

> BullEG 1985, Nr. 6, Ziff. 2.1.156.

Diese benutzte das auch dazu, dem Rat am 18. Juli 1985 eine Mitteilung über den Rahmen der Zusammenarbeit mit Österreich auf dem Verkehrssektor zukommen zu lassen.

> KOM (85) 434 endg.; BullEG 1985, Nr. 7/8, Ziff. 2.1.199.

Daraufhin stimmte der Rat am 14. November 1985 einem Rahmen für neue Gespräche der Kommission mit Österreich auf dem Gebiet des Eisenbahn- und kombinierten Verkehrs zu.

> BullEG 1985, Nr. 11, Ziff. 2.1.160; s. dazu die schriftliche Anfrage Nr. 380/86 von H. SEEFELD an den Rat, ABl. 1986, Nr. C 214, S. 43 f.

Am 5. Juni 1986 kam es schließlich zu einer Einigung zwischen dem amtierenden Präsidenten des Rates, dem Verkehrsminister der EWG und den Verkehrsministern Österreichs, Italiens und der Bundesrepublik Deutschland — in Anwesenheit des für Verkehrsfragen zuständigen Mitglieds der Kommission — und zur Verabschiedung folgender Schlußfolgerungen:

- Baldige Aufnahme der Gespräche zwischen der Kommission und Österreich über die Zusammenarbeit beim kombinierten Verkehr und beim Ausbau der Verkehrsinfrastruktur.

- Führung dieser Gespräche im politischen Rahmen der halbjährigen Treffen zwischen der Kommission, der Präsidentschaft des Rates und dem Verkehrsminister Österreichs (sowie gegebenenfalls dem der Schweiz).

- Sicherstellung durch die Kommission, daß Probleme des Transitverkehrs und des alpenüberschreitenden Verkehrs bei der Erörterung des Verkehrsinfrastrukturprogramms der EWG berücksichtigt werden.

Die wieder ins Stocken geratenen Gespräche suchte neuerdings das Europäische Parlament durch eine Entschließung zu beleben,

> Entschließung zu den Beziehungen der Gemeinschaft zu bestimmten Drittländern im Verkehrsbereich vom 10. Oktober 1986, ABl. 1986, Nr. C 283, S. 105 f.

in der es darauf verwies, daß ein Großteil des gemeinschaftlichen Transitverkehrs durch Österreich geht und die Gemeinschaft als solche auch in finanzieller Hinsicht Mitverantwortung hierfür übernehmen sollte. Des weiteren begrüßte das Parlament „die Übereinkunft vom 5.6.1986 als ersten positiven Schritt der Gemeinschaft auf dem Wege zur Lösung der Probleme des Transitverkehrs, der aber nicht als Vorwand dienen darf, um die bisherige Hinhaltetaktik in leicht veränderter Form fortzusetzen".

In diesen Verhandlungen begegnet die österreichische Verkehrswirtschaft aber einer Reihe prinzipieller und struktureller Probleme. Die österreichische Verkehrswirtschaft ist ein bedeutender Wirtschaftsfaktor: Sie erbringt einen Brutto-Produktionswert von 128 Milliarden Schilling und beschäftigt in ihren mehr als 27.000 Betrieben (einschließlich Eisenbahn) 153.000 Personen. Eine Harmonisierung der österreichischen Verkehrspolitik mit jener der EWG ist dementsprechend eine vitale Notwendigkeit für das österreichische Transportgewerbe. Darunter fällt z.B. die Anhebung des zulässigen Lastkraftwagen-Höchstgewichts von 38 auf 40 t, Anpassungen bei den arbeitsrechtlichen Bestimmungen sowie bei denen, die die Ausrüstung der Fahrzeuge betreffen etc. Probleme wird es wahrscheinlich auch bei der Transportkontingentierung geben, da gegenwärtig Genehmigungen für grenzüberschreitende Fahrten bilateral ausgehandelt werden, die EWG aber ihre eigenen Kontingentregelungen aufgeben und mit Drittstaaten künftig über sogenannte EG-Lizenzen verhandeln will.

Neutralitätsrechtliche Beurteilung

Die infrastrukturellen Maßnahmen bzw. solche auf dem Gebiet des kombinierten Verkehrs sind neutralitätsrechtlich unbedenklich. Sie betreffen zwar den Transit von Gemeinschaftswaren durch Österreich, nicht aber in Form von Transitverpflichtungen, die neutralitätsrechtlich relevant sein würden.

> s.o. § 2, Nr. B, II b. Zur Frage der Aufhebung von Kontingentierungen und Vereinheitlichung von Sicherheitsvorschriften s.o. § 4, Nr. A, I, 1 c.

3) Europäisches Währungssystem

Nach der Gründung des Europäischen Währungssystems (EWS) wurde in Österreich mehrfach Interesse daran geäußert, das in Punkt 5.2. der Entschließung des Europäischen Rates über die Errichtung des Europäischen Währungssystems und damit zusammenhängender Fragen vom 5. Dezember 1978

> Text in: SCHWEITZER/HUMMER (2), S. 434 ff.

enthaltene Angebot aufzugreifen, demzufolge europäische Länder mit besonders engen wirtschaftlichen und finanziellen Bindungen zu den Europäischen Gemeinschaften sich an dem Wechselkurs- und Interventionsmechanismus beteiligen können. In der Folge traten aber Bedenken gegen eine derartige Beteiligung am EWS auf, da Österreich damit nur berechtigt wäre, die Verpflichtungen (Wechselkursstabilisierung) zu übernehmen, nicht aber die Begünstigungen (Währungsbeistand) in Anspruch nehmen könne. Darüber hinaus bedürfte es bei den jeweiligen Leitkursänderungen schwieriger Verhandlungen, um immer dem DM-Kurs „folgen" zu können.

Die Ankoppelung des österreichischen Schilling an die DM und die dadurch bewußt verfolgte „Hartwährungspolitik"

> So hat der Schilling z.B. 1986 gegenüber dem Durchschnitt aller Währungen nominell um 8,5 % „aufgewertet". Unter Berücksichtigung der Inflationsrate betrug die reale Aufwertung noch immer 6,5 % (!). Das ist der höchste Satz seit 1970, Die Presse vom 28. Januar 1987, S. 7.

als gegenwärtiger Kern der österreichischen monetären Philosophie sowie die Orientierung des Taggeldsatzes für Zwischenbankeinlagen ebenfalls am deutschen Geldmarkt führte faktisch zu einer teilweisen Teilnahme am EWS, nämlich an dessen Wechselkursverbund.

Ab Mitte September 1986 verdichtete sich nun das Verhältnis Österreichs zum EWS, da die österreichische Nationalbank ab diesem Zeitpunkt an der zweimal täglich im telefonischen Rundruf erfolgenden Abstimmung der Kursfestsetzung im EWS teilnimmt. Neben dieser Teilnahme an der täglichen Konzertierung der Wechselkurse bzw. in deren Gefolge auch der Leitkurse ist auch eine stärkere Information über wirtschaftliche Vorgänge und eine Einbindung in die Absprachen bei Kursänderungen (realignments) im EWS vereinbart worden.

> Am 12. Januar 1987 kam es zur bisher elften Leitkursanpassung im EWS durch die Aufwertung der DM und des Guldens um je 3 % und des belgisch-luxemburgischen Frankens um 2 %; vgl. Neue Zürcher Zeitung vom 14. Januar 1987, S. 9 und vom 15. Januar 1987, S. 13; Die Presse vom 28. Januar 1987, S. 7.

Bereits am 2. Januar 1986 hatte die Österreichische Nationalbank die Europäische Währungseinheit (ECU) als „frei konvertierbare Fremdwährung" qualifiziert.

> Kundmachung DE 1/82 der Österreichischen Nationalbank in der Fassung der Kundmachung DE 1/86, verlautbart im Amtsblatt zur Wiener Zeitung Nr. 147 vom 29. Juni 1982; in Kraft getreten am 1. Juli 1986.

Mit demselben Datum wurde auch der Handel von ECU an der Wiener Börse und deren Notierung im „Amtlichen Kursblatt der Wiener Börse" gestattet.

> Verordnungsblatt der Wiener Börsekammer, Teil I, Nr. 594 vom 10. Dezember 1985.

Darüber hinaus hat die Nationalbank seit Mitte 1986 erstmals kleinere Mengen an ECU in ihre Reserven aufgenommen, was weniger finanztechnisch, denn politisch bedeutsam ist.

Ebenso deponierte Österreich anläßlich des Besuches des Direktors des „Beratenden Währungsausschusses", Kaes, in Österreich am 3. November 1986 neuerlich seinen Wunsch, mit dem Währungsausschuß zusammenzuarbeiten und dies Anfang 1987 mittels Briefwechsel zu formalisieren. Da Österreich ein ausgesprochenes (faktisches) EWS-„Wohlverhalten" setzt, dürfte diesem Wunsch wohl entsprochen werden.

Neutralitätsrechtliche Beurteilung

Sowohl die bisherige faktische als auch die neue formalisierte Teil-Kooperation Österreichs im EWS ist neutralitätsrechtlich völlig unbedenklich, insbesondere da Österreich gerade den Kreditmechanismus des EWS (sehr kurzfristige Finanzierung, kurzfristiger Währungsbeistand und mittelfristiger finanzieller Beistand) nicht übernimmt. Sollte es allerdings einmal zur vollen Übernahme aller Verpflichtungen aus dem EWS kommen, müßte Österreich sicherstellen, daß der Finanz- und Währungsbeistand im EWS nicht den Charakter einer neutralitätswidrigen finanziellen Beistandsleistung annimmt. Hier gilt analog das unter § 7, Nr. B, XIII Ausgeführte.

D. GLOBALE KOOPERATIONSALTERNATIVEN ZWISCHEN EFTA UND EWG

Neben den unter § 5, B und C diskutierten Möglichkeiten der Dynamisierung des Freihandelsabkommens bzw. bilateraler Kooperationsformen zwischen den einzelnen EFTA-Ländern und der EWG, soll anschließend noch der Alternative eines konzertierten Vorgehens der EFTA selbst in ihren Beziehungen zur EWG nachgegangen werden.

I. MÖGLICHE AUSSENHANDELSPOLITISCHE STRATEGIEN DER EFTA

Obwohl es in der EFTA noch zu keiner institutionell geregelten Koordination der Außenhandelspolitiken der einzelnen Mitgliedstaaten gekommen ist und die Mitgliedstaaten ihre diesbezügliche Eigenständigkeit bewußt hüten,

> s. BRAUNERHIELM; vgl. Art. 30 EFTA-Vertrag.

kann man sich für die nähere Zukunft folgende Weiterentwicklungen vorstellen, die tendenziell auf die Schaffung einer umfassenden gesamteuropäischen Zoll- bzw. Wirtschaftsunion hin abzielen:

- Umwandlung der EFTA in eine Zollunion.

- Revision der "treaty making power" innerhalb der EFTA für die Verhandlungen mit der EWG, anderen Handelsmächten und Internationalen Wirtschaftsorganisationen etc.

- Schaffung einer europäischen Zollunion, d. h. Vereinheitlichung des EWG- und EFTA-Zolltarifs und damit auch Umwandlung der Freihandelszone in eine Zollunion.

- Schaffung einer Handelsunion durch die Beseitigung und/oder gegenseitige Angleichung der nicht-tarifären Handelshemmnisse.

- Vereinheitlichung der bisher unterschiedlichen wirtschafts- und sozialpolitischen EFTA- und EWG-Maßnahmen.

- Verlagerung der Handelsverhandlungen von der bilateralen auf die multilaterale Ebene.

> s. SENTI (1), S. 14 f.

Von diesen Alternativen sollen anschließend die zwei wichtigsten, nämlich die Umwandlung der EFTA in eine Zollunion sowie die Umwandlung der bilateralen Freihandelsabkommen der EFTA-Staaten in eine (globale) Zollunion EFTA-EWG kurz dargestellt werden.

II. UMWANDLUNG DER EFTA IN EINE ZOLLUNION

Die Außenzölle der EFTA-Staaten gegenüber Drittländern müßten so aufeinander abgestimmt werden, daß ein gemeinsamer Außenzolltarif entsteht (arithmetischer oder gewichteter Durchschnitt oder neu ausgehandelte Sätze). Die Außenhandelszölle der EFTA fielen durch die GATT-Zollsenkungsrunden auf ca. 30 % des Niveaus der 50-er Jahre und betragen heute zwischen 1,9 bis 5,7 % des Importwertes (ohne Treibstoffe und Heizöl).

> Österreich 5,7 %; Schweden 3,2 %; Finnland 2,5 %; Norwegen 2,3 %; Schweiz 1,9 %; s. EFTA, Occasional Paper Nr. 13, Genf 1986 (Verfasser J. HERIN), Tabelle 1.

Der gewichtete Durchschnitt des totalen Zollaufkommens Finnlands, Norwegens, Österreichs, Schwedens und der Schweiz liegt bei ca. 3 bis 4 % des Importwertes, so daß eine Vereinheitlichung der Außenzölle z.B. zur Folge hätte, daß Österreich seine Zölle um 2 bis 3 Prozentpunkte senken und Finnland, Norwegen und die Schweiz Zollerhöhungen von 1 bis 2 Prozentpunkten vorzunehmen hätten. Schweden scheint auf dem Niveau des Durchschnittes zu liegen. Eine gegenseitige Zollanpassung, verteilt über einige wenige Jahre, hätte schätzungsweise eine Tarifänderung von weniger als 0,5 % bis 1 % pro Jahr zur Folge.

> s. SENTI (1), S. 17.

Ein gemeinsamer EFTA-Außenzolltarif hätte auch den Wegfall der Warenverkehrsbescheinigungen zur Folge, was zu einer enormen Entlastung im administrativen Bereich führen würde, hält man sich z.B. die Schweizer Situation vor Augen, wo auf den schweizerischen EFTA-Handel zur Zeit eine halbe Million Warenverkehrsbescheinigungen (EUR 1 und EUR 2) entfallen.

> s. SENTI (1), S. 18.

Hinsichtlich eines gemeinsamen Vorgehens der EFTA-Staaten heißt es z.B. in der Visby-Erklärung von 1984 ausdrücklich, daß die EFTA-Regierungen „im Hinblick auf zunehmende Aktivitäten im globalen und internationalen Bereich und bei der Kooperation mit der Gemeinschaft beabsichtigen ... , ihre Zusammenarbeit je nach Erfordernis auszuweiten".

> s. EFTA bulletin 2/84, S. 3., Ziff. 22.

Nach SENTI wird es dabei in Zukunft eine unabdingbare Notwendigkeit für die EFTA sein, daß sämtliche Verhandlungen in Brüssel vorerst im Schoß der EFTA vorbesprochen und koordiniert werden.

    s. SENTI (1), S. 21.

Ob ein solches Vorgehen eine Änderung des EFTA-Vertrages bedingen würde, sei an dieser Stelle dahingestellt. Neutralitätsrechtlich müßte man die einzelnen Mechanismen der Abstimmung — wenn sie einmal vorliegen sollten — genau untersuchen.

Noch weiter ginge natürlich die Änderung des EFTA-Vertrages dahingehend, daß anstelle der Freihandelszone eine Zollunion errichtet wird. Dies könnte infolge oder anstatt einer Einführung eines gemeinsamen EFTA-Außenzolltarifs durch Abstimmung geschehen. Auch hier hängt die neutralitätsrechtliche Beurteilung von der zu erarbeitenden EFTA-Vertragsänderung ab. Grundsätzlich ist die Errichtung einer Zollunion aber neutralitätsrechtlich unbedenklich. Etwaige neutralitätsrechtliche Probleme könnten allenfalls beim gemeinsamen Außenzolltarif denkbar sein.

    s.u. § 7, Nr. B, VIII.

Geht man aber von der bestehenden allgemeinen Suspendierungsklausel aus, so sind diese Probleme neutralitätsrechtlich nicht weiter relevant.

    s.o. § 5, Nr. A, X.

III. SCHAFFUNG EINER ZOLLUNION EFTA-EWG

Zum gegenwärtigen Zeitpunkt benötigt noch jedes Produkt, das in den Genuß der Präferenzbehandlung der Freihandelsabkommen kommen will, eine Warenverkehrsbescheinigung, die nur dann gewährt wird, wenn das Produkt aus dem antragstellenden Land selbst stammt oder eine vertragsgemäß ausreichende Be- oder Verarbeitung in diesem Land erhalten hat. Das allgemein niedrige Zollniveau der EWG- und EFTA-Staaten, die relative Nähe der einzelnen Außenzollansätze in EWG und EFTA, das weitgehende Übereinstimmen der produktbezogenen Zollstruktur sowie die mit dem heutigen System verbundenen handelserschwerenden Formalitäten weisen aber — analog zum Plan der Schaffung einer Zollunion zwischen den EFTA-Staaten — auf die Sinnhaftigkeit der Errichtung einer Zollunion zwischen EFTA und EWG hin.

s. SENTI (1), S. 21 ff.; MAYRZEDT (1).

Insbesondere wird auf folgendes hingewiesen:

(a) Die gewichteten durchschnittlichen Zollsätze der EWG betragen heute noch 4,2 % und diejenigen der EFTA noch rund 3 %.

(b) Sie liegen daher so nahe beieinander, daß eine Vereinheitlichung keine großen länderspezifischen Abweichungen bedingen würde. So würden z.B. die österreichischen Zölle das EWG-Außenzollniveau nur um 1,5 % übersteigen.

(c) Eine Zollunion würde zu einer starken administrativen Entlastung und zu größeren Einsparungen führen. So müssen z.b. in der Schweiz für den Handel mit der EWG jährlich über 4 Millionen Warenverkehrsbescheinigungen bearbeitet werden, d.h. rund 20.000 Exemplare (in dreifacher Ausführung) pro Arbeitstag. Diese Tätigkeit erfordert bei den kantonalen Handelskammern rund 100 Sachbearbeiter und in der Privatindustrie schätzungsweise 1000 Angestellte. Nach Berechnungen von SENTI machen die Kosten dieser Handelsformalitäten etwa 1 % des Handelswertes aus.

s. SENTI (1), S. 23; SENTI (2).

Bedenkt man, daß die gesamten administrativen Kosten der Präferenzregelung im EWG-EFTA-Verhältnis auf 5 bis 7 % des Warenwertes geschätzt werden,

s. MAYRZEDT (2).

kann man sich die entlastende Wirkung des Entfalls der Ursprungsregelung und der damit verbundenen administrativen Vereinfachungen gut vorstellen.

Institutionell wird neuerdings auch vorgeschlagen, EWG und EFTA nicht durch eine Zollunion miteinander zu verbinden, sondern eine eigene Klammer über beide Zonen, nämlich einen eigenen „Westeuropäischen Wirtschaftsrat" zu errichten,

s. MAYRZEDT (2), S. 4; KOHLHASE.

in dem EWG und EFTA aufgehen könnten. Dieser Westeuropäische Wirtschaftsrat müßte nicht supranational konzipiert sein, sondern eine intergouvernementale Organisation mit der Möglichkeit der Erlassung von Mehrheitsentscheidungen darstellen.

Die neutralitätsrechtliche Beurteilung ist auch hier vom Vorliegen der konkreten Vertragsbestimmungen über eine solche EFTA-EWG-Zollunion abhängig. Wieder ist aber darauf hinzuweisen, daß eine Zollunion grundsätzlich mit der Neutralität vereinbar ist. Etwaige Probleme könnten allenfalls beim gemeinsamen Außenzolltarif denkbar sein.

    s.u. § 7, Nr. B, VIII.

Für diesen Fall müßte der institutionellen Ausgestaltung der Beschlußorgane, wie z.B. eines „Westeuropäischen Wirtschaftsrates", sowie der Schaffung ausreichender neutralitätsrechtlicher Schutzklauseln besonderes Augenmerk gewidmet werden.

§ 6 Assoziation gemäß Art. 238 EWG-Vertrag — Neutralitätsrechtliche Beurteilung

A. ENTWICKLUNG UND GEGENWÄRTIGER STAND DER ASSOZIATIONSIDEE IN ÖSTERREICH

Österreich glaubte zu Beginn seiner Integrationsbemühungen, nichtmitgliedschaftliche Beteiligungsformen mit weitgehenden Harmonisierungsverpflichtungen im Rahmen eines umfassenden Assoziationsmodells eingehen zu können.

> s. HUMMER (4), S. 29.

Aus Sorge um die Erhaltung ihrer institutionellen Autonomie und Funktionsfähigkeit war die Gemeinschaft jedoch nicht bereit, ihrer internen Beschlußfassung eine obligatorische Vorkonsultation (im Sinne einer „präinstitutionellen Zusammenarbeit") mit einem Assoziierten vorzuschalten, die Österreich damals aber als Voraussetzung für die Übernahme dynamisierter Harmonisierungsverpflichtungen betrachtete. Unter anderem auch aus diesem Grund behielt Österreich im Laufe der weiteren Verhandlungen dieses ambitiöse Verhandlungskonzept der Jahre 1961/62 nicht mehr bei und modifizierte es später zu einem „Vertrag sui generis", der nun auch nicht mehr unbedingt Art. 238 EWGV zur Rechtsgrundlage haben müsse.

Auf der anderen Seite war und ist die Enge und Weite des Naheverhältnisses Österreichs zur EWG selbstredend immer von der Enge und Weite des österreichischen Neutralitätsverständnisses determiniert gewesen. Wenngleich sich hier in der nichtösterreichischen Literatur seit Mitte der 70-er Jahre interessante neue Aspekte einer möglichen Ausweitung des neutralitätsrechtlichen Rahmens für die österreichische Integrationsdoktrin feststellen lassen, blieb die herrschende Lehre in Österreich auf der von ihr in den 60-er Jahren bezogenen Position einer relativen Enge der Integrationskonzeption.

Erst die neuen Aspekte, die ab 1984/85 in den (gesamt-)europäischen Integrationsprozeß kamen, haben — allerdings nur auf politischer Ebene —, die Diskussion in neue Bahnen gelenkt.

> Der eigentliche Beginn einer gemeinsam akkordierten Dynamisierung der Integrationspolitik zwischen SPÖ und ÖVP war

schon der vom Nationalrat in seiner Sitzung vom 16. Juni 1982 einstimmig angenommene Entschließungsantrag, in dem die „Bundesregierung ersucht wird, die für Österreich nutzbringende Zusammenarbeit zwischen Österreich und den EG — soweit es die österreichische immerwährende Neutralität erlaubt — fortzusetzen und zu vertiefen" (Nationalrat XV. GP, 118. Sitzung vom 16. Juni 1982, S. 11917 f.).

Signifikant sind in diesem Zusammenhang die jeweiligen Passagen in den Parteiprogrammen von ÖVP, SPÖ und FPÖ:

(1) Salzburger Grundsatzprogramm der ÖVP, beschlossen am 1. Dezember 1972:

4.11.4.: Wir sehen in der genauen Beachtung unserer freiwillig übernommenen Verpflichtung zur immerwährenden Neutralität den besten Schutz unserer Souveränität und Unabhängigkeit ...

4.11.6.: Im europäischen Integrationsprozeß nehmen wir für Österreich eine gleichberechtigte Rolle in Anspruch. Als neutraler Staat soll Österreich zur wirtschaftlichen, wissenschaftlichen und kulturellen Dynamik der neu entstehenden Völkergemeinschaft einen aktiven Beitrag leisten.

(2) Neues Parteiprogramm der SPÖ, beschlossen am 20. Mai 1978:

3.6.2.: Die Sozialisten bekennen sich zur immerwährenden Neutralität Österreichs als vom österreichischen Volk aus freien Stücken gewählten Grundlage seiner Unabhängigkeit und Souveränität ... Wir Sozialisten verstehen die Neutralität aber auch als Verpflichtung zu einer aktiven Rolle in der internationalen Politik im Rahmen unserer Möglichkeiten ... In diesem Sinne treten die Sozialisten ein: — Für die Ausschöpfung aller Möglichkeiten des Freihandelsvertrages mit der EWG, unter Beachtung aller sich aus der immerwährenden Neutralität Österreichs ergebenden Verpflichtungen ...

(3) Programm der FPÖ, beschlossen am 1./2. Juni 1985:

101. Das neutrale Österreich ist ein freier Bestandteil der pluralistischen Welt und für seine Sicherheit selbst verantwortlich. Die FPÖ steht auf dem Boden des Neutralitätsgesetzes, das Österreich zur militärischen Neutralität verpflichtet. Wir wollen, daß Österreich keinem Militärbündnis angehört ...

103. Das traditionelle Modell des voll souveränen Staates entspricht der politischen Realität — vor allem eines Kleinstaates — nur noch sehr beschränkt. Österreich ist aufs engste verflochten und abhängig als Bestandteil Europas, eines Kontinents, der selbst wieder vielfachen Abhängigkeiten unterworfen ist. Die Souveränität im traditionellen Sinn ist also nur mehr sehr theoretisch als Bezugspunkt der Außenpolitik anzusehen ...

109. Wir wenden uns gegen die Tendenz der EG, sich mit Europa gleichzusetzen, wiewohl die Entwicklung mit weiteren Beitritten anderer Länder in zunehmendem Maße dorthin zu gehen scheint. Hierin kann eine Gefahr für Länder wie Österreich liegen, die zwar durch die politischen Maßnahmen der EG mitgetroffen sind, aber an deren Entscheidungen nicht mitwirken können.

Im Streben nach einer größtmöglichen Teilnahme unseres Landes an der europäischen Integration halten wir auch eine Mitgliedschaft Österreichs in der EG — selbstverständlich unter dem Neutralitätsvorbehalt — für möglich und notwendig.

Wenngleich diese neutralitäts- und integrationspolitischen Konzepte in steter Rückkoppelung auf ihr Entstehungsdatum gesehen werden müssen, weisen sie doch erheblich konzeptionelle Unterschiede auf: Ist die Haltung der ÖVP (1972) in der Formulierung noch sehr abwartend, so tritt die SPÖ (1978) bereits für die volle Ausschöpfung aller Möglichkeiten ein, die das Freihandelsabkommen Österreich-EWG (1972) ermöglicht, und die FPÖ (1985) geht sogar so weit, eine Mitgliedschaft unter Neutralitätsvorbehalt für möglich und notwendig zu halten.

Der „gemeinsame Nenner", den SPÖ und ÖVP in ihrem Koalitionspakt 1987

> Arbeitsübereinkommen zwischen der SPÖ und der ÖVP über die Bildung einer gemeinsamen Bundesregierung für die Dauer der XVII. Gesetzgebungsperiode des Nationalrates vom 16. Januar 1987, zitiert nach Volksblatt Nr. 102, Jänner 1987.

für ihre gemeinsame Integrationspolitik gefunden haben, lautet folgendermaßen:

„ ... Die Teilnahme an der Weiterentwicklung des europäischen Integrationsprozesses ist für Österreich von zentraler Bedeutung. Mit dem Beitritt

Griechenlands, Spaniens und Portugals zur EG und den Plänen zum Ausbau des Binnenmarktes bis 1992 ist die Bedeutung der Gemeinschaft weiter gestiegen. Österreich muß sich daher im Kontakt mit seinen EFTA-Partnern um eine weitgehende Teilnahme am weiteren europäischen Integrationsprozeß bemühen. Die Bundesregierung wird unverzüglich eine Arbeitsgruppe von Experten der zuständigen Ministerien und der Sozialpartner einsetzen, welche die Auswirkungen möglicher Integrationsschritte darstellen und Empfehlungen ausarbeiten soll. Unabhängig von den erforderlichen intensiven Integrationsbemühungen mit den erweiterten Europäischen Gemeinschaften ist der Pflege der Wirtschaftsbeziehungen mit den Staaten Osteuropas und des Nahen Ostens große Bedeutung beizumessen, und sind die vielfältigen Formen industrieller und wirtschaftlich-wissenschaftlicher Kooperation weiter zu entwickeln ...

Die Bundesregierung wird durch konsequente Integrations- und Internationalisierungsbemühungen sicherstellen, daß österreichische Unternehmen an der Dynamik des großen europäischen Marktes und den Technologieprogrammen der EG teilnehmen können, und bestehende oder drohende Diskriminierungen beseitigt bzw. abgewendet werden ... "

Koalitionspakt, Beilage 7.

Auch in den späteren Interpretationen des Koalitionspaktes unterscheiden sich die Standpunkte beider Parteien nur mehr in Nuancen, nicht aber mehr in der Sache: eine Vollmitgliedschaft Österreichs bei der EWG komme aus neutralitätsrechtlichen und staatsvertraglichen Verpflichtungen nicht in Frage, wohl aber werde man trachten, unterhalb dieser Ebene die Beziehungen soweit als möglich zu dynamisieren. Vordringlich sei dabei die Ausschöpfung der gegenwärtig bestehenden Möglichkeiten, die das Freihandelsabkommen biete. Erst danach soll es zur Novellierung und Neugestaltung desselben kommen.

Die Presse vom 28. Januar 1987, S. 2; Die Presse vom 2. Februar 1987, S. 1; vgl. dazu aber noch den Entschließungsantrag Nr. 175/A der Abgeordneten Dr. Steiner, Dr. Khol, Karas, Dr. Ermacora und Kollegen betreffend die österreichische Europapolitik vom 16. Dezember 1985, § 1 (II — 3597 der Beilagen zu den Stenographischen Protokollen des Nationalrates, XVI. GP).

Im Gegensatz dazu stellte der Generalsekretär der FPÖ fest, daß die FPÖ eine Vollmitgliedschaft bei der EWG befürworte, da nur in dieser Form eine Mitbestimmungsmöglichkeit Österreichs bestehe und dies dem bloßen Nachvollzug — ohne Mitbestimmungsmöglichkeit — vorzuziehen wäre. Dementsprechend würde die FPÖ beantragen, im Parlament eine Enquete über den Beitritt abzuhalten.

Die Presse vom 28. Januar 1987, S. 4.

Was die institutionelle Ausgestaltung der koalitionären neuen Integrationspolitik betrifft, so verweist der Koalitionspakt auf die Schaffung eines **Ministerkomitees für Integrationsfragen** (zusammengesetzt aus dem Bundeskanzler, dem Außenminister, dem Handels- und Finanzminister sowie den jeweils zuständigen Ressortministern und Vertretern der Sozialpartner). Darüberhinaus stellt die ÖVP das Konzept eines "Roving Ambassador" für Integrationsfragen zur Diskussion, während die SPÖ im Rahmen der Koordinationskompetenz des Bundeskanzlers eine (allgemeine) Koordinationsabteilung für den Verkehr mit internationalen Wirtschaftsorganisationen (EWG, OECD, GATT etc.) vorschlägt.

Die Presse vom 24./25. Januar 1987, S. 2.

Diese Gremien sollen neben konzeptiv/inhaltlichen Anregungen insbesondere auch für die Herbeiführung einer einheitlichen Sprachregelung sorgen, um bereits auf semantisch-begrifflicher Ebene mögliche (inhaltliche) Mißverständnisse von vorneherein auszuräumen. Wie wichtig dies im Rahmen der gegenwärtigen „Dynamisierungsdiskussion" ist, belegt die Äußerung des sowjetischen Botschafters in Wien, Gennadij Schikin, der am 22. Januar 1987 davor warnte, daß die Sowjetunion „einen formellen EG-Beitritt als Neutralitätsverletzung werten könnte". Anlaß für diese Stellungnahme waren offiziöse österreichische Äußerungen gewesen, daß Österreich eine „Quasi-Mitgliedschaft" bzw. eine Stellung anstrebe, „die den EG-Vollmitgliedern möglichst nicht nachsteht".

Kronen-Zeitung vom 23. Januar 1987; Die Presse vom 9. Dezember 1986, S. 9; Kurier vom 23. Januar 1987; Profil vom 17. November 1986, S. 38 ff.

Zusammenfassend kann man also feststellen, daß gemäß dem Koalitionspakt bzw. der Regierungserklärung vom 28. Januar 1987 Österreich in der Dynamisierung seiner Teilnahme am europäischen Integrationsprozeß Priorität einräumt, diese aber vorerst nicht in einer weiteren Ausgestaltung des Freihandelsabkommens (1972) zu einer echten „Assoziation" an die EWG führen soll. Vielmehr solle auf der Basis des Freihandelsabkommens sowohl durch multilaterale als auch durch bilaterale Übereinkünfte das Verhältnis Österreich-EWG enger ausgestaltet werden. Als vordringlichste Themen würden sich dabei der Transitverkehr, die Diskriminierung österreichischer Agrarexporte in die EWG, die Teilnahme Österreichs an den Hochtechnologieprogrammen innerhalb und außerhalb der EG sowie die Teilnahme am gemeinsamen Binnenmarkt anbieten.

> s. Neue Zürcher Zeitung vom 30. Januar 1987, S. 2 und vom 4. Februar 1987, S. 2.

Im Detail enthält der Koalitionspakt noch die Forderungen nach einer forcierten Eingliederung Österreichs in den internationalen Dienstleistungsverkehr, die Modernisierung des Kartellgesetzes sowie die Einführung der Produkthaftung in Anlehnung an die EG-Richtlinien.

> Koalitionspakt, Beilage 7.

B. VOM „AUTONOMEN NACHVOLLZUG" ZUR „PRÄINSTITUTIONELLEN ZUSAMMENARBEIT"

Trotz eindeutigem Bekenntnis zur Dynamisierung der Beziehungen mit der EWG geht Österreich damit noch immer vom traditionellen Modell eines (Freihandels-) Abkommens sui generis mit „autonomem Nachvollzug" aus und trägt dem Umstand nicht Rechnung, daß seine Einbindung in den Informations- und Konsultationsprozeß der Gemeinschaft im Sinne einer „präinstitutionellen Zusammenarbeit" unter Umständen souveränitätsbewahrender denn -schwächender sein könnte. Die faktische rechtliche Satellisierung Österreichs durch den stets wachsenden Harmonisierungsdruck des Gemeinschaftsrechts

> Die diesbezüglich weitestgehende Konzession machte Österreich in Art. 20 Abs. 2 Unterabs. 3 des Freihandelsabkommens Österreich-EGKS, wo sich Österreich verpflichtete, die notwen-

digen Maßnahmen zu treffen, „um laufend die gleichen Wirkungen zu erreichen, wie sie mit den diesbezüglichen Durchführungsentscheidungen der Gemeinschaft erzielt werden" und auch zuließ, daß die EGKS die Anwendung des Art. 60 des EGKS-Vertrages auf die Verkäufe durch die ihrem Recht unterliegenden Unternehmen in das Gebiet Österreichs ausdehnt (Art. 20 Abs. 1); s. dazu HUMMER (4), S. 60 ff.

wird nun zwar erkannt, aber — mangels institutioneller Lösungsvorschläge für eine „Mitbestimmung ohne Mitgliedschaft" — der qualitative Schritt weg vom Nachvollzugsmodell nicht getan. Diesbezüglich wird ganz richtig festgestellt: „In allen Politikbereichen, die direkt oder indirekt Bezug auf das Wirtschaftsgeschehen haben, wird österreichisches Recht, wiewohl natürlich formal autonom nach den Bedingungen der österreichischen Bundesverfassung erzeugt, sukzessive zum Abklatsch des EG-Rechts".

RACK, S. 9.

Der Nachvollzug kann dabei in folgenden — unterschiedlich intensiven — Varianten erfolgen:

(1) Echte Direktübernahme: Dazu gehörte z.B. die geplante Übernahme des „Europäischen Altstoffverzeichnisses" als vorläufige Altstoffliste durch den Bundesminister für Gesundheit und Umweltschutz in den „Amtlichen Nachrichten" des Bundesministeriums für Soziale Verwaltung und des Bundesministeriums für Gesundheit und Umweltschutz gemäß dem Entwurf des Chemikaliengesetzes.

s. RACK, S. 9.

Ebenso kann hier die Richtlinie des Rates vom 25. Juli 1985 zur Angleichung der Rechts- und Verwaltungsvorschriften der Mitgliedstaaten über die Haftung für fehlerhafte Produkte

ABl. 1985, Nr. L 210, S. 29 ff.

erwähnt werden, für deren Umsetzung die Mitgliedstaaten der EWG bis zum 30. Juli 1988 Zeit haben, deren Umsetzung bzw. Nachvollzug aber am schnellsten vom Drittstaat Österreich in Angriff genommen wurde.

s. den Entwurf eines Produkthaftungsgesetzes des Bundesministeriums für Justiz.

Regierungsamtlich wird auf S. 12 des Entwurfes eines Produkthaftungsgesetzes festgestellt, daß Österreich als kleiner Industriestaat von lebhaften Außenhandelsbeziehungen besonders abhängig sei und angesichts der nun vorliegenden Richtlinie, die zu einer einheitlichen Rechtslage in den Staaten der EG führen wird, schon handelspolitisch vor keiner anderen Wahl als einer weitestgehenden Anpassung stehe. Auch die Lehre weist unübersehbar auf diesen Umstand des „Friß- oder stirb"-Prinzips hin.

> s. POSCH, S. 299: „Daß ein österreichisches 'Produkthaftungsgesetz' den von der EG-Richtlinie vorgezeichneten Bahnen folgen wird, ist wegen der intensiven Handelsbeziehungen österreichischer Unternehmer zu Geschäftspartnern im EG-Raum naheliegend"; s. auch G.T., S. 6.

In diesem Zusammenhang muß noch ein weiteres Detail erwähnt werden: Auf S. 2 des Entwurfes eines Produkthaftungsgesetzes wird festgestellt, daß die EG-Richtlinie gegenüber dem Europarats-Übereinkommen Nr. 91 über die Produkthaftung bei Körperverletzung und Tötung

> Convention Européenne sur la responsabilité du fait des produits en cas de lésions corporelles ou décès vom 27. Januar 1977; von Österreich am 18. November 1977 unterzeichnet.

„ausgereifter und als Vorbild für die schon seit Jahren geforderte Neuregelung geeigneter" sei, woraus die „Spannung" zwischen nachvollzogenem Gemeinschaftsrecht und völkerrechtlichen Verträgen im Schoße des Europarates eindrücklich ersichtlich ist.

> vgl. dazu § 3 Produktsicherheitsgesetz, BGBl. 171/1983.

(2) Übernahme bundesdeutscher Gesetze und Verordnungen: Damit wird zwar nicht direkt EG-Recht übernommen, dem gemeinschaftlichen Rechtsangleichungsgebot aber doch Tribut gezollt. So heißt es z.B. in der Regierungsvorlage zum Waschmittelgesetz 1984: „Im Hinblick auf die auf diesem Gebiet vorhandenen engen außenwirtschaftlichen Verflechtungen Österreichs mit der BRD wurde — schon zur Vermeidung nichttarifarischer Handelshemmnisse — ein gewisser Gleichklang der Regelungen mit den einschlägigen Vorschriften in der BRD angestrebt".

> Zitiert nach RACK, S. 9.

(3) Übernahme durch völkerrechtliche Harmonisierungskonventionen:
Diese dritte Variante ist die dogmatisch und politisch „verträglichste", da sie Gemeinschaftsrecht nicht nachvollziehen, sondern es vielmehr in völkerrechtliche Verträge umgießen läßt. Wie andere westeuropäische Staaten auch, wirkt Österreich in einer Reihe von internationalen Organisationen oder Institutionen mit (z.B. OECD, Europarat, Economic Commission for Europe), in deren Rahmen Rechtsharmonisierung durch den Abschluß völkerrechtlicher Verträge betrieben wird.

> Von diesen völkerrechtlichen Konventionen, die im Rahmen einer internationalen Organisation abgeschlossen werden, sind aber die Beschlüsse der Organe dieser internationalen Organisation strikt zu unterscheiden, vgl. NEUHOLD/HUMMER/SCHREUER, S. 92, Rdnr. 482.

Dabei kann es für den Fall der Verwirklichung der gegenwärtig ventilierten Pläne einer (unveränderten) Übernahme von EG-Richtlinien in Europarats-Konventionen zu einer **indirekten** Übernahme von Gemeinschaftsrecht kommen.

> Auf den Tagungen der Kontaktgruppe EWG-Europarat vom 14. Mai und 10. September 1986 wurden von den 9 für eine Übernahme in Europarats-Konventionen zur Diskussion gestellten Richtlinien der EG nur drei als geeignet angesehen (Richtlinie Nr. 79/581 des Rates vom 19. Juni 1979 über den Schutz der Verbraucher bei der Angabe der Lebensmittelpreise, ABl. 1979, Nr. L 158, S. 19 ff.; Richtlinie Nr. 84/360 des Rates vom 28. Juni 1984 zur Bekämpfung der Luftverunreinigung durch Industrieanlagen, ABl. 1984, Nr. L 188, S. 20 ff.; Richtlinie Nr. 84/450 des Rates vom 10. September 1984 zur Angleichung der Rechts- und Verwaltungsvorschriften der Mitgliedstaaten über irreführende Werbung, ABl. 1984, Nr. L 250, S. 17 ff.). Ganz allgemein stellte die Kommission drei Bereiche fest, die sich für eine Übernahme in Europarats-Konventionen besonders eignen würden: Umweltschutz; Sozialpolitik; Rechtsangleichung im bürgerlichen und Handelsrecht (z.B. Verbraucherschutz).

Eine solche Übernahme wäre eindeutig „legal", da es sich dabei ja dann auch um eine bloße Inkorporation von völkerrechtlichem Vertragsrecht durch Österreich handeln würde. Durch diese Hintertür — über unverändert formulierte Europarats-Konventionen — könnte damit das Gemeinschaftsrecht via inkorporiertes Völkervertragsrecht in die einzelnen Rechtsordnungen der europäischen EG-Nichtmitgliedstaaten (und damit auch Österreichs) einfließen. Wenngleich dieser Umweg als „legale" Übernahmekonstruktion von Gemeinschaftsrecht in die österreichische Rechtsordnung selbstverständlich generell nicht in Frage kommt, zeigt er doch zumindest eine dogmatisch zulässige und neutralitätsrechtlich und -politisch unbedenkliche Technik auf. Ganz allgemein wird dabei aber das grundsätzliche Problem aufgeworfen, ob nunmehr die Rechtsharmonisierung in Europa nicht mehr so sehr durch eigenständige Europarats-Konventionen (bisher 124), sondern vielmehr durch die Übernahme von gemäß Art. 100 EWGV angeglichenem Recht der EG-Mitgliedstaaten in Europarats-Konventionen vor sich gehen soll. Auf die damit verbundene geänderte Gewichtung des Europarates und deren Auswirkung auf seine Mitgliedstaaten kann hier nur verwiesen werden.

(4) Übernahme europäischer Normungen: Hinsichtlich dieser Variante ergeben sich grundsätzlich keine Bedenken. Weder die österreichischen Ö-Normen noch die europäischen CEN- bzw. CENELEC-Normen sind für sich in Österreich self-executing und müssen daher ohnehin durch eine österreichische Rechtsquelle ausgeführt werden, um unmittelbare Anwendbarkeit zu erlangen. Dennoch wird es immer wieder zu einem de facto-Vorrang europäischer Normen kommen bzw. könnte das österreichische Normungsinstitut als Mitglied von CEN oder CENELEC von seinen europäischen Partnern majorisiert werden.

    RACK, S. 9.

Betrachtet man diese Modelle eines mehr oder weniger autonomen Nachvollzuges von gemeinschaftsrechtlichen Bestimmungen durch Österreich, so wird der faktische Harmonisierungsdruck besonders deutlich, dem sich Österreich immer stärker ausgesetzt sieht. Das Modell eines autonomen Nachvollzuges sichert zwar Österreich in neutralitätsrechtlicher Hinsicht formaljuristisch völlig ab, da es sich dabei eben nicht direkt einer fremden (gemeinschaftsrechtlichen) Rechtsetzungsgewalt unterwirft, sondern durch nationale Rechtsetzung eigenständig inhaltsgleiche Bestimmungen erläßt. Es ist aber nicht geeignet, irgendwelche Mitwirkungsmöglichkeiten Österreichs zu gewährleisten. Dies wäre nur dann der Fall, wenn es Österreich gelänge, auf die inhaltliche Ausgestaltung der Regelungen bereits im Stadium der Ausarbeitung, spätestens aber in dem der Beschlußfassung, in irgendeiner Weise einzuwirken.

Die Gefahr einer faktischen „Satellisierung" hat neuerdings auch der schweizerische Staatssekretär Franz Blankert, Direktor des Bundesamtes für Außenwirtschaft, in einem Vortrag vom 13. Dezember 1986 vor der Europa-Union in Luzern sehr deutlich gemacht, da seiner Meinung nach der autonome Nachvollzug zu einem Verlust an Unabhängigkeit führen könnte, „der größer wäre als jener, der mit einem Beitritt in Kauf genommen werden müßte."

> Neue Zürcher Zeitung vom 21./22. Dezember 1986, S. 9.

Die gegenwärtig geführte Debatte über die neuerliche Änderung des österreichischen Paßgesetzes stellt dafür ein beredtes Beispiel dar: Aufgrund einer Novellierung des Paßgesetzes von 1969 (BGBl. 422/1969) durch das Paßgesetz von 1986 (BGBl. 135/1986) wird in den ab 1. April 1986 neu auszustellenden österreichischen Pässen der Geburtsort des Paßinhabers nicht mehr aufgenommen, um damit potentielle Opfer von Entführungen zu schützen. Da Österreich aber an der Anti-Terror-Kooperation der EG-Innenminister in der "Trevi Gruppe" mitarbeiten will, diese aber wiederum aus Gründen der Fahndungserleichterung den Geburtsort in alle Pässe aufgenommen wissen will, steht Österreich vor der Situation, entweder den gerade erst eliminierten Geburtsort in seinen Pässen wieder aufzunehmen oder auf eine Mitarbeit an der "Trevi-Gruppe" zu verzichten.

> Die Presse vom 5./6. Januar 1987, S. 1; der damalige Außenminister Dr. Jankowitsch stellte dazu fest: „Ich würde grundsätzlich keine Schwierigkeiten sehen, den österreichischen Paß auf diese Weise EG-konform zu machen", Interview in: europaeus, 4/86, S. 7. Der dafür zuständige Innenminister Blecha sprach sich aber dagegen aus.

Es stellt sich also insgesamt gesehen die Frage, welche Möglichkeiten sich für einen Drittstaat bieten, auf die inhaltliche Ausgestaltung gemeinschaftsrechtlicher Normen Einfluß zu nehmen. Es ist dies letztlich die Suche nach der geeigneten Form der Assoziation.

C. ASSOZIATION GEMÄSS ART. 238 EWG-VERTRAG

Läßt man an dieser Stelle die Alternativen der Mitgliedschaft bzw. Formen abgeschwächter Mitgliedschaft außer Betracht, so bietet sich im EWGV nur die Assoziation gemäß Art. 238 an.

> Als Sonderformen der Beteiligung an den EG kommen z.b. eine Mitgliedschaft mit Vorbehalt (Sondermitgliedschaft mit Neutralitätsstatut) bzw. eine außerordentliche Mitgliedschaft in Frage; s. dazu HUMMER/ÖHLINGER, S. 154 ff.

> Hinsichtlich der Erfolgsaussichten solcher Mitgliedschaftslösungen läßt sich unter Wahrscheinlichkeitsaspekten folgende Aussage treffen: Der EWG dürften Formen einer Mitgliedschaft unter Neutralitätsvorbehalt eher akzeptabel erscheinen als solche außerordentlicher Mitgliedschaft, wäre doch in letzteren Fällen der beteiligte Staat — über seine Organbeteiligung — mehr oder weniger voll in den Informationsfluß der Gemeinschaft eingebunden, ohne aber den vollen mitgliedschaftlichen Pflichten (u.a. auch Wahrung der Vertraulichkeit) zu unterliegen, wie dies ja im Falle einer Mitgliedschaft unter Neutralitätsvorbehalt der Fall wäre. Diese Fälle einer außerordentlichen Mitgliedschaft erscheinen damit realpolitisch als kaum verwirklichbar, während im Gegensatz dazu das Vollbeitrittsmodell mit Neutralitätsvorbehalt durchaus als viabel angesehen werden muß (vgl. dazu RACK, S. 11). Zur neutralitätsrechtlichen Beurteilung einer Mitgliedschaft, s.u. § 7.

Die inhaltliche Ausgestaltung eines Assoziationsverhältnisses ist in Art. 238 EWGV nicht exakt determiniert und kann grundsätzlich „vom Handelsvertrag + 1 % bis zur Mitgliedschaft - 1 %" reichen.

> s. Österreich und die EWG, S. 30 (HALLSTEIN).

Dennoch ist es für die Assoziation als Rechtsinstitut charakteristisch, daß sie auf einem von den EG-Organen getrennten und davon unabhängig bestehenden institutionellen Rahmen — also auf eigenen Assoziationsorganen — beruht. Die Assoziation gemäß Art. 238 EWGV bedeutet demnach eine auf Dauer angelegte vertragliche Beziehung eines Drittstaates mit der EWG mit organisationsähnlichen Zügen, nämlich gemeinsames Vorgehen, besonderes Verfahren, eigene Organe. Sie ist formell ein eigenständiges Gebilde ohne Bindung an das Sekundärrecht der Gemeinschaft. Dadurch unterscheidet sich die **Assoziation** wesentlich von **Formen abgeschwächter Mitgliedschaft,** bei denen ein Staat in den Organen der Gemeinschaft selbst, wenn auch nur in beschränktem Umfang oder mit beschränkten Rechten (z.B. nur Antragsrecht oder bloßer Beobachtungsstatus), mitwirkt. Jedwede Beteiligung am Willensbildungsprozeß der Gemeinschaft durch Mitwirkung (welcher Art auch immer) in ihren Organen wäre aber mit dem in Art. 238 EWGV umschriebenen Verfahren unvereinbar und das Verhandlungsmandat wäre auf Art. 237 EWGV (Beitritt) umzustellen.

Es zeigt sich also, daß die klassische Konstruktion einer Assoziation mit einem Assoziationsrat als gesetzgebendem Organ, das paritätisch besetzt einstimmig beschließt, aber keine Mitarbeit in den EG-Organen vorsieht, für das angestrebte Ziel nicht geeignet ist.

Es muß vielmehr eine Konstruktion der Assoziation gesucht werden, die neben dem Assoziationsrat eine „präinstitutionelle Zusammenarbeit" mit den Organen der EWG vorsieht, die einerseits keine Mitwirkung am Willensbildungsprozeß der Organe darstellt und deren Entscheidungsprozeß auch nicht beeinträchtigt, andererseits aber dem österreichischen Wunsch nach Information und Konsultation entgegenkommt.

Der Informations- und Konsultationsmechanismus müßte daher so früh als möglich einsetzen, d.h. schon bei den vorbereitenden Arbeiten bzw. Beratungen innerhalb der Kommission, bevor es noch zu einer konkreten Beschlußfassung derselben gekommen ist. Diesbezüglich erscheint den Autoren ein spezielles Verfahren für ganz besonders geeignet, das noch dazu den Vorteil hätte, in die Struktur bereits bestehender Verfahren eingebunden werden zu können, nämlich in die der Ausschußverfahren.

D. MITBETEILIGUNG AN DEN DURCHFÜHRUNGSMASSNAHMEN DER KOMMISSION IM WEGE VON AUSSCHUSSVERFAHREN

Gemäß Art. 155 Unterabs. 4 EWGV kann der Rat der Kommission die Durchführung des von ihm erlassenen Sekundärrechts übertragen. Der Rat überträgt aber nur selten diese Durchführungskompetenz allein der Kommission, sondern koppelt die Ausübung dieser Durchführungsbefugnisse durch die Kommission an die Einschaltung von Ausschüssen, die sich aus Vertretern der Mitgliedstaaten zusammensetzen. Diese Ausschüsse, die vor Beschlußfassung durch die Kommission angehört werden müssen, haben vor allem die Funktion, den Sachverstand qualifizierter Beamter, der Vertreter der Sozialpartner oder sonstiger Sachverständiger in die Beratung miteinzubringen und dadurch die Qualität des Kommissionsrechtsaktes zu erhöhen. Obwohl die Kommission über ein sehr großes Potential von Sachverständigen verfügt (1985: 13.703 Planstellen), wäre ihre Arbeit ohne den "input" dieser mitgliedstaatlichen Experten nicht durchführbar. Daneben verfolgt der Rat mit der Koppelung der Kommission an die Stellungnahme dieser Ausschüsse noch das Ziel, das Verfahren weiterhin kontrollieren zu können.

> s. HUMMER (3), Rdnr. 53. Die Zahl dieser Ausschüsse steigt ständig. Im Jahre 1980 gab es rund 200 Ständige Ausschüsse, 1985 betrug deren Zahl bereits 310.

Systematisiert man die Vielzahl der bestehenden Ausschüsse, so lassen sich grundsätzlich **drei Typen von Ausschußverfahren** feststellen:

(1) Verfahren „Beratender Ausschuß".

(2) Verwaltungsausschußverfahren.

(3) Regelungsausschußverfahren.

    (a) Allgemeines Regelungsausschußverfahren.

    (b) Besonderes Regelungsausschußverfahren.

> s. HUMMER (3), Rdnr. 54 ff.

Während die Kommission beim Verfahren „Beratender Ausschuß" freie Hand behält, eine Entscheidung zu treffen und sich lediglich vom Sachverstand des Ausschusses beraten lassen muß, kann sie bei den beiden anderen Verfahren ihre Entscheidungsbefugnis unter Umständen wieder an den Rat verlieren. Der wesentliche Unterschied zwischen den Verwaltungs- und Regelungsausschußverfahren liegt dabei in der dazu notwendigen Mehrheit im Ausschuß: im Verwaltungsausschußverfahren bedarf es einer mit qualifizierter Mehrheit abgegebenen ablehnenden Stellungnahme, im Regelungsausschußverfahren kann es genügen, daß eine Sperrminorität eine Stellungnahme verhindert.

Daher kam es insbesondere im Regelungsausschußverfahren des öfteren vor, daß der Rat die übertragenen Exekutivbefugnisse wieder an sich zog. Dies stieß verstärkt auf Kritik seitens der Kommission selbst und insbesondere auch seitens des Europäischen Parlaments. Dieses bekräftigte 1980 die in dem „Bericht der Drei Weisen" vertretene Auffassung, daß „Beratungsorgane (= die Ausschüsse), die eingesetzt wurden, um den Kontakt zwischen der Gemeinschaftsverwaltung und den nationalen Verwaltungen zu halten, sich in keinem Fall andere als die ihnen zustehenden beratenden Aufgaben anmaßen dürfen, da dadurch Exekutivbefugnisse der Kommission an den Rat abgegeben werden".

ABl. 1980, Nr. C 117, S. 53.

Gemäß Art. 10 der Einheitlichen Europäischen Akte soll nun Art. 145 EWGV durch folgende Bestimmung ergänzt werden:

„ - überträgt der Rat der Kommission in den von ihm angenommenen Rechtsakten die Befugnisse zur Durchführung der Vorschriften, die er erläßt. Der Rat kann bestimmte Modalitäten für die Ausübung dieser Befugnisse festlegen. Er kann sich in spezifischen Fällen außerdem vorbehalten, Durchführungsbefugnisse selbst auszuüben. Die oben genannten Modalitäten müssen den Grundsätzen und Regeln entsprechen, die der Rat auf Vorschlag der Kommission nach Stellungnahme des Europäischen Parlaments vorher einstimmig festgelegt hat".

Der Einheitlichen Europäischen Akte wurde auch noch eine „Erklärung zu den Durchführungsbefugnissen der Kommission" angefügt, die folgenden Wortlaut hat:

„Die Konferenz ersucht die Gremien der Gemeinschaft, vor Inkrafttreten der Akte die Grundsätze und Regeln festzulegen, anhand deren die Durchführungsbefugnisse der Kommission in jedem einzelnen Fall zu definieren sind. In diesem Zusammenhang ersucht die Konferenz den Rat, im Hinblick auf die Ausübung der der Kommission im Rahmen des Artikels 100 a übertragenen Durchführungsbefugnisse insbesondere dem Verfahren des Beratenden Ausschusses einen maßgeblichen Platz im Hinblick auf Schnelligkeit und Wirksamkeit des Entscheidungsprozesses einzuräumen".

BullEG-Beilage 2/86, S. 23.

Diesbezüglich hat die Kommission bereits am 3. März 1986 dem Rat einen Vorschlag für eine Verordnung zur Festlegung der Modalitäten für die Ausübung der Durchführungsbefugnisse, die der Kommission übertragen werden, vorgelegt. Der Rat hat die Verordnung aber bislang noch nicht erlassen.

> KOM (86) 35 endg. = ABl. 1986, Nr. C 70, S. 6 f.; vgl. dazu die geänderte Fassung des Europäischen Parlaments, ABl. 1986, Nr. C 227, S. 54 ff.

In diesem Verordnungsvorschlag wird festgestellt, daß sich die Ausschußverfahren in der Vergangenheit bewährt haben und nur noch drei Verfahren — Beratender Ausschuß, Verwaltungsausschuß und Regelungsausschuß — angewendet werden sollen. Die Verfahren werden folgendermaßen beschrieben:

(1) Verfahren „Beratender Ausschuß":

„Der bei der Kommission eingesetzte Ausschuß berät über die von der Kommission unterbreiteten Anträge auf Abgabe einer Stellungnahme. Die Kommission, die um Abgabe der Stellungnahme des Ausschusses nachsucht, kann die Frist festsetzen, innerhalb derer die Stellungnahme abzugeben ist. Am Schluß der Beratungen des Ausschusses findet keine Abstimmung statt. Jedes Mitglied des Ausschusses kann jedoch verlangen, daß seine Meinung im Protokoll festgehalten wird."

(2) Verwaltungsausschußverfahren:

„Der Vertreter der Kommission, der im Ausschuß den Vorsitz führt, unterbreitet dem Ausschuß einen Entwurf der zu treffenden Maßnahmen. Der Ausschuß gibt seine Stellungnahme zu diesem Entwurf innerhalb einer Frist ab, die der Vorsitzende unter Berücksichtigung der Dringlichkeit der betreffenden Frage festsetzen kann. Er entscheidet mit der in Artikel 148 Absatz 2 des Vertrages für die Annahme der Beschlüsse, die der Rat auf Vorschlag der Kommission zu fassen hat, vorgesehenen Mehrheit. Bei der Abstimmung im Ausschuß werden die Stimmen der Vertreter der Mitgliedstaaten gemäß dem vorgenannten Artikel gewogen. Der Vorsitzende nimmt an der Abstimmung nicht teil.

Die Kommission erläßt Maßnahmen, die sofort anwendbar sind. Stimmen diese Maßnahmen jedoch mit der Stellungnahme des Ausschusses nicht überein, so werden sie dem Rat von der Kommission unverzüglich mitgeteilt. In diesem Fall kann die Kommission die Anwendung der von ihr beschlossenen Maßnahmen um höchstens ... von dieser Mitteilung an aussetzen.

Der Rat kann mit qualifizierter Mehrheit innerhalb einer Frist von ... einen anderen Beschluß fassen."

(3) Regelungsausschußverfahren

„Der Vertreter der Kommission, der im Ausschuß den Vorsitz führt, unterbreitet dem Ausschuß einen Entwurf der zu treffenden Maßnahmen. Der Ausschuß gibt seine Stellungnahme zu diesem Entwurf innerhalb einer Frist ab, die der Vorsitzende unter Berücksichtigung der Dringlichkeit der betreffenden Frage festsetzen kann. Er entscheidet mit der in Artikel 148 Absatz 2 des Vertrages für die Annahme der Beschlüsse, die der Rat auf Vorschlag der Kommission zu fassen hat, vorgesehenen Mehrheit. Bei der Abstimmung im Ausschuß werden die Stimmen der Vertreter der Mitgliedstaaten gemäß dem vorgenannten Artikel gewogen. Der Vorsitzende nimmt an der Abstimmung nicht teil.

Die Kommission erläßt die beabsichtigten Maßnahmen, wenn sie mit der Stellungnahme des Ausschusses übereinstimmen.

Stimmen die beabsichtigten Maßnahmen mit der Stellungnahme des Ausschusses nicht überein oder liegt eine Stellungnahme nicht vor, so unterbreitet die Kommission dem Rat unverzüglich einen Vorschlag für die zu treffenden Maßnahmen. Der Rat entscheidet mit qualifizierter Mehrheit.

Hat der Rat nach Ablauf einer Frist von ... seit seiner Befassung keinen Beschluß gefaßt, so werden die vorgeschlagenen Vorschriften von der Kommission erlassen."

Obwohl in diesem Verordnungsvorschlag keine Präferenz für das Verfahren „Beratender Ausschuß" deponiert ist, wie dies in der oben zitierten „Erklärung zu den Durchführungsbefugnissen der Kommission" von der Regierungskonferenz gefordert wurde, weist insbesondere das Europäische Parlament auf die besondere Geeignetheit des Verfahrens „Beratender Ausschuß" hin und verwirft zugleich das für die Kommission restriktivste Regelungsausschußverfahren.

s. den Bericht K. HÄNSCH vom 2. Juli 1986, EP Dok. A 2-78/86 und Anlage (vom 7. Juli 1986).

Während das Verfahren „Beratender Ausschuß" einfach ausgestaltet ist, weisen die beiden anderen Verfahren kompliziertere Strukturen auf.

Graphisch lassen sich Verwaltungs- und Regelungsausschußverfahren folgendermaßen darstellen:

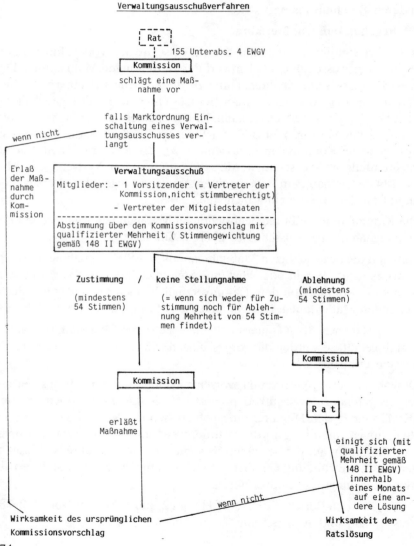

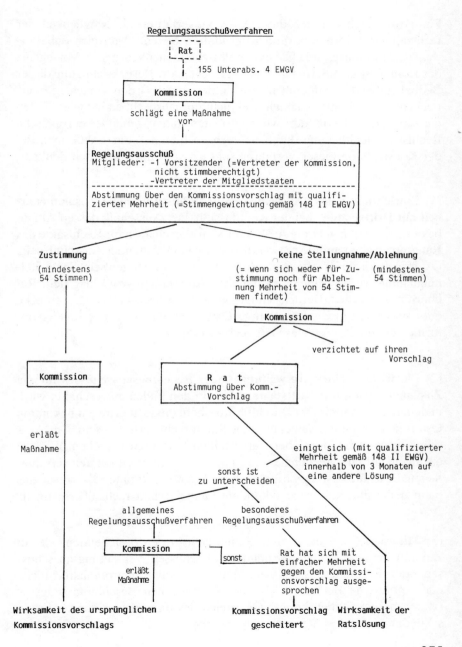

Für Drittstaaten könnten diese Ausschußverfahren die Möglichkeit der rechtzeitigen Information und Konsultation bieten, Österreich dabei etwaige neutralitätsrechtliche und -politische Bedenken gegen Vorschläge der Kommission äußern und damit versuchen, die Berücksichtigung dieser Bedenken bei der endgültigen Beschlußfassung über den Vorschlag zu erreichen. Die Erfolgsaussichten sind nicht unrealistisch, da in vielen Fällen die über den Kreis der Mitgliedstaaten hinausgehende europäische Rechtsvereinheitlichung durchaus auch im Interesse der EWG liegt. Bei der Konstruktion dieser Verfahren sind u.a. folgende Varianten denkbar:

(1) **Einrichtung eines „Ausschusses für präinstitutionelle Zusammenarbeit mit Drittstaaten"** bei der Kommission. Der Ausschuß, dessen Aufgabe es wäre, Stellungnahme zu Kommissionsvorschlägen für Rechtsakte des Rates abzugeben, müßte notwendigerweise ein Beratender Ausschuß sein. Österreich würde im Ausschuß ohne Stimmrecht vertreten sein. Seine Stellungnahme würde gemeinsam mit dem Kommissionsvorschlag dem Rat übermittelt werden. Berücksichtigt der Rat etwaige neutralitätsrechtliche oder -politische Bedenken, könnte Österreich das dann neutralitätskonforme sekundäre Gemeinschaftsrecht übernehmen.

(2) **Einrichtung eines „Verwaltungs- oder Regelungsausschusses für die Zusammenarbeit mit Drittstaaten"**, der in den Fällen eingeschaltet wird, in denen die Kommission Durchführungsbefugnisse übertragen bekommt. Österreich würde im Ausschuß ohne Stimmrecht vertreten sein. Der Ausschuß würde nach dem oben dargestellten Verfahren vorgehen. Würden etwaige neutralitätsrechtliche oder -politische Bedenken bei den verschiedenen Beschlußfassungsvarianten berücksichtigt, könnte Österreich das dann neutralitätskonforme sekundäre Gemeinschaftsrecht übernehmen.

(3) **Mitarbeit** Österreichs ohne Stimmrecht in den bestehenden oder in Zukunft einzurichtenden Beratenden Ausschüssen, Verwaltungsausschüssen oder Regelungsausschüssen. Würden etwaige neutralitätsrechtliche oder -politische Bedenken bei den verschiedenen Beschlußfassungsvarianten berücksichtigt, könnte Österreich das dann neutralitätskonforme sekundäre Gemeinschaftsrecht übernehmen.

(4) Bei allen drei Varianten wäre schließlich eine Konstruktion dahingehend vorstellbar, daß Österreich bei etwaigen neutralitätsrechtlichen oder -politischen Bedenken in dem jeweiligen Ausschuß einen Formulierungsvorschlag deponiert, der nach österreichischer Meinung neutralitätskonform ist. Für den Fall, daß dieser Formulierungsvorschlag in der endgültigen Beschlußfassung übernommen wird, **gilt** das sekundäre Gemeinschaftsrecht **unmittelbar** in Österreich.

> Die verfassungsrechtliche Beurteilung dieser Lösung bleibt hier dahingestellt. Notfalls müßte es zu einer Verfassungsänderung kommen; vgl. dazu o. § 5, Nr. A, XI.

Für den Fall, daß dieser Formulierungsvorschlag in der endgültigen Beschlußfassung nicht übernommen wird, tritt keine unmittelbare Geltung ein, und Österreich entscheidet, ob es das sekundäre Gemeinschaftsrecht übernimmt oder nicht.

Welches Modell auch immer gewählt wird, es gewährleistet die frühzeitige Information und enthält die Möglichkeit der Berücksichtigung österreichischer Interessen. Die Konstruktion bleibt im Bereich eines Assoziationsmodells und beeinträchtigt auch nicht Interessen der EWG. Die Wahrung der Vertraulichkeit ist nicht gefährdet, da die österreichische Mitarbeit jeweils erst dann einsetzt, wenn ein Kommissionsvorschlag bereits vorliegt, der in aller Regel veröffentlicht wird (= als KOM und meist auch noch im Amtsblatt). Eine Organbeteiligung im Bereich der Legislative ist nicht impliziert, da die Ausschüsse nie gesetzgeberische Befugnisse besitzen. Dadurch, daß Österreich ohne Stimmrecht in den Ausschüssen vertreten ist, besteht keine Gefahr, daß die Mehrheitsverhältnisse neu konzipiert werden müssen oder daß Österreich gar mit seiner Stimme in einzelnen Fällen den Ausschlag geben könnte. Würde der Vorschlag bald an die EWG herangetragen werden, bestünde u.U. noch die Chance, ihn beim Erlaß der oben genannten von der Kommission vorgeschlagenen „Verordnung des Rates zur Festlegung der Modalitäten für die Ausübung der Durchführungsbefugnisse, die der Kommission übertragen werden" zu berücksichtigen.

Neutralitätsrechtliche Beurteilung

Daß die Assoziation gemäß Art. 238 EWGV neutralitätskonform ausgestaltet werden kann, dürfte heute nicht mehr zu bestreiten sein.

> s. insbesondere die ausführlichen Darstellungen von PLESSOW und den Bericht der Kommission an den Rat vom 3. Juni 1964.

Das vorgeschlagene Modell der Ausschußmitarbeit müßte sich in eine Assoziation einfügen, die eine derartige Neutralitätskonformität aufweist. Die klassischen Assoziationskonstruktionen, wie z.B. die zur Zeit bestehenden Assoziationen mit den europäischen Staaten Malta, Türkei und Zypern können dabei als Vorbild herangezogen werden. Das Modell für sich gesehen ist mit der dauernden Neutralität voll vereinbar. Bei den Varianten 1-3 kommt es zum autonomen Nachvollzug durch Österreich, das dabei in jedem Fall frei und souverän entscheiden kann. Bei der Variante 4 kommt es zwar ohne weiteres Mitwirken Österreichs zur unmittelbaren Geltung des sekundären Gemeinschaftsrechts in Österreich. Durch die Bedingung dieser Geltung, nämlich die wörtliche Übernahme des österreichischen Vorschlags, sind aber Neutralitätswidrigkeiten ausgeschlossen. Schon bei geringer Abweichung vom österreichischen Vorschlag kommt wieder das Modell des autonomen Nachvollzugs zur Anwendung.

E. EXKURS

Daß es für Österreich wichtig sein könnte, in dieser oder ähnlicher Weise initiativ zu werden, belegt der Umstand, daß Österreich im Vergleich zu den anderen EFTA-Staaten mit am stärksten „abgekoppelt" ist. Dies gilt sowohl für den materiellen Bereich in Bezug auf die bilateral abgeschlossenen Verträge.

> Für die Schweiz s. dazu o. § 5, Nr. B, Anmerkung 3.

Es gilt aber auch für den institutionellen Bereich. So hat nicht nur das Europäische Parlament bereits Haushaltsmittel für Verbindungsbüros in Oslo und Stockholm eingesetzt, sondern es verfügt z.B. auch die Schweiz über ein eigenes Presse- und Informationsbüro der EG (1211 Genf 20, 37-39 rue de Vermont, case postale 195), während Österreich diesbezüglich bisher vom Bonner und neuerdings vom Münchner Presse- und Informationsbüro der EG (8000 München, Erhardtstraße 27) betreut wird.

In diesem Zusammenhang könnte Österreich anregen, die Vertretung der EG bei den in Wien ansässigen internationalen Organisationen auch bei der österreichischen Bundesregierung zu akkreditieren. Bei dieser Vertretung handelt es sich um die **Ständige Beobachtermission der Kommission der EG** bei den in Wien ansässigen internationalen Organisationen (1040 Wien, Hoyosgasse 5), nicht aber um die Vertretung der EG bei der österreichischen Bundesregierung. Die Delegation betreut also nicht die bilateralen Beziehungen der Europäischen Gemeinschaften mit der Republik Österreich. Deren Betreuung wird vielmehr nur von der Ständigen Vertretung Österreichs bei den EG wahrgenommen.

Der Ständigen Beobachtermission der Kommission der EG wurden mit Verordnung der Bundesregierung vom 5. Juni 1979 die gleichen Privilegien und Immunitäten wie einer Ständigen Vertretung eines Mitgliedstaates der internationalen Organisationen, bei der diese akkreditiert ist, eingeräumt.

BGBl. 277/1979.

Die inhaltliche Ausgestaltung der Vorrechte richtet sich nach dem Bundesgesetz vom 14. Dezember 1977 über die Einräumung von Privilegien und Immunitäten an internationale Organisationen.

BGBl. 677/1977.

Im Zusammenhang mit solchen weitergehenden Überlegungen zur Frage der Assoziationen sollen noch zwei Problemkreise kurz behandelt werden, die in der „Dreisprungtheorie"

s. dazu o. § 5, Nr. B, Anmerkung 1; KHOL (1) und KHOL (2).

als Bestandteile des „zweiten Sprunges" aufgeführt sind, nämlich Mitarbeit in der EPZ und Beobachterstatus bei den Organen der EG.

I. MITARBEIT IN DER EPZ

Die EPZ in ihrer gegenwärtigen und zukünftigen Ausgestaltung

s.o. § 3, Nr. A, I, 2.

stellt einen zwischenstaatlichen — somit intergouvernementalen und nicht supranationalen — Informations- und Konsultationsmechanismus dar, in dessen Rahmen die Mitgliedstaaten der EG spezielle außenpolitische Probleme diskutieren und ihre Vorgangsweise akkordieren. Sie können aber auch grundsätzliche Standpunkte in ihren Außenpolitiken ausformulieren. Damit wird weder in die Souveränität der Mitgliedstaaten im Hinblick auf eine eigenständige Ausgestaltung und Führung ihrer Außenpolitik eingegriffen, noch wird in bzw. mit der EPZ „Außenpolitik als Sicherheitspolitik" betrieben. Die Sicherheitspolitik (im engeren Sinn) ist vielmehr aus den EG ausgelagert und ressortiert zur Westeuropäischen Union.

> vgl. SCHMIDT (1).

Diese beschäftigt sich, insbesondere seit ihrer Satzungsreform und Neuaktivierung,

> Der Rat der Westeuropäischen Union verabschiedete auf seiner Tagung vom 26./27. Oktober 1984 in Rom eine politische Grundsatzerklärung zur Reaktivierung und ein Dokument über die institutionelle Reform, s. EA 19, D. 703 f.; vgl. CAHEN.

— neben der NATO — mit den sicherheitspolitischen Problemen der Mitgliedstaaten der EG.

In diesem Sinne ist die in der Literatur gemachte Einschränkung, daß sich Österreich an der EPZ nur unter Ausklammerung der Fragen sicherheitspolitischer Natur beteiligen könne, mißverständlich bzw. nur als neutralitätspolitische Aussage zu verstehen. Allerdings können sicherheitspolitische „Reflexe" außenpolitischer Strategieabsprachen nicht ausgeschlossen werden.

> Pläne zur Einbeziehung der sicherheitspolitischen Komponente in die EG existieren. So forderte z.B. das Europäische Parlament schon im März 1973, daß Sicherheits- und Verteidigungsfragen in die Kooperation der Außenpolitiken mit einbezogen werden müßten. Dementsprechend enthält Art. 68 des Entwurfes eines Vertrages zur Gründung einer Europäischen Union des Europäischen Parlaments vom 14. Februar 1984 (ABl. 1984, Nr. C 77, S. 33 ff.) eine Kompetenz des Europäischen Rates, „den Bereich der Zusammenarbeit insbesondere auf die Fragen der Rüstung, des Verkaufs von Waffen an Drittländer, der Verteidigungspolitik und der Abrüstung auszudehnen". Vgl. dazu TSAKALOYANNIS, S. 15 f.; SCHMIDT (2), S. 21, Fn. 69.

Die relevante Frage ist aber, ob beim derzeitigen Entwicklungsstand der EPZ neutralitätsgefährdende außen- bzw. sicherheitspolitische Absprachen gemacht werden können, die dem dauernd neutralen Österreich die Einhaltung seiner Neutralitätspflichten verunmöglichen könnten.

Dazu ist zu bemerken, daß Österreich sowohl die völkergewohnheitsrechtliche Pflicht hat, keine Beistands- oder Garantieverträge abzuschließen und Militärpakten nicht beizutreten, die es im Kriegsfall zu militärischer Unterstützung verpflichten würden, als auch gemäß Art. I Abs. 2 des Bundesverfassungsgesetzes über die immerwährende Neutralität Österreichs von 1955 dem Verbot unterliegt, Defensivbündnisse ohne Reziprozitätswirkung einzugehen.

Selbst sicherheitspolitische Absprachen (in der EPZ) würden diesbezüglich aber keine Beistands-, Bündnis- bzw. Garantieverpflichtungen obiger Qualität darstellen und wären darüberhinaus für Österreich nicht verbindlich, da die EPZ keine verbindlichen Beschlüsse hervorbringen kann. Die bloße Diskussion über außenpolitische Standpunkte und der Versuch einer Harmonisierung oder Koordinierung ist — solange dies auf derart unverbindliche Weise geschieht — neutralitätsrechtlich nicht zu beanstanden.

> s. dazu u. § 7, Nr. C, XIV, 2, Anmerkung 2.

Dazu kommt noch, daß entgegen anderslautenden Zeitungsmeldungen in der EPZ keine verbindlichen Embargo- oder Wirtschaftskriegabsprachen getroffen werden. Die Verhängung von Wirtschaftssanktionen — wie z. B. gegen Argentinien im Falklandkrieg

> s. dazu HUMMER (6), Rdnr. 5.

oder gegen die Republik Südafrika — fußen vielmehr auf gemeinschaftsrechtlichen Bestimmungen (Art. 113 EWGV) und nicht auf der außerhalb angesiedelten EPZ.

> vgl. allgemein dazu MENG.

II. BEOBACHTERSTATUS BEI DEN ORGANEN DER EG

Als Dr. Otto Habsburg nach seiner Wahl in das Europäische Parlament erklärte, dort auch Österreichs Interessen vertreten zu wollen, führte dies nicht nur zu einer scharfen Anfrage an den Rat

> Mündliche Anfrage Nr. 9 von Herrn L. FELLERMAIER in der Fragestunde des Europäischen Parlaments vom 4. Juli 1978 an

den Rat, was denn von dieser „Mitvertretungsankündigung" österreichischer Interessen durch Otto v. Habsburg zu halten sei.

sondern auch zu einer vehementen Zurückweisung dieses Angebots durch den damaligen Bundeskanzler Dr. Bruno Kreisky, der darauf verwies, daß nur Österreich selbst und seine staatlichen Repräsentanten — aus Gründen der Souveränität und Neutralität — seine Interessen wahrnehmen können.

Schon damals wurde der Gedanke einer eigenen Vertretung Österreichs beim Europäischen Parlament — in Form eines eigenen Beobachters — ventiliert, ohne allerdings vorerst konkrete Resultate zu zeitigen. Diese Forderung einer institutionellen Anbindung von Drittstaaten an die EG wurde anschließend mehrfach erhoben und als Minimallösung einer Organbeteiligung offenkundig für völlig neutralitätskonform gehalten.

> s. den Entschließungsantrag der Abgeordneten Dr. Steiner, Dr. Ettmayer, Dr. Ermacora, Dr. Blenk und Genossen, Stenographische Protokolle des Nationalrates, XV. GP, 133. Sitzung vom 1. Dezember 1982, S. 13518: Beobachterstatus für alle Europarats-Staaten bzw. EFTA-Staaten beim Europäischen Parlament.

Sie ist es auch, da der Beobachter rein rezeptiv tätig ist und in keiner Weise in den Willensbildungsprozeß eingreift bzw. von ihm getroffen wird.

Kann man sich noch eine gewisse Bereitschaft des **Parlaments** vorstellen, einen Beobachterstatus zuzulassen,

> Dieses Organ diskutiert zwar auch politisch „heikle" Angelegenheiten und faßt darüber Entschließungen, steht aber als parlamentarisch tätiges Organ der Vertraulichkeit ganz anders gegenüber als z.B. Rat und Kommission.

so erscheint er aber bei **Rat** und **Kommission** sowohl realpolitisch als auch auf der Basis der Bestimmungen der Gründungsverträge ausgeschlossen.

> Man beachte z.B. nur die Verpflichtung zur Verschwiegenheit der Mitglieder der Organe gemäß Art. 214 EWGV, deren Verletzung zu Amtshaftung und Schadenersatz führen kann: vgl. dazu Rs. 145/83, Adams/Kommission, noch nicht veröffentlicht.

Auch der Hinweis auf die Einräumung eines Beobachterstatus an Spanien und Portugal, die seit dem 1. September 1985 an der EPZ als Beobachter teilnahmen,

s. KHOL (2), S. 707.

belegt wohl nicht die Möglichkeit der Einrichtung eines Beobachterstatus, da er gerade im Hinblick auf den unmittelbar bevorstehenden Beitritt dieser beiden Staaten konzediert wurde und eine dementsprechende Einbindung in den gemeinschaftlichen Willensbildungsprozeß bezwecken sollte. Einem Drittstaat, der nicht in laufenden Beitrittsverhandlungen steht, wäre dieser Status wohl nicht gewährt worden.

§ 7 Beitritt zur EWG — Neutralitätsrechtliche Beurteilung

In der Diskussion über die neutralitätsrechtliche Beurteilung eines Beitritts zur EWG wurden in wissenschaftlicher und politischer Auseinandersetzung eine Fülle von Argumenten vorgebracht. Sie werden im folgenden einzeln dargestellt und gewürdigt. Die Literaturhinweise beschränken sich dabei auf einige gewichtige Stimmen (Umfassende Literaturhinweise bei SCHWEITZER (1), S. 217 ff.).

A. INSTITUTIONELLER BEREICH

I. INTEGRATIONSDYNAMIK

1. Argument: Die wirtschaftliche Integration führt zwangsläufig zu einer politischen Integration. Da letztere mit der dauernden Neutralität unvereinbar ist, ist auch ein Beitritt zur EWG verboten. Zur Begründung der These von der politischen Finalität der EWG wird insbesondere auf Abs. 1 der Präambel zum EWGV verwiesen, wonach die Mitgliedstaaten des festen Willens sind, „die Grundlagen für einen immer engeren Zusammenschluß der europäischen Völker zu schaffen."

> **Vertreten** u.a. von: HAUG, S. 150; KIPP, S. 90; KREISKY (1), S. 154; PERRIN, S. 93; SCHINDLER, S. 227.

> **Abgelehnt** u.a. von: HAGEMANN, S. 30; PFUSTER-SCHMIDT—HARDTENSTEIN, S. 202; SCHWEITZER (1), S. 199 f., 217 ff.

2. Beurteilung: Die Argumentation, die wirtschaftliche Integration führe zwangsläufig zu einer politischen, ist — allgemein gesehen — eine nicht beweisbare Spekulation. Konkret gesehen hat sie sich bis heute nicht bewahrheitet. Keiner der vielen Entwürfe für eine Politische Union hat bis heute zu einem Ergebnis geführt.

> vgl. v.d. GROEBEN u.a., Kommentar, Bd. 1, S. 48 ff.; zu den verschiedenen Plänen für eine Politische Union, s. SCHWARZE/BIEBER; s. auch o. § 3, Nr. A, I, 1.

Dazu kommt, daß nicht jede politische Integration mit der dauernden Neutralität unvereinbar sein muß, wie z. B. das Modell des Europarates zeigt. Zum gegenwärtigen Zeitpunkt steht daher das Argument der Integrationsdynamik einem Beitritt zur EWG nicht entgegen. Nach erfolgtem Beitritt würde aber die Ausgestaltung der zukünftigen politischen Integration nicht ohne Zustimmung Österreichs möglich sein. Schließlich ist es völlig ungewiß, ob eine politische Integration mit der EWG identisch sein wird oder außerhalb von ihr angesiedelt ist.

II. MEHRHEITSBESCHLÜSSE

1. Argument: Der EWGV sieht in einigen Fällen die Möglichkeit von Mehrheitsbeschlüssen des Rates vor. Eine solche Majorisierungsmöglichkeit widerspricht der dauernden Neutralität; dies auf jeden Fall in den Bereichen, wo die Beschlüsse des Rates neutralitätswidrig sein können.

> **Vertreten** u.a. von: KIPP, S. 91; NEUHOLD, S. 24 f.; ROTTER (1), S. 72; VERDROSS (1), S. 446; VERDROSS (2), S. 67; ZEMANEK, S. 250.

2. Beurteilung: Das Argument ist, sofern es sich nicht undifferenziert gegen jegliche Art von Mehrheitsbeschlüssen richtet, zutreffend. Allerdings ist es auf den heutigen institutionellen Entwicklungsstand der EWG nicht mehr anwendbar. Das hat seinen Grund in der **Luxemburger Vereinbarung** vom 29. Januar 1966. Dort heißt es bezüglich der Mehrheitsentscheidungen:

> I. Stehen bei Beschlüssen, die mit Mehrheit auf Vorschlag der Kommission gefaßt werden können, sehr wichtige Interessen eines oder mehrerer Partner auf dem Spiel, so werden sich die Mitglieder des Rats innerhalb eines angemessenen Zeitraums bemühen, zu Lösungen zu gelangen, die von allen Mitgliedern des Rats unter Wahrung ihrer gegenseitigen Interessen und der Interessen der Gemeinschaft gemäß Artikel 2 des Vertrags angenommen werden können.
>
> II. Hinsichtlich des vorstehenden Absatzes ist die französische Delegation der Auffassung, daß bei sehr wichtigen Interessen die Erörterung fortgesetzt werden muß, bis ein einstimmiges Einvernehmen erzielt worden ist.

III. Die sechs Delegationen stellen fest, daß in der Frage, was geschehen sollte, falls keine vollständige Einigung zustande kommt, weiterhin unterschiedliche Meinungen bestehen.

IV. Die sechs Delegationen sind jedoch der Auffassung, daß diese Meinungsverschiedenheiten nicht verhindern, daß die Arbeit der Gemeinschaft nach dem normalen Verfahren wiederaufgenommen wird.

Seit der Luxemburger Vereinbarung kommt es in der Praxis — entgegen dem Wortlaut des EWGV — zu Mehrheitsentscheidungen nur mehr dann, wenn alle Mitglieder des Rates (und damit alle Regierungen der Mitgliedstaaten) damit einverstanden sind. Beruft sich ein Mitgliedstaat auf „sehr wichtigste Interessen", ist eine Mehrheitsentscheidung ausgeschlossen. Man spricht — juristisch ungenau — von einem Vetorecht der Mitgliedstaaten.

Die Rechtsverbindlichkeit der Luxemburger Vereinbarung war lange Zeit umstritten, da sie sich nicht in das zur Verfügung stehende Instrumentarium von primärem und sekundärem Gemeinschaftsrecht, Gemeinschaftsgewohnheitsrecht und begleitendem völkerrechtlichen Vertragsrecht einordnen ließ.

> vgl. dazu ausführlich mit allen erforderlichen Nachweisen STREINZ, S. 31 ff.; sowie SCHWEITZER (2), Rdnr. 10 ff.; SCHWEITZER (3), S. 84 ff.

Heute hat sich die Lage geändert. Es läßt sich inzwischen nachweisen, daß den 1973 und 1980 neu beigetretenen Mitgliedstaaten gegenüber — wie immer man die Luxemburger Vereinbarung auch qualifizieren mag — ein Vertrauensschutztatbestand hinsichtlich der Praxis des Vetorechts geschaffen wurde. Sie gehen seit ihrem Beitritt davon aus, daß sie sich bei Abstimmungen auf die Luxemburger Vereinbarung berufen können.

> s. SCHWEITZER (4), S. 18 ff.; STREINZ, S. 80 ff; besonders deutlich bestätigt im Rapport au Conseil du Comité ad hoc pour les questions institutionnelles (sog. Dooge-Bericht) vom 29./30. März 1985, Abschnitt III, A.

Daraus ergibt sich, daß nach dem Prinzip des Vertrauensschutzes und dem Grundsatz von Treu und Glauben von der Praxis der Luxemburger Vereinbarung gegen den Willen der neuen Mitgliedstaaten nicht abgegangen werden darf. Daraus ergibt sich aber weiter, daß wegen des — unstrittigen — Prinzips der Einheit der Gemeinschaftsrechtsordnung die solchermaßen begründete Verbindlichkeit der Luxemburger Vereinbarung für alle Mitgliedstaaten gelten muß.

> s. SCHWEITZER/HUMMER (1), S. 64 f.; SCHWEITZER (4), S. 22; STREINZ, S. 93 f.

Die geplante EWG-Vertragsrevision wird an diesem Ergebnis nichts ändern. Sie sieht zwar für mehrere Fälle die Ersetzung der Einstimmigkeit durch die Mehrstimmigkeit vor.

> s. Einheitliche Europäische Akte vom 17./28. Februar 1986, Text in: BullEG, Beilage 2/1986. Zu näheren Einzelheiten s.o. § 3, Nr. A, III, 1 e. Die umfaßten Beschlußkompetenzen dürften im übrigen kaum neutralitätsrechtlich relevant werden.

Damit ist aber nichts ausgesagt über Weitergeltung oder Nichtweitergeltung der Luxemburger Vereinbarung. Nach den bisher vorliegenden Äußerungen geht man davon aus, daß die Luxemburger Vereinbarung durch die Vertragsrevision nicht berührt wird.

> z.B. die britische Premierministerin Thatcher im House of Commons (s. The Times vom 6. Dezember 1985, S. 4; vgl. auch The Daily Telegraph vom 5. Dezember 1985, S. 4); der Vorsitzende des Institutionellen Ausschusses des Europäischen Parlaments Spinelli ebendort (s. BullEG 12-1985, S. 10).

Lediglich in einer einzigen Beziehung zeichnet sich eine Änderung ab. Ausgehend von den Agrarpreisbeschlüssen vom 18. Mai 1982 wird diskutiert, ob die Luxemburger Vereinbarung nicht dahingehend auszulegen und anzuwenden ist, daß man auf die Vertragsbestimmungen über Mehrheitsentscheidungen dann zurückgreift, wenn mit dem Vetorecht Obstruktion getrieben wird.

> vgl. SCHWEITZER (2), Rdnr. 12; SCHWEITZER (4), S. 23; STREINZ, S. 86 ff., 93 f.

Neutralitätsrechtlich hat dies aber keine Relevanz. Die Berufung eines neutralen Mitgliedstaates auf sehr wichtige Interessen mit der Begründung, dies zur Einhaltung neutralitätsrechtlicher Pflichten zu tun, kann nicht als Obstruktion eingestuft werden.

Hier drängt sich eine Parallele auf zur weitaus herrschenden österreichischen Lehre bezüglich der Vereinbarkeit der dauernden Neutralität mit der UNO-Satzung (s. für viele VERDROSS (2), S. 59 ff.). Sie lautet: Alle Mitglieder der UNO hätten durch die einstimmige Aufnahme Österreichs die Vereinbarkeit der dauernden Neutralität mit der Mitgliedschaft in der UNO anerkannt. Dadurch hätten sie die Verpflichtung übernommen, Österreich niemals zu neutralitätswidrigen Maßnahmen im Rahmen der UNO heranzuziehen. Akzeptiert man diese Argumentation, so muß man sie auch für die EWG gelten lassen. Demnach würden alle Mitglieder der EWG durch die Aufnahme eines dauernd neutralen Staates die Vereinbarkeit der dauernden Neutralität mit der Mitgliedschaft in der EWG anerkennen. Dadurch würden sie die Verpflichtung übernehmen (und dies ist ein deutliches Minus gegenüber der Argumentation mit der UNO-Satzung), die Berufung auf neutralitätsrechtliche Pflichten nicht als Obstruktion einzustufen.

Sollte es trotzdem zu einem Beschluß des Rates kommen, so könnte sich der Neutrale auf die Schutzklauseln berufen (s.u. § 7, Nr. A, IV).

III. SUPRANATIONALITÄT

1. Argument: Die EWG ist eine supranationale Organisation. Der mit der Zugehörigkeit zu einer solchen Organisation verbundene Souveränitätsverlust ist mit der dauernden Neutralität unvereinbar.

> **Vertreten** u.a. von: COPPINI, S. 28; IPSEN, S. 173; WALDHEIM, S. 103; WEHRLI, S. 44.
>
> **Abgelehnt** u.a. von: MOSER, S. 567; ÖHLINGER, S. 49, 92; PLESSOW, S. 100; SCHWEITZER (1), S. 221.

2. Beurteilung: Das Argument ist in seiner Pauschalität nicht haltbar. Dauernde Neutralität und Supranationalität sind nur dort unvereinbar, wo sich der Souveränitätsverlust auf neutralitätsrechtlich relevante Bereiche bezieht. Die Unvereinbarkeit kann daher immer nur anhand des konkreten Einzelfalls geprüft werden.

Bezieht man das Argument auf die Supranationalität der EWG, so manifestiert sich diese nach allgemeiner Auffassung in zwei Bereichen: Verbindliche Beschlußfassung der Organe gegen den Willen einzelner Mitgliedstaaten und unmittelbare Geltung dieser Beschlüsse in den Mitgliedstaaten.

>vgl. CAPOTORTI, S. 264 ff.; SCHWEITZER/HUMMER (1), S. 211 ff.

Neutralitätsrechtlich von Bedeutung ist nur der erste Bereich. Denn wenn die Möglichkeit neutralitätswidriger verbindlicher Beschlußfassung besteht, dann liegt **darin** die Unvereinbarkeit mit der dauernden Neutralität. Auf die unmittelbare Geltung kommt es dann nicht mehr an. Völlig irrelevant ist die unmittelbare Geltung, wenn keine neutralitätswidrige verbindliche Beschlußfassung möglich ist.

Nach der gegenwärtigen institutionellen Lage der EWG ist eine neutralitätswidrige verbindliche Beschlußfassung nicht möglich. Der **Rat** als Hauptbeschlußorgan unterliegt — wie dargestellt — dem Einstimmigkeitsprinzip. Die **Kommission** besitzt insgesamt 42 originäre Beschlußkompetenzen, die aber neutralitätsrechtlich nicht relevant sind.

>Übersicht bei IPSEN, S. 419 f.

Darüberhinaus wird die Kommission regelmäßig und in großem Umfang vom Rat zur Beschlußfassung in anderen Bereichen ermächtigt (Art. 155 Unterabs. 4 EWGV). Dabei handelt es sich aber nur um Durchführungsbeschlüsse, die sich im Rahmen der Ratsermächtigung halten müssen. Die neutralitätsrechtliche Prüfung ist daher bei der Ratsermächtigung durchzuführen. Diese unterliegt aber wieder dem Einstimmigkeitsprinzip.

Die übrigen Organe der EWG besitzen keine Beschlußkompetenzen, die mit der dauernden Neutralität kollidieren könnten: Das **Europäische Parlament** faßt nur beratende Beschlüsse, die nicht verbindlich sind. Die einzige Ausnahme davon, die originäre Beschlußfassungskompetenz im Bereich der nicht-zwingenden Ausgaben bei der Haushaltsfeststellung (Art. 203 EWGV), hat keinen Bezug zur dauernden Neutralität. Das ergibt sich allein schon daraus, daß es sich bei den Haushaltsmitteln der EWG um deren Eigenmittel handelt.

>Daran wird auch die geplante EWG-Vertragsrevision nichts ändern (s. BullEG, Beilage 2/1986). Die Kommission konnte sich mit ihrem, die Kompetenzlage ändernden Vorschlag nicht durchsetzen (s. BullEG 12-1985, S. 9 Fn. 1).

Der **Wirtschafts- und Sozialausschuß** hat nur beratende Funktion und faßt daher keine verbindlichen Beschlüsse. Die **Organe** der **Europäischen Politischen Zusammenarbeit** (EPZ) haben nur Informations- und Konsultationsfunktion und fassen daher — wenn überhaupt — nur unverbindliche Beschlüsse mit empfehlendem Charakter.

> Auch hier wird sich durch die geplante vertragliche Regelung der EPZ nichts ändern. (s. Einheitliche Europäische Akte vom 17./ 28. Februar 1986, Titel III, Artikel 30, Text in: BullEG, Beilage 2/1986. Zu näheren Einzelheiten s.o. § 3, Nr. A, I, 2).

Auf die neutralitätsrechtliche Beurteilung der Kompetenzen des **Gerichtshofs** der Europäischen Gemeinschaften (EuGH) wird unten, § 7, Nr. A, V eingegangen.

IV. SCHUTZKLAUSELN

1. Argument: Die Artikel 223 und 224 EWGV enthalten Schutzklauseln, die an sich als Neutralitätsvorbehalt ausreichen. Damit wäre eine Mitgliedschaft in der EWG mit der dauernden Neutralität vereinbar. Hingegen ist die Unterwerfung gemäß Art. 225 Abs. 2 EWGV unter die Gerichtsbarkeit des EuGH in den Fragen der mißbräuchlichen Anwendung der Artikel 223 und 224 EWGV mit der dauernden Neutralität unvereinbar. Denn dadurch kann der dauernd Neutrale nicht mehr allein über seine Neutralitätsmaßnahmen bestimmen und kann durch ein Urteil des EuGH zu neutralitätswidrigem Verhalten gezwungen werden.

> **Vertreten** u.a. von: GUGGENHEIM, S. 320 f.; KAJA, S. 58 f.; PERNET, S. 110 f.; PLESSOW, S. 178 f.; ROTTER (2), S. 224 f.; SEIDL—HOHENVELDERN (1), S. 134; ZEMANEK, S. 250 f.

> **Abgelehnt** u.a. von: BINSWANGER/MAYRZEDT, S. 352; HAGEMANN, S. 12 ff.; HAUG, S. 148; ÖHLINGER, S. 96; SCHWEITZER (1), S. 245 f.

2. Beurteilung: Nach Art. 223 Abs. 1 b EWGV kann jeder Mitgliedstaat die Maßnahmen ergreifen, die seines Erachtens für die Wahrung seiner wesentlichen Sicherheitsinteressen erforderlich sind, soweit sie die Erzeugung von Waffen, Munition oder Kriegsmaterial oder den Handel damit betreffen. Allerdings dürfen diese Maßnahmen auf dem Gemeinsamen Markt die Wettbewerbsbedingungen hinsichtlich der nicht eigens für militärische Zwecke bestimmten Waren nicht beeinträchtigen.

Die von Art. 223 Abs. 1 b EWGV erfaßten Waren hat der Rat nach Art. 223 Abs. 2 EWGV in einer Liste festgelegt. Sie ist nicht veröffentlicht, wird aber gemäß eines Beschlusses der Regierungen der Mitgliedstaaten vom Juli 1963 Angehörigen von Mitgliedstaaten bei Nachweis triftiger Gründe von den Regierungen zugänglich gemacht. Die Liste kann gemäß Art. 223 Abs. 3 EWGV durch einstimmigen Ratsbeschluß geändert werden.

Das bedeutet, daß ein dauernd neutrales Mitglied im Kriegsfall die neutralitätsrechtlich vorgeschriebenen Maßnahmen in diesem Bereich treffen kann, da dies für die Wahrung seiner wesentlichen Sicherheitsinteressen erforderlich ist. Insofern kann er also sowohl vom EWGV als auch von den Beschlüssen des Rates abweichen. Ein Konfliktsfall könnte sich nur mehr dann ergeben, wenn Waren betroffen sind, die nicht in der Liste aufgeführt sind. Da dies nicht auszuschließen ist, reicht Art. 223 EWGV für eine Vereinbarkeit von dauernder Neutralität und EWGV noch nicht aus.

Art. 224 ergänzt die Möglichkeiten des Art. 223. Danach kann ein Mitgliedstaat u.a. im Falle des Krieges oder einer ernsten, eine Kriegsgefahr darstellenden internationalen Spannung die ihm erforderlich erscheinenden Maßnahmen ergreifen. Dies gilt nach der Formulierung des Artikels im Krieg und im Frieden. Der Artikel enthält keine einschränkende Klausel, wie Art. 223. Es wird nur bestimmt, daß die Mitgliedstaaten sich miteinander ins Benehmen zu setzen hätten, um durch gemeinsames Vorgehen zu verhindern, daß durch diese Maßnahmen das Funktionieren des Gemeinsamen Marktes beeinträchtigt werde. Das stellt aber keine Beschränkung der Möglichkeiten des Maßnahmen ergreifenden Staates dar. Damit steht dem neutralen Mitglied die Möglichkeit zu, alle neutralitätsrechtlich gebotenen Maßnahmen zu ergreifen.

Daß diese beiden Artikel des EWGV für sich gesehen als Neutralitätsvorbehalt ausreichen, dürfte heute nicht mehr zu bestreiten sein. Dies ergibt sich insbesondere daraus, daß sie mit dem

Neutralitätsvorbehalt des Art. 21 des Freihandelsabkommens Österreichs mit der EWG vom 22. Juli 1972 praktisch wortgleich sind und inhaltlich weitgehendst den Neutralitätsvorbehalten der Artikel 18 EFTA-Vertrag und XXI GATT entsprechen.

Nach Art. 225 EWGV prüft die Kommission, wenn auf dem Gemeinsamen Markt die Wettbewerbsbedingungen durch Maßnahmen auf Grund der Artikel 223 und 224 EWGV verfälscht werden, gemeinsam mit dem beteiligten Staat, wie diese Maßnahmen den Vorschriften des Vertrages angepaßt werden können. Hieraus ergeben sich keine neutralitätsrechtlichen Bedenken, da nur eine gemeinsame Prüfung und keine ungewollte Verpflichtung des Neutralen vorgesehen ist. In Abs. 2 des Art. 225 EWGV aber wird bestimmt, daß die Kommission oder ein Mitgliedstaat den Gerichtshof unmittelbar anrufen können, wenn sie der Auffassung sind, daß ein anderer Mitgliedstaat die in den Artikeln 223 und 224 EWGV vorgesehenen Befugnisse mißbraucht. Das Argument der weitaus h.L., daß darin die neutralitätsrechtliche Unvereinbarkeit zu sehen ist, ist aber nicht stichhaltig. Denn der Gerichtshof kann ja nur angerufen werden, wenn ein Staat der Meinung ist, daß der Neutrale die in den beiden Artikeln vorgesehenen Befugnisse mißbraucht.

Daraus folgt, daß nur bei einem **Mißbrauch** der Gerichtshof feststellen wird, daß die vom Neutralen getroffenen Maßnahmen vertragswidrig sind. Werden aber nun die Artikel 223 und 224 EWGV überhaupt als auf die Neutralität anwendbar angesehen (was aus den oben genannten Gründen heute nicht mehr zu bestreiten sein dürfte), so bedeutet das, daß alle neutralitäts**rechtlich** gebotenen Maßnahmen erlaubt sind. Demnach kann aber diese strenge Beobachtung des Neutralitätsrechts kein Mißbrauch sein, sondern nur die darüber hinausgehenden Maßnahmen. Zu diesen aber ist der Neutrale nicht mehr verpflichtet, sondern nimmt sie nur im Rahmen seiner Neutralitätspolitik vor. Deshalb ist es neutralitätsrechtlich unbedenklich, wenn diese weiteren Maßnahmen vom Gerichtshof überprüft werden können und im Falle, daß dieser der Meinung ist, sie stellten einen Mißbrauch dar, aufgehoben werden müssen. Ebenso unbedenklich ist der Fall, daß der Gerichtshof Maßnahmen für mißbräuchlich erklärt, die unter Berufung auf das Neutralitätsrecht gesetzt werden, obwohl gar kein Neutralitätsfall vorliegt. In keinem Fall würde daher der dauernd neutrale Mitgliedstaat durch Urteil des EuGH zu neutralitätswidrigem Verhalten gezwungen werden. Dieses Ergebnis könnte durch eine interpretative Erklärung Österreichs abgesichert werden (s.u. § 7, Nr. B, XV).

V. GERICHTSBARKEIT

1. Argument: Ein dauernd neutraler Staat darf sich nicht einer obligatorischen Gerichtsbarkeit unterwerfen. Eine solche steht aber dem EuGH zu. Daher ist eine Mitgliedschaft in der EWG mit der dauernden Neutralität unvereinbar.

> **Vertreten** u.a. von: KIPP, S. 91; VERDROSS (1), S. 447.
>
> **Abgelehnt** u.a. von: SCHWEITZER (1), S. 222 f.

2. Beurteilung: Die obligatorische Gerichtsbarkeit des EuGH ist mit einer Ausnahme neutralitätsrechtlich ohne Bedeutung. Wenn der EWGV neutralitätswidrige Pflichten enthält oder neutralitätswidrige Beschlüsse ermöglicht, dann bedingen **diese** Vertragsbestimmungen eine Unvereinbarkeit mit der dauernden Neutralität, keineswegs aber die obligatorische Gerichtsbarkeit des EuGH darüber. Die genannte Ausnahme betrifft die Zuständigkeit des EuGH gemäß Art. 225 Abs. 2 EWGV. Daß auch diese Zuständigkeit mit der dauernden Neutralität vereinbar ist, wurde eben dargestellt.

VI. KÜNDIGUNGS- UND SUSPENSIONSKLAUSEL

1. Argument: Der EWGV enthält keine Kündigungs- oder Suspensionsklausel. Selbst bei vorhandenen Klauseln wäre eine Lösung faktisch unmöglich. Ohne Kündigungs- oder Suspensionsklausel ist die Mitgliedschaft in der EWG mit der dauernden Neutralität unvereinbar.

> **Vertreten** u.a. von: DE NOVA, S. 319; KIPP, S. 91; KREISKY (2), S. 8 f.; SEIDL—HOHENVELDERN (2), S. 167; VERDROSS (2), S. 67 ff.; ZEMANEK, S. 251.
>
> **Abgelehnt:** u.a. von: SCHWEITZER (1), S. 238.

2. Beurteilung: Das Argument ist nur schlüssig, wenn man von der Neutralitätswidrigkeit des EWGV ausgeht. Da dies aber wegen der gegenwärtigen institutionellen Lage aufgrund der Luxemburger Vereinbarung in ihrer geltenden Form und wegen der Schutzklauseln nicht mehr anzunehmen ist, kann aus der fehlenden Kündigungs- oder Suspensionsklausel keine Neutralitätswidrigkeit abgeleitet werden.

Auch hier ergibt sich eine Parallele zur UNO-Satzung. Da die h.L. die Vereinbarkeit von dauernder Neutralität und UNO-Satzung bejaht, wird aus der fehlenden Kündigungs- oder Suspensionsklausel in der UNO-Satzung ebenfalls keine Neutralitätswidrigkeit abgeleitet.

VII. ISOLIERTER EWG-BEITRITT

1. Argument: Ein isolierter Beitritt zur EWG ohne gleichzeitigem Beitritt zur EGKS und zur EAG ist nicht möglich. Das ergibt sich u.a. aus der Fusionierung der Organe und der — langfristig — geplanten Zusammenlegung der Gemeinschaften zu einer Europäischen Gemeinschaft.

Vertreten u.a. von: KAJA, S. 63; MOSLER, S. 317; ÖHLINGER, S. 99; ZEMANEK, S. 251.

Abgelehnt u.a. von: SEIDL—HOHENVELDERN (2), S. 166 Fn. 14; HUMMER (1), S. 95; SCHWEITZER (1), S. 239.

2. Beurteilung: Das Argument ist wegen seines Prognosecharakters nicht überprüfbar. Möglich ist ein isolierter Betritt sicherlich, und zwar sowohl in praktischer als auch in theoretischer Hinsicht. Es handelt sich vielmehr um ein Verhandlungsproblem und um die Suche nach einer politisch akzeptablen institutionell-pragmatischen Lösung.

Die Fusionierung der Organe stellt jedenfalls kein Hindernis dar, da die Organe nach wie vor — bei personeller Identität — als Organe jeweils nur einer Gemeinschaft fungieren.

s.o. § 3, Nr. A, I, 3.

Die geplante Zusammenlegung der Gemeinschaften zu einer Europäischen Gemeinschaft hat nicht stattgefunden. Ob es überhaupt dazu kommt, ist offen.

B. MATERIELLRECHTLICHER BEREICH

VIII. ZOLLUNION

1. Argument: Zugehörigkeit zu einer Zollunion und dauernde Neutralität sind unvereinbar.

> **Vertreten** u.a. von: BINDSCHEDLER (1), S. 200 f.; BINDSCHEDLER (2), S. 15; GUGGENHEIM, S. 227.
>
> **Abgelehnt** u.a. von: HAGEMANN, S. 8, 10; SCHINDLER, S. 221; SCHWEITZER (1), 219 ff.

2. Beurteilung: Als generelle Aussage ist das Argument völkerrechtlich nicht haltbar. Es gibt eine Reihe von Präzedenzfällen, die das belegen.

> z.b.: Unbeanstandete Zugehörigkeit des dauernd neutralen Luxemburgs zum Deutschen Zollverein im 19. Jhd.
>
> z.b. Art 5 des österreichisch-sowjetischen Handels- und Schiffahrtsvertrages vom 17. Oktober 1955 (ÖBGBl. 1956, Nr. 193). Danach ist eine Ausnahmeregelung für den Fall vorgesehen, daß einer der Vertragspartner sich an einer Zollunion beteiligt. Demnach gehen beide Staaten von der prinzipiellen Vereinbarkeit von dauernder Neutralität und Zollunion aus (vgl. SEIDL—HOHENVELDERN (1), S. 133).

Eine Unvereinbarkeit von dauernder Neutralität und Zollunion kann daher allenfalls im konkreten Einzelfall gegeben sein. Die Zollunion, die der EWGV errichtet, basiert auf dem Verbot der Ein- und Ausfuhrzölle und Abgaben gleicher Wirkung im Innenbereich (Art. 12 und 16) und der Aufstellung eines Gemeinsamen Zolltarifs im Außenbereich (Art. 18 ff.). Die Kompetenz zur Aufstellung des Zolltarifs ist dabei vollständig auf die EWG übergegangen.

> vgl. im einzelnen dazu SCHWEITZER/HUMMER (1), S. 234 ff.; VAULONT, passim; s. auch o. § 3, Nr. B, I, 1.

Im Rahmen dieser Zollunion ist der Bereich der Einfuhrzölle neutralitätsrechtlich gesehen unbedenklich, da eine Gleichbehandlungspflicht auf dieser Ebene nicht existiert.

> vgl. KAJA, S. 57 f.; PLESSOW, S. 117; SCHINDLER, S. 223; SCHWEITZER (1), S. 220.

Das zeigt schon die Tatsache, daß gegen die Mitgliedschaft Neutraler beim GATT keine Bedenken geäußert wurden, obwohl über die Meistbegünstigungsklausel des GATT ebenfalls eine einfuhrzollmäßige Ungleichbehandlung von GATT-Mitgliedstaaten und GATT-Nichtmitgliedstaaten möglich ist.

Rein theoretisch könnte der Bereich der Ausfuhrzölle neutralitätsrechtlich relevant werden, da es denkbar wäre, daß die EWG ihre Kompetenz zur Festsetzung des Ausfuhrzolls zur Verhinderung von Ausfuhren einsetzt. Dies könnte ein Verstoß gegen die Gleichbehandlungspflicht sein. In diesem Fall könnte sich der Neutrale aber auf die Schutzklauseln berufen.

IX. LIBERALISIERUNG DES WARENVERKEHRS

1. Argument: Die von den Artikeln 30 ff. EWGV festgelegte Liberalisierung des Warenverkehrs kann zu einer neutralitätswidrigen Verpflichtung der Zulassung des Transits von Kriegsmaterial (Art. 7 des V. Haager Abkommens vom 18. Oktober 1907) führen. Zudem kann der dauernd neutrale Mitgliedstaat der EWG eine dem Gleichbehandlungsgebot entsprechende Einschränkung der privaten Aus- und Durchfuhr von Kriegsmaterial den Mitgliedstaaten der EWG gegenüber nicht anwenden.

Vertreten u.a. von: KAJA, S. 58; PERNET, S. 106; PLESSOW, S. 119 f.

Abgelehnt u.a. von: SCHWEITZER (1), S. 223 f.

2. Beurteilung: Das Argument ist — isoliert auf die Art. 30 ff. EWGV bezogen — nicht zutreffend. Art. 7 des V. Haager Abkommens vom 18. Oktober 1907 verbietet den Transit von Kriegsmaterial nicht. Daher erlangt er nur im Zusammenhang mit dem Gleichbehandlungsgebot eine Bedeutung (Art. 9 Abs. 1 des V. Haager Abkommens vom 18. Oktober 1907). Wird der dauernd Neutrale nämlich durch Beschlüsse des Rates verpflichtet, den Transit von Kriegsmaterial zuungunsten von kriegführenden Nichtmitgliedern zu verhindern, dann entstünde insofern eine Ungleichbehandlung, als auf Grund der Liberalisierungsbestimmungen des EWGV der Transit zugunsten von kriegführenden EWG-Mitgliedstaaten vom dauernd Neutralen nicht behindert werden dürfte. Solche Beschlüsse des Rates sind aber nicht aufgrund der Art. 30 ff. möglich, sondern nur im Rahmen der gemeinsamen Handelspolitik (Art. 113 EWGV). Die Neutralitätsfrage ist also dort zu stellen (s.u. § 7, Nr. B, XII).

X. LANDWIRTSCHAFT

1. Argument: Die Eingliederung in das landwirtschaftliche System der Art. 38 ff. EWGV bewirkt eine agrarwirtschaftliche Abhängigkeit, die im Kriegsfall zur faktischen Unmöglichkeit der Einhaltung der Neutralität führt. Denn zum Zwecke der existenzsichernden Versorgung der Bevölkerung müßten möglicherweise politische Zugeständnisse gemacht werden, die die neutralitätsrechtlich notwendige Handlungsfähigkeit beseitigen würden. Die für die Erhaltung der dauernden Neutralität notwendige „qualifizierte Unabhängigkeit" wird durch die Eingliederung in das landwirtschaftliche System des EWGV eingeschränkt.

Vertreten u.a. von: KAJA, S. 62 f.; PERNET, S. 115.

Abgelehnt u.a. von: HUMMER (1), S. 172; PLESSOW, S. 120 f.; SCHWEITZER (1), S. 224 f.

2. Beurteilung: Vom neutralitätsrechtlichen Standpunkt her gesehen ist keines der in Art. 39 EWGV genannten Ziele des Kapitels Landwirtschaft unvereinbar mit der dauernden Neutralität. Die an diesen Zielen orientierte Organisation der Agrarmärkte in den Formen des Art. 40 Abs. 2 EWGV regelt jeweils Preisfestsetzungen, Interventionen zur Marktentlastung, Beihilfen sowie Abschöpfungen und Zölle.

s. im einzelnen SCHWEITZER/HUMMER (1), S. 252 ff; o. § 3, Nr. B, II, 1.

Keines dieser landwirtschaftlichen Lenkungsmittel ist neutralitätsrechtlich relevant.

Die Argumentation ist vielmehr außenpolitisch-spekulativ. Ihr Hintergrund ist ein landwirtschaftliches Autarkiestreben, das auf neutralitätspolitischen Überlegungen basiert. Eine solche landwirtschaftliche Autarkie ist aber neutralitätsrechtlich nicht geboten.

s. SEIDL—HOHENVELDERN (2), S. 170; SEIDL—HOHENVELDERN (3), S. 819.

XI. VERKEHR

1. Argument: Gemäß Art. 75 Abs.1 Buchstabe a EWGV kann der Rat mehrstimmig gemeinsame Regeln für den internationalen Verkehr aus oder nach dem Hoheitsgebiet eines Mitgliedstaates oder für den Durchgangsverkehr durch das Hoheitsgebiet eines oder mehrerer Mitgliedstaaten aufstellen. Durch einen derartigen Beschluß kann ein dauernd Neutraler verpflichtet werden, den Transit von Kriegsmaterial und anderer Versorgungsgüter dulden zu müssen. Dies wäre eine Verletzung von Art. 9 Abs. 1 des V. Haager Abkommens vom 18. Oktober 1907.

Vertreten u.a. von: HAUG, S. 147; KIPP, S. 91; ÖHLINGER, S. 93 f.; PERNET, S. 107; PLESSOW, S. 173 ff.; ZEMANEK, S. 250.

Abgelehnt u.a. von: SCHWEITZER (1), S. 226 f.

2. Beurteilung: Das Argument läßt sich zunächst rein formaljuristisch entkräften. Gemäß Art. 74 i.V.m. Art. 75 Abs. 1 EWGV ist die Ratskompetenz eingebettet in die Verfolgung der Ziele des EWGV im Rahmen einer gemeinsamen Verkehrspolitik. Die Ziele des EWGV ergeben sich insbesondere aus der Präambel und aus Art. 2 EWGV. Die gemeinsame Verkehrspolitik und damit die Kompetenz des Rates gemäß Art. 75 Abs. 1 EWGV muß sich daher im Rahmen dieser Ziele bewegen.

vgl. FROHNMEYER, Art. 74, Rdnr. 9.

Eine Neutralitätswidrigkeit aufgrund eines Ratsbeschlusses gemäß Art. 75 Abs. 1 Buchstabe a EWGV ist nur dann denkbar, wenn ein solcher Beschluß den Verkehr oder die Durchfuhr von Kriegsmaterial und anderen Versorgungsgütern zuungunsten eines kriegführenden Nichtmitgliedstaates verbieten würde. Ein solcher Beschluß nur aus Gründen der Kriegführung oder -unterstützung würde außerhalb des Rahmens des Art. 2 EWGV liegen und wäre daher gar nicht erlaubt. Der Rat hätte dazu keine Kompetenz, er würde das „Prinzip der begrenzten Ermächtigung" überschreiten. Der EuGH müßte, wenn er vom dauernd neutralen Mitgliedstaat gemäß Art. 173 Abs. 1 EWGV angerufen wird, den Beschluß für nichtig erklären.

Davon abgesehen liegen zur Zeit noch keine neutralitätswidrigen Ratsbeschlüsse vor. Ein dauernd neutraler Mitgliedstaat könnte solche Beschlüsse jeweils als für ihn von besonders wichtigem Interesse erklären und damit im Rahmen der Luxemburger Vereinbarung die Einstimmigkeit erzwingen. Damit könnte er in Ausübung seines Vetorechts neutralitätswidrige Beschlüsse verhindern. Da es dabei um die Einhaltung des Neutralitäts**rechts** ginge, könnte dem dauernd Neutralen nicht Obstruktion vorgeworfen werden. Sollte demgegenüber aber dennoch ein Beschluß gefaßt werden, den auch der EuGH nicht aufhebt, könnte sich ein dauernd neutraler Mitgliedstaat auf die Schutzklauseln berufen und so in der Lage sein, eine Neutralitätswidrigkeit zu verhindern (s.o. § 7, Nr. A, IV).

Dazu kommt, daß sich alle Maßnahmen des Art. 75 Abs. 1 EWGV zunächst gemäß Art. 84 Abs. 1 EWGV nur auf die Beförderung im Eisenbahn-, Straßen- und Binnenschiffsverkehr beziehen. Zwar sieht Art. 84 Abs. 2 EWGV vor, daß der Rat einstimmig darüber entscheiden könne, ob, inwieweit und nach welchem Verfahren geeignete Vorschriften für die Seeschiffahrt und Luftfahrt zu erlassen sind. Solche Ratsbeschlüsse für den neutralitätsrechtlich wichtigen Bereich des Luftverkehrs liegen zwar vereinzelt vor, berühren aber das Neutralitätsrecht nicht, da sie vorwiegend Sicherheits- und Umweltfragen betreffen (s.o. § 3, Nr. A, IV, 1). Da diese Beschlüsse einstimmig gefaßt werden müssen, könnte ein dauernd neutraler Mitgliedstaat jede Neutralitätswidrigkeit verhindern.

XII. GEMEINSAME HANDELSPOLITIK

1. Argument: Gemäß Art. 113 EWGV wird die gemeinsame Handelspolitik nach einheitlichen Grundsätzen gestaltet. Dies gilt insbesondere für die Änderung der Zollsätze, den Abschluß von Zoll- und Handelsabkommen, die Vereinheitlichung der Liberalisierungsmaßnahmen, die Ausfuhrpolitik und die handelspolitischen Schutzmaßnahmen. Diese gemeinsame Handelspolitik wird vom Rat ausgeübt, der dabei gemäß Art. 113 Abs. 4 EWGV mehrheitlich beschließt. Darin ist in mehrfacher Hinsicht eine Neutralitätswidrigkeit zu sehen. Der Neutrale verliert damit die Möglichkeit einer eigenen Handelspolitik und die treaty making power für Handelsverträge. Für den Kriegsfall bedeutet dies, daß der Rat einseitige Ausfuhrverbote erlassen und außenwirtschaftliche Maßnahmen politischer Natur ergreifen kann. Damit kann dem Neutralen der Handel mit dem kriegführenden Nichtmitgliedstaat verboten werden, der Transit von Kriegsmaterial zuungunsten dieser Staaten kann verhindert werden und Waffenausfuhrverbote können nur einseitig gegenüber diesen Staaten, nicht aber gegenüber kriegführenden EWG-Mitgliedstaaten gelten. All dies ist mit der Neutralität unvereinbar.

> **Vertreten** u.a. von: GUGGENHEIM, S. 319; KAJA, S. 61; ÖHLINGER, S. 94; SCHINDLER, S. 223; VERDROSS (1), S. 446; WERNER, S. 270 f.; ZEMANEK, S. 250.
>
> **Abgelehnt** u.a. von SCHWEITZER (1), S. 228 ff.

2. Beurteilung: Art. 113 EWGV löst — für sich isoliert betrachtet — in der Tat die größten neutralitätsrechtlichen Bedenken aus. In der Gesamtsystematik des geltenden Gemeinschaftsrechts gesehen sind diese Bedenken aber nicht mehr begründet. Folgende Situationen sind dabei möglich: Der Rat beschließt zwar gemäß Art. 113 Abs. 4 EWGV mit Mehrheit. Ein dauernd neutraler Mitgliedstaat könnte bei anstehenden neutralitätswidrigen Beschlüssen diese aber jeweils als für sich von besonders wichtigem Interesse erklären und damit im Rahmen der Luxemburger Vereinbarung die Einstimmigkeit erzwingen. Damit könnte er in Ausübung seines Vetorechts diese Beschlüsse verhindern. Da es dabei um die Einhaltung des Neutralitäts**rechts** ginge, könnte dem dauernd Neutralen nicht Obstruktion vorgeworfen werden (s.o. § 7, Nr. A, II).

Sollte dennoch ein neutralitätswidriger Beschluß gefaßt werden, könnte sich ein dauernd neutraler Mitgliedstaat auf die Schutzklauseln berufen und so in der Lage sein, eine Neutralitätswidrigkeit zu verhindern (s.o. § 7, Nr. A, IV).

Allerdings existieren im Rahmen der gemeinsamen Handelspolitik bereits jetzt Beschlüsse des Rates, die mit der Neutralität unvereinbar sind.

> Dies gilt z.B. für die Verordnung des Rates Nr. 2603/69 zur Festlegung einer gemeinsamen Ausfuhrregelung: Art. 10; Art. 6 i.V.m. Art. 7 = mögliche Verletzung von Art. 9 Abs. 1 des V. Haager Abkommens vom 18. Oktober 1907 (vgl. dazu SCHWEITZER (1), S. 229).

Aber auch hier könnte sich ein dauernd neutraler Mitgliedstaat auf die Schutzklauseln berufen und so in der Lage sein, eine Neutralitätswidrigkeit zu verhindern (s.o. § 7, Nr. A, IV).

XIII. EUROPÄISCHE INVESTITIONSBANK

1. Argument: Gemäß Art. 6 Abs. 1 des Protokolls über die Satzung der Europäischen Investitionsbank kann der Rat der Gouverneure unter bestimmten Voraussetzungen mit Mehrheit beschließen, daß die Mitgliedstaaten der Bank verzinsliche Sonderdarlehen zu gewähren haben, die zur Finanzierung spezifischer Projekte verwendet werden. Dadurch ist es denkbar, daß ein dauernd neutraler Mitgliedstaat indirekt zu neutralitätsrechtlich verbotenen Darlehen an kriegführende Mitgliedstaaten herangezogen wird.

Vertreten u.a. von: ÖHLINGER, S.94 f.; PERRIN, S. 67 f.; PLESSOW, S. 155 f.; ROTTER (2), S. 222 f.; ZEMANEK, S. 251;

Abgelehnt u.a. von: SCHWEITZER (1), S. 231.

2. Beurteilung: Das Argument läßt sich zunächst rein formaljuristisch entkräften. Gemäß Art. 2 der Satzung der Europäischen Investitionsbank ist ihre Aufgabe in Art. 130 EWGV bestimmt. Ein Beschluß des Rats der Gouverneure gemäß Art. 6 Abs. 1 der Satzung darf sich daher nur im Rahmen der abschließend aufgezählten Aufgaben des Art. 130 EWGV bewegen. Keine der dort genannten Aufgaben umfaßt aber Investitionen zu Kriegszwecken. Ein diesbezüglicher Beschluß des Rates der Gouverneure wäre daher gar nicht erlaubt. Der Rat würde damit seine Kompetenz überschreiten. Der EuGH müßte, wenn er vom dauernd neutralen Mitgliedstaat gemäß Art. 180 Buchstabe b EWGV angerufen würde, den Beschluß für nichtig erklären.

Sollte dennoch ein solcher neutralitätswidriger Beschluß gefaßt werden, den auch der EuGH nicht aufhebt, könnte sich der dauernd neutrale Mitgliedstaat auf die Schutzklauseln berufen und so in der Lage sein, die Neutralitätswidrigkeit zu verhindern (s.o. § 7, Nr. A, IV).

C. POLITISCHER BEREICH

XIV. NEUTRALITÄTSPOLITIK

1. Argument: Der dauernd neutrale Staat ist verpflichtet, eine angemessene Neutralitätspolitik zu führen. Als EWG-Mitglied ist er aber nicht in der Lage, eine solche glaubhaft zu vertreten. Denn es ist sehr fraglich, ob die

Argumentation der neutralitätsrechtlichen Unbedenklichkeit eines Beitritts zur EWG auch gegenüber einem potentiellen Konfliktsgegner eines oder mehrerer EWG-Mitgliedstaaten glaubhaft gemacht werden kann. Dies gilt insbesondere auf Grund der Überlegung, daß im Konfliktsfall die Berufung auf die Schutzklauseln faktisch vielleicht nicht mehr möglich ist (= point of no return). Daraus ergibt sich ein Widerspruch zwischen dauernder Neutralität und EWG-Mitgliedschaft.

Vertreten u.a. von: ÖHLINGER, S. 96 ff.; ROTTER (2), S. 224 f.; ZEMANEK, S. 251.

2. Beurteilung: Das Argument räumt der Neutralitätspolitik einen falschen Stellenwert ein. Neutralitätspolitik kann nämlich zweierlei bedeuten:

Zum einen versteht man darunter alle politischen Maßnahmen, um die **Einhaltung der Pflichten** aus der dauernden Neutralität zu **gewährleisten**. Politische Maßnahmen, die die Einhaltung dieser Pflichten nicht gewährleisten, sind verboten, die anderen sind erlaubt.

Zum anderen versteht man unter Neutralitätspolitik alle politischen Maßnahmen, die dazu dienen, die **Neutralität glaubhaft zu machen**. In diesem Bereich sind alle Maßnahmen erlaubt. Die Frage der Glaubhaftigkeit ist keine Frage des Neutralitätsrechts, sondern der Sicherheitspolitik, der Wirtschaftspolitik und anderer Politikbereiche. Für das Neutralitätsrecht relevant ist nur die Frage der Einhaltung oder Nichteinhaltung der neutralitätsrechtlichen Pflichten.

Wenn man daher davon ausgeht, daß es eine Pflicht des dauernd Neutralen gibt, eine Neutralitätspolitik zu führen, dann kann damit nur die erste Bedeutung der Neutralitätspolitik gemeint sein. Denn eine **Pflicht** zu einer Politik kann nur dort bestehen, wo Pflichten existieren, denen diese Politik dienen soll.

vgl. dazu VERDROSS (3), S. 90 f.; SCHWEITZER (1), S. 144 f.; GINTHER, S. 302 ff.; BINDSCHEDLER (3), S. 136; s. auch o. § 2, Nr. C, IV.

Das Argument, ein dauernd Neutraler könne als EWG-Mitglied eine Neutralitätspolitik nicht glaubhaft vertreten, kann sich also nur auf die zweite Bedeutung der Neutralitätspolitik beziehen. Denn da man, wie oben ausgeführt, davon ausgehen kann, daß eine Mitgliedschaft in der EWG mit allen Pflichten aus der dauernden Neutralität vereinbar ist, kann die Neutralitätspolitik in der ersten Bedeutung sehr wohl glaubhaft vertreten werden. Die Möglichkeit von neutralitätswidrigen Beschlüssen, denen gegenüber der dauernd Neutrale sich auf die Luxemburger Vereinbarung oder die Schutzklauseln berufen müßte, ist — wie gezeigt — nur sehr gering. Daher ist auch das Argument, dem dauernd Neutralen wäre im Konfliktfall eine solche Berufung faktisch nicht mehr möglich, unzutreffend. Wenn aber nur die Neutralitätspolitik in der zweiten Bedeutung betroffen ist, dann sind — wie dargestellt — alle Maßnahmen erlaubt, und daher kann daraus nicht die **rechtliche** Folge der Unvereinbarkeit zwischen dauernder Neutralität und EWG-Mitgliedschaft abgeleitet werden.

Aber selbst eine Verletzung der Pflicht zu einer Neutralitätspolitik in der zweiten Bedeutung ist nicht einleuchtend. Der Beitritt zur EWG ist keine isolierte außenpolitische Geheimentscheidung, sondern setzt vielmehr Verhandlungen mit der EWG selbst voraus. Dort wird natürlich die Neutralitätsfrage zu behandeln sein. Wie der Abschluß des Freihandelsabkommens mit der EWG 1972 gezeigt hat, werden aber auch andere Mächte im Rahmen der Integrationsverhandlungen konsultiert und informiert. Das ist dann auch der Platz für eine glaubhafte Neutralitätspolitik. Dabei ist zu berücksichtigen, daß sich einige fundamentale Änderungen im politischen Bereich ergeben haben. Insbesondere ist die Tatsache hervorzuheben, daß mit Irland ein Nicht-NATO-Mitglied der EWG angehört, das sich zudem als traditionell neutraler Staat versteht. Es hat sich auch gezeigt, daß von Seiten der EWG und deren Mitgliedstaaten keine Einwände kamen, als Irland zu Beginn des Falklandkrieges im Mai 1982 seine Neutralität erklärte.

> In diesem Zusammenhang kann auch auf die **Neutralitätserklärung des irischen Parlaments** hingewiesen werden, die dieses anläßlich der Beschlußfassung über die Einheitliche Europäische Akte abgegeben hat. Diese Erklärung hat folgenden Wortlaut:

> "The Dail Eireann reaffirms Ireland's position of neutrality outside military alliances, and notes with satisfaction that the provisions in title iii of the Single European Act relating to the co-operation of the high contracting parties (that is, the twelve member

states of the European Community) on the political and economic aspects of security and the closer co-ordination of their positions in this area do not affect Ireland's position of neutrality outside military alliances.

The Dail Eireann further notes and welcomes the provisions of Article 23 of the Single European Act on economic and social cohesion, which enhances and strengthens the commitment of the Community to the achievement of the objectives set out in Protocol no. 30 on Ireland appended to the treaty of accession of Denmark, Ireland and the United Kingdom to the European Communities." (Noch nicht veröffentlicht, private Quelle).

Damit wird ein Haupteinwand des Ostblocks gegen die EWG, diese sei eine Organisation zur Unterstützung der NATO, wesentlich relativiert. Des weiteren ist darauf hinzuweisen, daß seit 1984/85 von Seiten des COMECON wieder Verhandlungen mit der EWG zur Regelung der gegenseitigen Beziehungen ins Auge gefaßt werden. Auch hier manifestiert sich eine Änderung in der Haltung des Ostblocks gegenüber der EWG.

s. dazu die Schreiben des COMECON vom Juni und Oktober 1985 an die Kommission der Europäischen Gemeinschaften sowie deren Antwort vom Juli 1985 (BullEG 6-1985, Ziffer 2.3.37 und 2.3.38, BullEG 7/8-1985, Ziffer 2.3.38 und BullEG 10-1985, Ziffer 2.3.9); s. auch die Entschließung des Europäischen Parlaments vom 23. Oktober 1985 zu den Beziehungen zwischen der Gemeinschaft und den Ländern in Mittel- und Osteuropa (BullEG 10-1985, Ziffer 2.5.30).

XV. NEUTRALITÄTSVORBEHALT

Die Ziffern I — XIV haben gezeigt, daß ein EWG-Beitritt Österreichs mit seiner dauernden Neutralität vereinbar ist, und daß sich Bedenken allenfalls ergeben könnten hinsichtlich der Glaubhaftmachung der österreichischen Neutralitätspolitik. Aber selbst diese — im rein politischen Bereich angesiedelten — Bedenken ließen sich ausräumen durch einen von den

EWG-Mitgliedstaaten akzeptierten österreichischen Neutralitätsvorbehalt anläßlich des Beitritts.

> Inwieweit dem Art. 20 Abs. 3 der Wiener Vertragsrechtskonvention von 1969 entsprechend auch Organe der EWG den Vorbehalt annehmen müßten, soll hier dahingestellt bleiben.

In diesem Bereich existieren bereits eine Reihe von Vorschlägen: z.B. für einen allgemeinen Neutralitätsvorbehalt; spezielle Neutralitätsvorbehalte zu den Art. 9 ff., Art. 39 ff., Art. 74 f., Art. 113, Art. 129 EWGV, verstanden als Interpretation der Artikel 223 und 224 EWGV; den Ausschluß der Zuständigkeit des EuGH gemäß Art. 225 Abs. 2 EWGV; die Übertragung der Zuständigkeit aus Art. 225 Abs. 2 EWGV auf den IGH etc.

> vgl. z.B. BINSWANGER, S. 187; ESTERBAUER, S. 141; HAGEMANN, S. 21, 49, 57; HUMMER/ÖHLINGER, S. 154 ff.; NEMSCHAK, S. 4; PERRIN, S. 95 ff.; RIKLIN, S. 70; SEIDL—HOHENVELDERN (4), S. 95.

Welche Art des Vorbehalts gewählt wird, ist eine Frage der Verhandlungen. Am weitesten ginge ein allgemeiner Vorbehalt. Am engsten wäre ein Vorbehalt, der sich aus dem oben Dargestellten ergibt.

Da die Neutralitätskonformität des EWGV abgeleitet wurde aus der Auslegung der Luxemburger Vereinbarung und der Schutzklauseln, würde ein dahingehender Interpretationsvorbehalt genügen. Er müßte zweierlei beinhalten:

1. Luxemburger Vereinbarung: Die Berufung auf sehr wichtige Interessen mit der Begründung, dies zur Einhaltung neutralitäts**rechtlicher** Pflichten zu tun, kann nicht als Obstruktion eingestuft werden.

2. Schutzklauseln: Die Beachtung der neutralitäts**rechtlichen** Pflichten kann kein Mißbrauch i.S.v. Art. 225 Abs. 2 EWGV sein.

Schließlich könnte man auch zum Instrument der interpretativen Erklärung greifen, sofern man diese von einem Interpretationsvorbehalt überhaupt unterscheidet.

> s. zu dieser Unterscheidung VERDROSS/SIMMA, S. 470 f.

Mit einer **interpretativen Erklärung,** die ebenfalls der — zumindest stillschweigenden — Zustimmung der EWG-Mitgliedstaaten bedürfte, könnte Österreich die genannten Interpretationen des EWGV für dessen Anwendung auf Österreich als allein verbindlich erklären. Die Erklärung könnte beispielsweise folgenden Wortlaut haben:

„Nach österreichischer Auffassung versteht es sich von selbst:

1. daß bei der Abstimmung im Rat die Berufung Österreichs auf sehr wichtige Interessen mit der Begründung, dies zur Einhaltung neutralitätsrechtlich zwingend vorgeschriebener Pflichten zu tun, nicht als Obstruktion eingestuft werden kann;

2. daß die Beachtung der neutralitätsrechtlich zwingend vorgeschriebenen Pflichten kein Mißbrauch i.S.v. Art. 225 Abs. 2 EWGV sein kann."

LITERATURVERZEICHNIS

BEUTLER, B./BIEBER, R./PIPKORN, J./STREIL, J., Das Recht der Europäischen Gemeinschaft (Loseblattsammlung, Baden-Baden).

BINDSCHEDLER, R. (1), La Suisse et l'intégration de l'Europe, in: European Yearbook 4 (1958), S. 193 ff.

BINDSCHEDLER, R. (2), Die Neutralität im modernen Völkerrecht, in: ZaöRV 17 (1956/57), S. 1 ff.

BINDSCHEDLER, R. (3), Permanent neutrality of States, in: **BERNHARDT, R.** (Hrsg.), Encyclopedia of Public International Law, Bd. 4 (Amsterdam 1982), S. 133 ff.

BINSWANGER, H., Ist die Aufrechterhaltung der dauernden Neutralität mit einem Vollbeitritt zur EWG zu vereinbaren. Neutralitätsrechtliche und neutralitätspolitische Erwägungen, in: **MAYRZEDT, H./ BINSWANGER. H.** (Hrsg.), Die Neutralen in der Europäischen Integration (Wien 1970), S. 177 ff.

BINSWANGER, H./MAYRZEDT, H., Was wird aus den Neutralen bei der Erweiterung der EWG?, in: EA 25 (1970), S. 347 ff.

BLECKMANN, A., Zur Funktion des Gewohnheitsrechts im Europäischen Gemeinschaftsrecht, in: EuR 1981, S. 101 ff.

BRAUNERHIELM, E., Welche Zukunft hat die EFTA?, in: EFTA bulletin 4/1977, S. 7 f.

BREUSS, F./STANKOVSKY, J., Westeuropäische Integration und österreichischer Außenhandel, in: **HANREICH, H./STADLER, G.** (Hrsg.), Österreich-Europäische Integration (Loseblatt, Baden-Baden 1977 ff.), Bd. 3, Nr. 1.3.

CAHEN, P., La Defense européenne: perspectives nouvelles ouvertes par la reactivation de l'Union de l'Europe Occidentale, in: European Yearbook 33 (1985), S. 15 ff.

CAPOTORTI, F., Supranational Organizations, in: **BERNHARDT, R.** (Hrsg), Encyclopedia of Public International Law, Bd. 5 (Amsterdam 1983), S. 262 ff.

COPPINI, P., La neutralité permanente de l'Autriche, in: RDI (Genf) 35 (1957), S. 18 ff.

CONSTANTINESCO, L., Das Recht der Europäischen Gemeinschaften, Bd. I (Baden-Baden 1977).

CURZON PRICE, V., EFTA and the European Communities: What future for "greater Europe", in: European Yearbook 33 (1985), S. 109 ff.

DE NOVA, R., Die Neutralisation Österreichs, in: FW 54 (1957/58), S. 298 ff.

ESTERBAUER, F., Österreichs Teilnahme an der euopäischen Integration aus rechtlicher Sicht, in: JBl. 96 (1974), S. 136 ff.

FISCHER, P., Völkerrechtliche Fragen zur Teilnahme Österreichs an der Europäischen Integration, in: **HANREICH, H./STADLER, G.** (Hrsg.), Österreich-Europäische Integration (Loseblatt, Baden-Baden 1977 ff.), Bd. 3, Nr. 2.1.

FROHNMEYER, A., Kommentierung der Art. 74 und 84, in: **GRABITZ, E.** (Hrsg.), Kommentar zum EWG-Vertrag (Loseblatt, München 1984 ff.).

FUCHS, K., Gemeinschaftliches Versandverfahren, in: **HANREICH, H./ STADLER, G.** (Hrsg.), Österreich-Europäische Integration (Loseblatt, Baden-Baden 1977 ff.), Bd. 3, Nr. 4.1.

G.T., Produktehaftpflicht in der EG — und in Österreich?, in: Finanznachrichten Nr. 32 vom 7. August 1986, Information, S. 1 ff.

GINTHER, K., Neutralitätspolitik und Neutralitätsgesetz, in: JBl. 87 (1965), S. 302 ff.

GLAESNER, H., Gemeinschaftspolitik im Bereich von Wissenschaft und Technologie, in: **SCHWARZE, J./BIEBER, R.** (Hrsg.), Das europäische Wirtschaftsrecht vor den Herausforderungen der Zukunft (Baden-Baden 1978), S. 55 ff.

GRILLER, S., Die Organe der Freihandelsabkommen und ihre Befugnisse im Lichte der österreichischen Rechtsordnung, in: HANREICH, H./STADLER, G. (Hrsg.), Österreich-Europäische Integration (Loseblatt, Baden-Baden 1977 ff.), Bd. 3, Nr.10.1.

GROEBEN, H. von der/BOECKH, H. von/THIESING, J./EHLERMANN, C.-D., (Hrsg.), Kommentar zum EWG-Vertrag, 2 Bde., (3. Aufl. Baden-Baden 1983).

GROEBEN, H.v.d./THIESING, J./EHLERMANN, C.-D. (Hrsg.), Handbuch des Europäischen Rechts, 23 Bde. (Loseblattsammlung, Baden-Baden).

GUGGENHEIM, P., Organisations économiques supranationales, indépendance et neutralité de la Suisse, in: ZSchwR NF 82 II (1963), S. 211 ff.

HAGEMANN, M., Die europäische Wirtschaftsintegration und die Neutralität und Souveränität der Schweiz (Basel 1957).

HANKE, T., EUREKA. Ein Sekretariat ist schon gefunden, in: EGmagazin 1986, Nr. 8, S. 10 f.

HANREICH, H./STADLER, G. (Hrsg.), Österreich-Europäische Integration, 3 Bde. (Loseblatt, Baden-Baden 1977 ff.).

HAUG, H., Neutralität und Völkergemeinschaft (Zürich 1962).

HUMMER, W. (1), Die Assoziation der Schweiz mit der EWG unter völkerrechtlichen und ökonomischen Aspekten mit besonderer Berücksichtigung des Agrarsektors (Diss. Wien 1967).

HUMMER, W. (2), Neutralitätsrechtliche Erwägungen im Hinblick auf eine Mitwirkung an der EWG, in: MAYRZEDT, H./BINSWANGER, H. (Hrsg.), Die Neutralen in der Europäischen Integration (Wien 1970), S. 162 ff.

HUMMER, W. (3), Kommentierung von Art. 155, in: GRABITZ, E. (Hrsg.), Kommentar zum EWG-Vertrag (Loseblatt, München 1984 ff.).

HUMMER, W. (4), Österreichs „besondere Beziehungen" zur EWG und EGKS in rechtlicher Sicht, in: **ESTERBAUER, F./HINTERLEITNER, R.** (Hrsg.), Die Europäische Gemeinschaft und Österreich (Wien 1977), S. 25 ff.

HUMMER, W. (5), Reichweite und Grenzen unmittelbarer Anwendbarkeit der Freihandelsabkommen, in: **KOPPENSTEINER, H.** (Hrsg.), Rechtsfragen der Freihandelsabkommen mit den EG (Wien 1987, im Erscheinen).

HUMMER, W. (6), Kommentierung von Art. 224, in: **GRABITZ, E.** (Hrsg.), Kommentar zum EWG-Vertrag (Loseblatt, München 1984 ff.).

HUMMER, W./ÖHLINGER, T., Institutionelle Aspekte einer Beteiligung dauernd neutraler Staaten an der EWG, in: **MAYRZEDT, H./BINSWANGER, H.** (Hrsg.), Die Neutralen in der Europäischen Integration (Wien 1970), S. 149 ff.

IPSEN, H., Europäisches Gemeinschaftsrecht (Tübingen 1972).

KAJA, H., Neutralität und europäische Integration, in: ArchVR 11 (1963/1964), S. 35 ff.

KHOL, A., (1), Im Dreisprung nach Europa: Kooperation-Assoziation-Union, in: Europäische Rundschau Nr. 3/1985, S. 28 ff.

KHOL, A. (2), Österreich und die Europäische Gemeinschaft, in: EA 1986, S. 699 ff.

KIPP, H., Österreichs immerwährende Neutralität und die europäische Integration in: JBl. 82 (1960), S. 85 ff.

KLEIN, L., Kapitel: Verbraucherpolitik, in: **GROEBEN, H.v.d./BOECKH, H. von/THIESING, J./EHLERMANN, C.-D.** (Hrsg.), Kommentar zum EWG-Vertrag, 2 Bde. (3. Aufl. Baden-Baden 1983), Bd. 2, S. 1631 ff.

KÖPFER, J., Die Neutralität im Wandel der Erscheinungsformen militärischer Auseinandersetzungen (München 1975).

KOHLHASE, N., Vom Altern neuer Ideen. „Annäherung durch Wandel" im Verhältnis EG-EFTA, in: EGmagazin 1986, Nr. 9-10, S. 11 f.

KOPPENSTEINER, H., Die Abkommen Österreichs mit den Europäischen Gemeinschaften, in: ÖJZ 1973, S. 225 ff.

KRÄMER, H., Kommentierung von Art. 103, in: **GRABITZ, E.** (Hrsg.), Kommentar zum EWG-Vertrag (Loseblatt, München 1984 ff.).

KREISKY, B. (1), Neutralität und Integration Europas, in: Die Einheit Europas — Idee und Aufgabe (Wien 1958).

KREISKY, B. (2), Österreich und Europa. Wie können wir am wirtschaftlichen Zusammenschluß der europäischen Länder teilnehmen (Wien o.J.).

LANGEHEINE, B., Kommentierung von Art. 100, in: **GRABITZ, E.** (Hrsg.), Kommentar zum EWG-Vertrag (Loseblatt, München 1984 ff.).

MAYRZEDT, H. (1), Westeuropäische Integration über die Europäische Gemeinschaft hinaus, in: Finanznachrichten Nr. 46 vom 13. November 1986, S. 1 ff.

MAYRZEDT, H. (2), Österreich und die EG: Beitritt oder?, in: Finanznachrichten Nr. 51/52 vom 18. Dezember 1986, S. 1 ff.

MAYRZEDT, H./HUMMER, W., 20 Jahre österreichische Neutralitäts- und Europapolitik (1955-1975) (Wien 1976).

MEESSEN, K., Zur Theorie allgemeiner Rechtsgrundsätze des internationalen Rechts: Der Nachweis allgemeiner Rechtsgrundsätze des Europäischen Gemeinschaftsrechts, in: JIR 1974, S. 283 ff.

MENG, W., Die Kompetenz der EWG zur Verhängung von Wirtschaftssanktionen, in: ZaöRV 1982, S. 780 ff.

MOSER, B., Kann Österreich als dauernd neutraler Staat dem Europarat und der Montanunion beitreten, in: JBl. 77 (1955), S. 533 ff., S. 656 ff.

MOSLER, H., Die Aufnahme in internationale Organisationen, in: ZaöRV 19 (1958), S. 275 ff.

NEMSCHAK, F., Die EWG-Assoziierung und das „Neutralitätsargument", in: Berichte und Informationen 16 (1961), Nr. 797, S. 1 ff.

NEUHOLD, H., Rechtliche und politische Aspekte der dauernden Neutralität Österreichs (Wien o.J.).

NEUHOLD, H./HUMMER, W./SCHREUER, C. (Hrsg.), Österreichisches Handbuch des Völkerrechts, Bd 1 (Wien 1983).

NEUNREITHER, K. (Hrsg.), Die Politische Union (Köln und Opladen 1955).

ÖHLINGER, T., Institutionelle Grundlagen der österreichischen Integrationspolitik in rechtlicher Sicht, in: ÖHLINGER, T./MAYRZEDT, H./KUCERA, G., Institutionelle Aspekte der österreichischen Integrationspolitik (Wien 1976), S. 9 ff.

Österreich und die EWG. Das Salzburger Expertengespräch (Wien — ohne Jahr).

OVERBECK, A. von, Die Beziehungen zwischen der Europäischen Gemeinschaft und der Schweiz und die Direktwirkung des Freihandelsabkommens, in: SCHWIND, F. (Hrsg.), Aktuelle Fragen zum Europarecht aus der Sicht in- und ausländischer Gelehrter (Wien 1986), S. 148 ff.

PERNET, J., Die schweizerische Neutralität im Hinblick auf den Beitritt zur EWG (Bruges 1971).

PERRIN, G., La neutralité permanente de la Suisse et les organisations internationales (Heule 1964).

PFUSTERSCHMID—HARDTENSTEIN, H., Die Regelung der Beziehungen der Neutralen zum Gemeinsamen Markt als Teil eines europäischen Gesamtkonzeptes, in: ÖstZAußpol 11 (1971), S. 195 ff.

PLESSOW, U., Neutralität und Assoziation mit der EWG. Dargestellt am Beispiel der Schweiz, Schwedens und Österreichs (Köln 1967).

POSCH, W., Die EG-Produktehaftungsrichtlinie vom 25. 7. 1985, in: Österreichisches Recht der Wirtschaft 1985/10, S. 299 ff.

RACK, R., Österreichs Rechtsordnung und die Europäische Herausforderung, in: europaeus Nr. 4/86, S. 8 ff.

RANDELZHOFER, A., Kommentierung der Art. 52, 57 und 60, in: **GRABITZ, E.** (Hrsg.), Kommentar zum EWG-Vertrag (Loseblatt, München 1984 ff.).

RESS, G., Kommentierung von Art. 67, in: **GRABITZ, E.** (Hrsg.), Kommentar zum EWG-Vertrag (Loseblatt, München 1984 ff.).

RIKLIN, A., Modelle einer schweizerischen Außenpolitik, in: ÖstZAußpol 10 (1970), S. 67 ff.

ROTTER, M. (1), Integration — Isolation. Eine rechtliche und politische Analyse des Verhältnisses eines dauernd neutralen Staates zur EWG, in: Österreich und die EWG (Wien o.J.), S. 57 ff.

ROTTER, M. (2), Die dauernde Neutralität (Berlin 1981).

SCHINDLER, D., Neutralitätsrechtliche Aspekte des Beitritts der Schweiz zur EWG, in: Wirtschaft und Recht 11 (1959), S. 217 ff.

SCHMIDT, P. (1), Die WEU — Eine Union ohne Perspektive?, in: Außpol. 4/1986, S. 384 ff.

SCHMIDT, P. (2), Europeanization of Defense: Prospects of Consensus, in: European Institute for Security, Journal 6/85, S. 2 ff.

SCHOLZ, H.E.v., Kapitel: Energiepolitik, in: **GROEBEN, H.v.d./BOECKH, H. von/THIESING, J./EHLERMANN, C.-D.** (Hrsg.), Kommentar zum EWG-Vertrag, 2 Bde. (3. Aufl. Baden-Baden 1983), Bd. 2, S. 1501 ff.

SCHWARZE, J./BIEBER, R., Eine Verfassung für Europa (Baden-Baden 1985).

SCHWEITZER, M. (1), Dauernde Neutralität und europäische Integration (Wien 1977).

SCHWEITZER, M. (2), Kommentierung von Art. 148, in: **GRABITZ, E.** (Hrsg.), Kommentar zum EWG-Vertrag (Loseblatt, München 1984 ff.).

SCHWEITZER, M. (3), Die Stellung der Luxemburger Vereinbarung im europäischen Gemeinschaftsrecht, in: Festschrift für Hubert ARMBRUSTER (Berlin 1976), S. 75 ff.

SCHWEITZER, M. (4), Die Bedeutung der Luxemburger Vereinbarung ex 1966 für die neutralen Staaten Europas, Hrsg.: Europäische Föderalistische Bewegung Österreich (Bad Goisern 1985, nicht im Handel)

SCHWEITZER, M. (5), Kommentierung von Art. 146, in: **GRABITZ, E.** (Hrsg.), Kommentar zum EWG-Vertrag (Loseblatt, München 1984 ff.).

SCHWEITZER, M./HUMMER, W. (1), Europarecht (2. Aufl. Frankfurt 1985).

SCHWEITZER, M./HUMMER, W. (2), Textbuch zum Europarecht (3. Aufl. München 1986).

SEIDL—HOHENVELDERN, I. (1), Österreich und die EWG, in: JIR 14 (1969), S. 128 ff.

SEIDL—HOHENVELDERN, I. (2), Die Assoziation der neutralen Staaten mit der Europäischen Wirtschaftsgemeinschaft im Lichte des Völkerrechts, in: ÖstZAußpol 5 (1965), S. 164 ff.

SEIDL—HOHENVELDERN, I. (3), La neutralité autrichienne et les relations de l'Autriche avec les Communautés Européennes, in: AF 9 (1963), S. 826 ff.

SEIDL—HOHENVELDERN, I. (4), L'opinion publique et la neutralité en Europe, in: Politique 5 (1962), S. 91 ff.

SEIDL—HOHENVELDERN, I. (5), Das Recht der Internationalen Organisationen einschließlich der Supranationalen Gemeinschaften (4. Aufl. Köln 1984).

SENTI, R. (1), Ausbau der wirtschaftlichen Beziehungen zwischen EFTA und EWG (aus der Sicht der EFTA-Staaten), Arbeitspapier Nr. 64 des Instituts für Wirtschaftsforschung der ETH Zürich (Herbst 1986).

SENTI, R. (2), Für eine gesamteuropäische Zollunion. Gedanken zur Außenhandelsstrategie der EFTA-Staaten, in: Neue Zürcher Zeitung vom 12./13. Oktober 1986, S. 11.

SIEGLER, H., Dokumentation der Europäischen Integration, 2 Bde. (Bonn 1961, 1964).

STREINZ, R., Die Luxemburger Vereinbarung (München 1984).

THIESING, J., Kommentierung von Art. 93, in: **GROEBEN, H.v.d./ BOECKH, H. von/THIESING, J./EHLERMANN, C.-D.** (Hrsg.), Kommentar zum EWG-Vertrag, 2 Bde. (Baden-Baden 1983).

TSAKALOYANNIS, P., West European Security: Are Institutions relevant?, in: European Institute for Security, Journal 4/86, S. 17 ff.

URLESBERGER, F., Die direkte Anwendbarkeit des Freihandelsabkommens Österreich-EWG — Ende der Debatte?, in: ZfRV 1985, S. 11 ff.

UTNE, A., Die Bedeutung der EFTA als Handelspartner der EG, in: EFTA bulletin 4/86, S. 12 ff.

VAULONT, N., Die Zollunion der Europäischen Wirtschaftsgemeinschaft (Brüssel 1980).

VEDDER, C., Kommentierung von Art. 238, in: **GRABITZ, E.** (Hrsg.), Kommentar zum EWG-Vertrag (Loseblatt, München 1984 ff.).

VERDROSS, A. (1), Österreich, die europäische Wirtschaftsintegration und das Völkerrecht, in: EA 15 (1960), S. 442 ff.

VERDROSS, A. (2), Die immerwährende Neutralität Österreichs (Wien 1977).

VERDROSS, A. (3), Die immerwährende Neutralität der Republik Österreich (3. Aufl. Wien 1967).

VERDROSS, A./SIMMA, B., Universelles Völkerrecht (3. Aufl. Berlin 1984).

WALDHEIM, K., Der österreichische Weg. Aus der Isolation zur Neutralität (Wien 1971).

WEBER, A., Schutznormen und Wirtschaftsintegration (Baden-Baden 1982).

WEHRLI, B., Schweizerische Politik angesichts der europäischen Integration, in: **RÖPKE, W./WEHRLI, B./HAUG, H./ROTH, D.**, Die Schweiz und die Integration des Westens (Zürich 1965), S. 29 ff.

WERNER, J., Die Schweiz und die wirtschaftliche Integration Europas, in: Außpol. 17 (1966), S. 265 ff.

WESSELS, W., Die Einheitliche Europäische Akte: Die europäische Zusammenarbeit in der Außenpolitik, in: Integration 1986, S. 126 ff.

ZEMANEK, K., Wirtschaftliche Neutralität, in: JBl. 81 (1959), S. 249 ff.

ZEMANEK, K. (2), Ist Österreich für die Auslandsgeschäfte seiner verstaatlichten Industrie völkerrechtlich verantwortlich, in: Wirtschaftsberichte, Hrsg.: Creditanstalt-Bankverein, Nr.1/1977, S. 13 ff.

Ausgehend von der Luxemburger Erklärung über die Intensivierung der Zusammenarbeit der EFTA-Staaten und der EG von 1984, dem Weißbuch der Kommission der EG zur Vollendung des Binnenmarktes von 1985 sowie der Einheitlichen Europäischen Akte von 1986 ist in Österreich die Debatte über eine Dynamisierung der Beziehungen Österreichs zur EG voll entbrannt. Das vorliegende Buch untersucht die neutralitätsrechtlichen Möglichkeiten einer solchen Dynamisierung. Dabei werden der Entwicklungsstand der EWG und die bestehende Einbindung Österreichs über das Freihandelsabkommen von 1972 dargestellt, neutralitätsrechtliche Beurteilungen möglicher Dynamisierungsmöglichkeiten, insbesondere anhand der Luxemburger Erklärung gegeben, die neutralitätsrechtliche Relevanz der Errichtung des EG-Binnenmarktes unter Zugrundelegung des Weißbuchs der Kommission analysiert und die neutralitätsrechtliche Möglichkeit eines Beitritts zur EWG untersucht. Für eine eventuelle Assoziation mit der EWG wird ein neues Modell einer „präinstitutionellen Zusammenarbeit" entworfen.

Waldemar Hummer Dr. iur. (Wien 1964), Dr. rer. pol. (Wien 1966), Dr. phil. (Salzburg 1974); Univ. Ass. am Institut für Völkerrecht und Internationale Beziehungen an der Universität Linz ab 1970; Habilitation 1978, venia docendi für Völkerrecht und Europarecht; Leiter der Abteilung für Europarecht und Entwicklungsvölkerrecht; 1984 Berufung an die Rechtswissenschaftliche Fakultät der Universität Innsbruck; Vorstand des Instituts für Völkerrecht und Internationale Beziehungen (mit angeschlossenem Europäischen Dokumentationszentrum).

Michael Schweitzer Dr. iur. (Wien 1967); Habilitation 1974 an der Universität Mainz, venia docendi für Völkerrecht, Europarecht und Staatsrecht; Professor an der Universität Mainz ab 1974; Lehrtätigkeit an den Universitäten Göttingen, Heidelberg und Mannheim; ab 1980 Ordinarius und Inhaber des Lehrstuhls für Staats- und Verwaltungsrecht, Völkerrecht und Europarecht an der Universität Passau; Wissenschaftlicher Leiter des dortigen Europäischen Dokumentationszentrums.

ISBN 3 85436 051 7

Eigentümer und Herausgeber: Vereinigung Österreichischer Industrieller, 1031 Wien, Schwarzenbergplatz 4. Verleger: Signum Verlag Ges.m.b.H. & Co KG, 1010 Wien, Bösendorferstraße 2. Satz und Druck: ALWA Ges.m.b.H., 1140 Wien, Flachgasse 5.

Wien 1987